사마천과
사기에 대한
모든 것
1

사마천과 사기에 대한 모든 것

사마천, 삶이 역사가 되다

1

김영수 지음

창해

10년 만에 본격적인
사마천과 《사기》 입문서를 다시 내면서

사마천司馬遷과 《사기史記》에 대한 관심이 최근 10년 사이 부쩍 높아졌고 갈수록 더 높아질 전망입니다. 관련 책들도 해마다 늘어나고 있습니다. 사마천과 그의 삶의 결정체인 《사기》가 한 시대를 비추는 등불이자 정신적 멘토가 되기에 충분하기 때문일 것입니다. 저의 활동도 한몫한 것 같아 뿌듯함과 부담감을 함께 느낍니다. 여기에 중국 현지 상황의 큰 변화가 앞으로 《사기》와 사마천에 대한 관심을 더욱 고조시킬 것으로 보입니다. 그럼에도 사마천과 《사기》를 둘러싼 기초 정보와 이런저런 논쟁들을 쉽게 소개한 책은 거의 전무한 편입니다.

저는 1999년부터 7년이라는 비교적 긴 시간을 들여 2006년, 《역사의 등불 사마천, 피로 쓴 사기》를 출간한 바 있습니다. 그때부터 지금까지 이 책은 사마천과 《사기》를 본격적으로 다룬 전문서로 행세해왔습니다.

내년이면 초판이 나온 지 벌써 10년이 됩니다. 하지만 이 책 이후 대중서를 제외하고 사마천과 《사기》 나아가 최근 중국은 물론 국제적으로 크게 조명받고 있는 사마천의 고향 섬서성 한성시韓城市에 대해 심도 있게 공부한 책은 나오지 않고 있습니다(한성시와 사마천에 대한 국내외의 관심과 중요성에 대해서는 이 책에서 별도로 다루고 있습니다). 이에 전면 개정판을 내야겠다고 생각하게 되었고, 2015년 초부터 본격적인 준비에 들어갔습니다.

그사이 중국 섬서성 한성시 사마천 고향에 거주하고 있는 작가 길춘吉春 선생이 저에게 특별히 《사마천여사기백제해답司馬遷與史記百題解答》(作家出版社, 2005)이란 원고를 보내주며 사마천과 《사기》 그리고 사성史聖 사마천의 고향 한성시를 제대로 소개해달라고 당부하셨습니다. 길춘 선생을 비롯해 한성시에 계신 많은 분의 이런 바람을 이 책을 통해 소개할 수 있게 되어 매우 기쁘기 짝이 없습니다.

이 책은 이전 책과는 달리 문답식으로 구성되어 있습니다. 사마천과 《사기》에 관심이 있고, 《사기》를 어느 정도 공부한 '학생'을 설정해 저와 대화를 주고받는 형식으로 구성했습니다. 기존의 다소 전문적이고 딱딱한 형식에서 벗어나 저자의 관점과 느낌을 좀 더 생생하게 전달하고 싶어 이러한 형식을 취했습니다. 또한 문학적 역사서로 불리는 《사기》의 문학성을 문답식으로나마 살려보고 싶기도 했습니다. 독자의 양해를 바랄 뿐입니다.

2006년 《역사의 등불 사마천, 피로 쓴 사기》 출간 후 저는 《사기》를 중심으로 방송, 연재, 강연, 중국 탐방 등 다양한 활동을 벌여왔습니다. 2015년 봄에는 사단법인 '한국사마천학회'를 설립했습니다. 중국을 더욱 깊이 있게 이해하고 한중 관계를 한 차원 끌어올려 보자는 취지에서 출발한 행보였습니다.

10년 전이나 지금이나 저는 사마천의 《사기》야말로 중국인의 자부심이자 중국인의 정신세계를 대표하는 역사서라고 생각합니다. 따라서 중국과 중국인을 가장 제대로 이해하는 텍스트로서 《사기》를 따라올 책은 없다고 확신합니다. 저의 활동은 대부분 이 점에 초점이 맞추어져 있었고 지금도 마찬가지입니다.

지금 10년 전 제 인생에 전기를 마련해 준 《역사의 등불 사마천, 피로 쓴 사기》를 전혀 다른 형식의 본격적인 입문서로 재출간하는 것은 저의 이런 활동에 대한 총정리와 같다고 할 수 있습니다. 특히 《역사의 등불 사마천, 피로 쓴 사기》를 내준 전형배 형이 다시 이 책을 맡아주었기 때문에 의의가 더욱 깊습니다. 거듭 감사드립니다.

한 가지 첨언을 하자면, 책을 마무리하던 중 반갑고 영광스러운 일이 하나 생겼습니다. 2015년 가을에 한성시의 부시장을 비롯해 문화관광 관계자들이 서울 프레스센터에서 한성시 홍보회를 열었습니다. 저는 이 홍보회에 초대되어 간단히 인사말을 했습니다.

그 자리에서는 한성시 홍보뿐 아니라 뉴서울오페라단과 한성시의 MOU 체결식도 함께 열렸습니다. 최초의 한중 합작 오페라 〈사마천〉 제작을 위한 MOU 체결이었습니다. 이때 뉴서울오페라단의 홍지원 단장께서 저에게 오페라 〈사마천〉에 관해 자문을 요청했습니다.

몇 차례 만남을 가지며 사마천의 일생에 대해 비교적 긴 시간 이야기를 해드렸고, 이 책의 초고를 미리 보여드리며 최대한 도움을 드리고자 했습니다. 그 과정에서 홍 단장은 오페라보다는 뮤지컬이 더 대중적이겠다는 결정을 하셨고, 장르를 오페라에서 뮤지컬로 바꾸었습니다. 당초 중국 쪽 원작이 한성시 사마천학회의 전 회장이자 소설가인 장천은張天恩 선생이었기 때문에 존경의 마음을 담아 뮤지컬의 원작 표기는 중국 쪽에 양해하기로 했습니다.

뮤지컬 〈사마천〉은 한국어판은 물론 중국어판, 영어판으로까지 만들어져 전 세계를 돌며 공연될 예정이라고 합니다. 홍 단장께서 대원들을 대상으로 한 특강까지 요청했으니 뮤지컬 대본은 수정 보완을 거쳐 완성도를 높여갈 것입니다.

중국보다 먼저 우리 손으로 창작 뮤지컬 〈사마천〉을 만들어 무대에 올린다는 사실을 두 눈으로 확인하고, 그 과정에 작게나마 도움이 된다고 생각하니 정말 기쁘지 않을 수 없습니다. 게다가 사마천의 생애에 대한 제 나름의 주장 또한 뮤지컬에 반영된다는 점이 저에게는 더 없는 영광입니다. 독자 여러분도 자부심을 갖고 이 책을 읽을 수 있으리라 확신합니다. 이 자리를 빌려 홍 단장과 한성시 당국자들에게도 깊은 감사의 말씀을 드립니다.

어쩌면 저의 연구서로서는 이 책이 마지막이 될 것 같습니다. 심신이 바닥을 보이고 있고, 완역 작업이 마무리되지 않은 상황에서 이렇게 공력이 많이 들어가는 책을 내려니 힘에 부칩니다. 어쨌든 최선을 다해 지난 10년간의 성과를 충분히 반영하려 애썼다는 점을 독자 여러분께 응석 부리듯 밝히며 본격적으로 이야기를 시작해보려 합니다.

2015년 9월 3일
중국의 전승 70주년 행사를 착잡한 심경으로 접하면서

길을 아는 것과 걷는 것의 차이*

슬픔으로

꿈꾸던 것, 꿈꾸고 있는 것을 실현하지 못하고 있거나 현실적으로는 포기했으되 심정적으로는 절대 포기하지 않은 이들의 정신적 지주가 있습니다. 주어진 권위에 기대려 하지 않고 인간성과 파란만장한 삶에 눈물 흘릴 줄 아는 진정한 로맨티스트, 이 시대의 살아 있는 비판자, 시대를 바르게 사랑할 줄 아는 사람들의 정신적 고향이 있습니다.

수구와 보수는 언제나 개혁과 진보의 피를 빨고 살았습니다. 인류 사회는 늘 개혁과 진보의 피를 수혈받아 아주 더디게 발전했지요. '개혁과 진보의 고독을 먹고 진보하는 세상'입니다. 이 세상 저

---

* 이 서문과 2006년 책으로 출간된 《역사의 등불 사마천, 피로 쓴 사기》의 서문에 해당하는 '프롤로그'와는 다소 차이가 나는데, 초고를 그대로 실었다는 점을 밝혀둔다.

세상을 통틀어 가장 고독했던 사람이 있습니다. 그 고독만큼이나 그는 진보적이었고, 새로운 세상을 갈망했습니다.

"지식 없는 열정은 무모하며, 열정 없는 지식은 무미하다. 과장된 지식은 허망하고, 거짓된 지식은 사악하며, 분별없는 지식은 위험하다." 여기 무엇이 참된 지식인지에 대해 명쾌한 해답을 제시한 한 사람과 한 권의 책이 있습니다. 그와 그의 책은 핵심을 말로 자르고, 글로 찌르고, 침묵으로 무너뜨립니다. 지식의 울타리를 훌쩍 뛰어넘은 지혜를 보여줍니다. 그 글은 피보다 진합니다.

부와 지식을 독점하고, 그것을 이용해 배타적 권력을 마구 행사하는 삐뚤어진 지식인과 부도덕한 기득권자를 매일 보고 살아야 하는 우리 시대의 불행은 언제까지 계속될까요? 네 눈에는 보이지 않고, 너는 볼 수도 없다는 지적 오만과 지식 폭력의 전형적인 수사가 "아는 만큼 보인다"는 말 아니던가요? 오만한 지식과 권력은 물리적 폭력보다 파괴적입니다. 우리 영혼에 상처를 내기 때문이지요. 천박한 지식과 권력이 우리의 감성과 영혼마저 지배하려 드는 세상입니다.

'언위심성言爲心聲, 화위심화畵爲心畵'라는 말이 있습니다. 말은 마음의 소리, 그림은 마음의 그림이란 뜻입니다. 이 말처럼 그의 말은 마음의 소리였고, 그의 글은 마음의 글이었습니다. 마음을 울리는 말, 가슴속 깊이 박히는 글. 그래서 슬프지요. 그는 슬픔으로 천박한 지식을 자릅니다.

그는 깊은 슬픔, 강한 신념을 품고 살았습니다. 노래 가사처럼 슬퍼도 살아야 했고, 슬퍼서 살아야 했고, 슬픔으로 살았던 사람입니다. 그의 슬픔은 서걱 베일 것같이 날카롭고, 분노는 가슴을 저밉니다. 그래서 그가 남긴 글은 록rock입니다. 형식적이고 가식에만 치우친 찬양 일변도의 심포니symphony 시대를 신랄하게 비판하고 조롱하며 다양한 장르의 음악을 가능케 한 록. 흥분과 격정, 울분과 비운의 록 말입니다.

슬픔은 철학보다 깊고, 분노는 사상보다 강합니다. 이 둘은 철학과 사상을 심화시킵니다. 그는 운명 속에서 슬픔과 분노를 인정했고 그래서 용기를 얻었습니다. 그가 운명을 선택한 것이 아니라 운명이 그를 선택했습니다. 그는 심화된 철학과 사상을 용기로 무장하고 역사를 선택했습니다. 그 역사는 슬픔의 무게만큼, 분노의 깊이만큼, 용기의 높이만큼 비웃음당하지 않는 권위를 지닐 것입니다. 그는 역사를 쉬운 말로 남겼습니다. 인문학이 나아갈 길을 이미 2,100여 년 전에 열어놓은 것이지요.

서기 2006년을 기점으로 2,103년 전인 기원전 97년, 그의 나이 49세. 이해에 그는 치욕스럽기 그지없는 '궁형宮刑'을 선택해야만 했습니다. 이 형벌은 그의 삶을 송두리째 뒤흔들었고, 끝내는 역사마저 뒤흔들었습니다. 세계사 연표에 영원히 빠지지 않고 기록되어야 할 역사적인 해였습니다.

길을 아는 것과 걷는 것의 차이

길을 아는 것과 걷는 것의 차이를 깨닫는 데 꽤 오랜 시간이 걸렸습니다. 사마천이라는 한 인간을 본격적으로 알아가기 시작한 지 20년이 가까워져 오지만 그를 제대로 만나기 위해 이제 겨우 첫

걸음을 뗀 것 같습니다. 현실적 필요성 때문에 사마천이라는 인간 보다는 그가 남긴《사기》에 더 많은 관심을 가졌고, 저 자신도 모 르는 사이에《사기》가 전지전능인 것처럼 여겨왔던 것 또한 사실입 니다.《사기》와 사마천으로 가는 길도 모른 채 말이지요.

사마천을 알기 위해 가장 직접적이고 손쉬운 방법을 택했습니 다. 방법은 쉬웠지만 그 방법을 실행에 옮기기는 쉽지 않았습니다. 그 역시 현실적인 이유 때문이었지요. 사마천을 알아가는 직접적이 고 손쉬운 방법이란 그가 태어난 곳이자 묻힌 곳이기도 한 그의 고 향을 찾아가는 것이었습니다. 마음먹고 실천에 옮기는 데 3년이란 시간이 걸렸고 98년 여름, 꿈에도 그리던 그의 고향을 찾았습니다.

그 이듬해《지혜로 읽는 사기》라는 책을 출간했습니다. 사마천에 게 너무나 부끄럽다는 자기변명 같은 단서를 달긴 했지만 부족한 것이 많은 책이었습니다. 다음에는 좀 더 나은, 사마천이라는 한 인 간을 좀 더 깊고 넓게 소개할 수 있는 책을 선보이겠노라 저 자신 을 다독이며 부끄러움에서 벗어나려 했습니다.

두 번째로 사마천의 고향을 찾은 것은 정확하게 1년 만이었습니 다.《지혜로 읽는 사기》를 낸 지 한 달 만이었지요. 20세기 마지막 해 여름, 그가 태어났고 그의 진짜 유골이 묻혀 있다는 시골 마을 서촌徐村을 찾아갔습니다. 여기서 길을 아는 것과 그 길을 걷는 것 의 차이가 엄청나다는 것을 실감했습니다. 더불어 '나도 이제는 길 을 알고 갈 수 있게 되었구나' 기쁨에 들떴습니다. 하지만 그것도 잠시, 무겁고 가슴 벅찬 두려움이 한참 동안 저를 짓눌렀습니다. 길 도 모른 채 천방지축 헤맨 첫 결과물인《지혜로 읽는 사기》를 두고 진지하게 반성하게 되었지요.

이제《사기》와 사마천에 관한 두 번째 책을 내면서 '사마천의, 사마천에 의한, 사마천을 위해'《사기》라는 '바다'에 간신히 발을 담급니다. 가만히 생각해보면 저를 여기까지 오게 한 것은 많은 질문과 의문이었습니다. 무엇보다 10년 이상 제 머릿속을 떠나지 않았던 의문은 '어떻게 2,100년도 더 전에 이렇듯 전무후무한 역사서가 나올 수 있었을까?' 하는 것이었습니다. 사마천은 도대체 어떤 사람이었을까? 그는 왜 이런 역사책을 쓸 생각을 했단 말인가? 사마천을 물심양면으로 지원했지만 결국 그에게 치욕스러운 궁형을 안긴 한 무제武帝와 사마천의 관계는 어떻게 이해해야 하나? 아버지 사마담司馬談은 무슨 생각으로 사마천에게 천하 여행을 권했을까? 아버지 사마담은 아들을 왜 굳이 사관史官으로 만들고자 했는가? 그런 아버지는 어떤 사람이었을까? 대체 사마천은 무엇을 가지고 어떻게 이렇듯 완벽한 역사 체제를 구상할 수 있었을까?《사기》와 사마천은 시대적 산물인가, 아니면 시대의 창조자인가? 사마천이 그려낸 인물들은 어찌 그리 생동감 넘칠 수 있는가?《사기》에는 얼마나 많은 인물이 등장할까? 죽음조차 두려워하지 않은 그가 치욕스러운 궁형을 자청할 만큼《사기》가 중요했던가?

이런 질문과 의문들이 저를 여기까지 오게 한 원동력이었습니다. '존재의 이유'는 존재에 대한 의문에서 나오고, 그것이 길을 알게 합니다. 존재에 대한 의문이야말로 그 길을 걷게 하는 힘입니다. 진보와 변화는 단계를 밟아 올라가는 것만으로 이루어지지 않습니다. 밟았던 단계를 다시 밟는 되풀이, 자기반성과 회고야말로 진보와 변화의 필수적인 전제 조건입니다. 존재의 이유는 바로 여기에서 확인되고, 존재에 대한 의문은 새로운 경지로 들어서는 길이 됩니다. 그런 점에서 양계초梁啓超의 다음과 같은 평가는 사마천과《사기》의 값어치를 정확하게 읽어낸 명철한 안목이라 할 수 있습니다.

《사기》 이전의 역사서는 사건만을 다룬 것이거나, 각 지방의 기록이거나, 한 시대의 기록에 지나지 않았다. 《사기》는 사마천이 알고 있는 시간 내에서 인류가 문화를 가진 이래 수천 년 동안 계속된 총체적 활동을 한 용광로에 녹여낸 것이다. 이로부터 역사를 전체로 인식하고, 역사는 영원히 지속되는 것이라는 생각이 나타났다. 진·한 통일 이후 문화가 상당히 발전하지 않았더라면 이런 관념은 나타날 수 없었을 것이다. 사마천이 이러한 기운을 타고 등장한 것이다. 《사기》는 실로 중국 통사의 창시자다.

2002년 1월 저는 세 번째로 사마천의 고향 섬서성 한성시를 방문했습니다. 이번에는 그와 관련된 모든 유적지를 샅샅이 찾아다녔습니다. 사마천연구회 여러분, 한성시 문물관광국장, 사마천 사당과 무덤의 관리 책임자 등과 만나 사마천의 고향을 세계문화유산으로 지정하는 문제에 대해 진지하게 논의했습니다. 그들은 저의 제안을 흔쾌히 반겼습니다. 그리고 외국인으로는 처음으로 저를 '사마천연구회' 정식 회원으로 받아들였고, 세계문화유산 추진을 위한 특별자문 역할을 맡겼습니다. 사마천과 《사기》를 위한 또 하나의 길을 찾은 것입니다.

사마천과 《사기》, 지식인의 자각自覺과 자원自願

어제를 모르는 눈에 오늘이 보일까요? 미래는 말할 것도 없습니다. 사마천은 "지난 일(과거)을 기술해(현재), 올 것(미래)을 생각한다"는 명언을 남겼습니다. 전통 중국과 그 영향을 받은 동양 문화권에서 보면 '인문학'은 '문사철'입니다. "문사철은 인간에 대한 자아반성, 자아이해, 자아동일시의 가장 절실하고 가장 직접적인 학문"(두유명杜維明)입니다. 그리고 그것은 지식인의 사회적 역할, 그것도 제대로 된 역할에 대한 강력한 요구로 수렴됩니다.

바람이 없으면 소리도 없는 법입니다. 인문학은 바람과 같습니다. 사회 각 분야의 문제점과 모순이 제소리를 낼 수 있도록 불어주는 바람 같은 역할을 인문학이 할 수 있어야 합니다. 그런 점에서 문사철이 곧 인문학이라는 동양적 관점은 매우 타당하고 효율적입니다. 문제는 이른바 지식인으로 불리는 역할 담당자들이 제 역할을 하고 있는가입니다. 두유명 선생은 지식인의 제 역할을 고려한 끝에 '공중지식분자公衆知識分子'라는 개념을 제기했습니다. 일반 대중과 함께 호흡하는 공적이고 책임 있는 지식인상을 염두에 둔 개념입니다.

사마천은 바람직한 인문학적 지식인상의 전형을 자신의 삶과 그 결과물인 《사기》를 통해 아낌없이 보여주고 있습니다. "자각自覺은 이성理性의 품격品格이며, 자원自願은 의지意志의 품격"이라는 말이 있습니다. 깨달음과 이를 실천으로 옮기는 행동이 일치하기란 결코 쉽지 않습니다. 이런 점에서 사마천의 삶과 그 삶의 결정체인 《사기》는 자각과 자원의 조화이자 일치라 할 것이며, 사마천의 삶은 지식인의 모범이라 할 것입니다.

《사기》는 역사서입니다. 역사는 현재 시점에서 미래를 위해 과거를 다룹니다. 역사는 지금 이 순간(현재) 미래를 싣고 과거로 달리는 타임머신과 같습니다. 과거는 현재를 움직이는 거대한 힘이며, 과거를 되살리는 현재의 성실함이 곧 미래의 기초가 됩니다. 이것이 바로 역사학이고 인문학입니다. 역사(인문)는 그 자체로 성실이고 정성입니다. 사마천과 《사기》는 인문학(역사학)의 총화이자 결정체입니다. 지금 이 시점에서 사마천과 《사기》를 거론하는 가장 큰 이유도 성실함을 상실한 이 시대 상황에 반성적 계기를 줄 것이란 희망 때문입니다. 2,100년 전에도 그 시대가 사마천을 요구했고, 사마천은 《사기》로 시대적 요구에 강력하게 응답했습니다. 지금 우리 시대가 또다시 그를 요구하고 있습니다. 자각(이론)과 자원(행동)을 갈망하고 있는 인문학과 '공중지식인'의 제 역할을 찾기 위해….

함께 가고자 하는 길

"광대한 문화 지식이란 면에서 사마천은 백과사전식 인물이다." (이장지李長之) 중국을 알려면 《사기》를 피할 수 없습니다. 눈을 감는다고 세상이 사라지지 않듯 《사기》를 피한다고 《사기》가 사라질 리 만무이지요. 《사기》는 그 당시의 세계사였습니다. 더구나 세계사의 한 공간을 중국과 공유한 우리에게 《사기》의 무게는 남다릅니다. 《사기》가 단순히 역사서에만 머무르지 않고 중국 전반을 이해하는 중요한 틀이 되는 이유가 그것이 우리 역사의 시·공간에 상당 부분 관여하고 있기 때문입니다. 지금의 중국이 우리에게 '현실'이 된 것과 별반 다르지 않습니다.

'제1권 사마천, 삶이 역사가 되다'는 사마천의 생애에 초점을 맞추어 대체 그가 어떤 역경을 딛고 《사기》를 남겼는지, 그 역사적 맥락과 동인動因을 분석해보고자 했습니다. 이와 함께 사마천의 집안에 대해 적극 검토했습니다. '연보'도 보완하고 삶의 행적을 가능한 한 감동적으로 전달하기 위해 애썼습니다. 제1권은 이 책의 핵심에 해당합니다. 사마천의 생애 자체가 《사기》의 내용이자 정신이기 때문이지요.

'제2권 《사기》, 어떻게 읽을 것인가'는 《사기》의 체제와 내용, 특징 등을 알기 쉽게 소개하려 했습니다. 여기에서는 상당히 많은 '표'를 활용해 독자의 이해를 적극 돕고자 했습니다. 《사기》의 주요 사상을 철학·역사·정치·경제·학술로 나누어 살펴보고, 문사철을 통합해 참다운 인문정신을 구현한 《사기》의 문학적 성취도 함께 검토해보았습니다. 이는 앞으로 이어질 후속 작업을 위한 기초 자료가 될 것입니다.

'제3권 한성, 숨겨진 수수께끼를 풀다'는 특별 취재기입니다. 지금까지 네 차례에 걸쳐 사마천의 고향 한성을 탐방한 저의 보고서라 할 수 있습니다. 사마천과 관련한 문화유적들을 상세하게 소개할 것입니다. 사마천의 고향, 역사학의 성지를 세계문화유산으로 승격시키기 위한 첫걸음이라 할 수 있습니다.

'에필로그'에서는 이 책이 나오는 데 도움을 주신 분들을 소개할까 합니다. 사마천의 고향을 세계문화유산으로 지정받기 위한 전초 작업의 의미가 담겨 있습니다. 앞으로 이어질 작업에도 변함없는 관심과 도움을 기대한다는 뜻도 깔려 있습니다. 사마천과《사기》를 사랑하는 독자에게 상당히 유익한 정보가 될 것입니다.

그 밖에 참고문헌을 비롯한 몇 가지 부록을 독자들을 위해 준비했습니다.

저는 이 책을 카메라로 사진을 찍듯 준비했습니다. 비디오의 연속 화면이 아닌 정지된 한 컷 한 컷을 모으듯 말이지요. 카메라와 비디오의 차이는 상상력에 있습니다. 사진에는 이야기가 있지만 비디오 화면은 이야기를 거세한 채 보는 행위만 강요합니다. 단절을 견디지 못하는 천박한 욕망과 이해관계가 일치한 결과물이 비디오 아닌가 싶습니다. 그런 면에서 비디오는 사이비이며 권력지향적입니다. 한 컷의 정지 화면이 주는 무한한 상상의 힘과 정지된 한 순간을 위해 투자한 집중력, 순간적 판단력, 그 안에서 겪어야 했을 만감의 교차 같은 심오한 요소는 생각할 여유를 갖지 못한 채 정신 없이 돌려야 하는 비디오와 질적으로 다릅니다. 성실한 역사와 인문학이, 사마천과《사기》가 사이비와 구별되는 것도 이와 같습니다.

헤겔이 "역사에 행복한 페이지는 그리 많지 않다. 행복한 페이지는 공백이다"라는 말을 남겼습니다. 사마천이《사기》와 함께 우리가 함께 가고자 하는 길, 역사의 공간을 행복하게 해줄 수 있길 바랍니다.

차례

서문 1 10년 만에 본격적인 사마천과 《사기》 입문서를 다시 내면서 · 5
서문 2 길을 아는 것과 걷는 것의 차이 · 10
과거로의 여행을 떠나기에 앞서 사마천, 《사기》, 한성시와 시진핑의 시대 · 22

1장 죽음의 진실에 다가서다
    《사기》를 완성하다 · 54
    황실을 뒤엎은 무고 사건 · 58
    임안에게 보내는 답장 · 64
    고향으로 돌아가다 · 78
    또 하나의 수수께끼 · 86

2장 출생을 둘러싼 두 개의 미스터리
    145년 vs 135년 · 102
    섬서성 vs 산서성 · 112

3장 평범한 어린 시절, 특별한 만남
    역사학자의 싹을 틔우다 · 128
    우연한 만남 · 137

4장 스무 살 사마천, 여행을 떠나다
    사마천의 여행법 · 156
    《사기》에 숨을 불어넣다 · 169

5장 세상 속으로 나아가다
    사마천의 두 스승 · 188
    유하가 항로학의 대립 · 195

세기의 로맨스 · 211
황제를 수행하다 · 218

6장 아버지 사마담이 남긴 것

하늘이 무너지다 · 242
〈논육가요지〉가 드리운 명과 암 · 255

7장 제도 개혁에 참여하다

황제와 제국을 위하여 · 274
달력을 만들다 · 281

8장 인연인가, 악연인가

세계사로 향한 발걸음 · 296
화려한 제국, 비참한 삶 · 310
이릉 사건의 전말 · 318
이릉을 변호한 이유 · 328

9장 명예로운 죽음보다 치욕스런 삶을 선택하다

죽을 수 없는 이유 · 348
지독한 고통이 찾아오다 · 359
위대한 비극, 《사기》 · 366

사마천 연보 · 375
참고문헌 · 400
찾아보기 · 407

과거로의 여행을 떠나기에 앞서

사마천, 《사기》, 한성시와 시진핑의 시대

학 생 선생님, 선생님과 함께 시간과 공간을 초월해 사마천과《사기》그리고 사마천의 고향 섬서성 한성시로 이어지는 긴 여행을 함께 떠날 생각을 하니 설레기도 하고 두렵기도 합니다. 그동안 제가 공부했던 것이 모두 불안해지는 이 기분의 정체가 뭘까요?

김영수 그렇다면 전문가로 변모할 준비를 이미 갖춘 겁니다. 저도 사마천과《사기》를 30년 가까이 공부하고 또 속된 말로 대역마살이 끼어 수도 없이《사기》의 현장을 다녔지만 여전히 어딘가로 떠나기 전에는 늘 불안합니다. 어쩌면 과거로의 여행이 미래로의 여행보다 더 힘들고 두려울지도 모르겠다는 생각을 자주 합니다.

학 생 미래로의 여행은 현실이 아니니까 마음껏 상상하고 즐길 수 있어서 그런 것 아닐까요? 그런데 과거로의 여행이 두렵다는 것은 어떤 의미일까요?

김영수 제가 지금까지 배워온 것, 알고 있던 사실들이 현장과 잘 연결이 안 될 때가 많습니다. 그래서 현장이 중요하다고 하는 모양입니다. 현재의 우리가 시간을 뛰어넘어 역사적 팩트fact를 확인할 수는 없지만 오늘날까지 남아 있는 공간을 밟고 그 흔적을 더듬는 일은 가능하지요. 그런데 그것이 전해오는 기록들과 정확하게 연결되지 않더군요.

학 생 '기록과 현장의 괴리감'이란 말씀이시지요? 2차원의 공간과 3차원의 공간이 주는 괴리감으로 이해가 됩니다. 현장이 기록만큼 잘 보존되어 있지 않기 때문이겠지요?

김영수 물론 그런 경우가 많습니다만 그 반대인 경우도 적지 않습니다. 현장이 기록을 압도 내지 억누르는, 정확하게는 그 기록을 읽는 저 자신을 무겁게 짓누르는 상황을 많이 경험했거든요. 특히 한 인간의 죽음과 관련된 현장은 뭐랄까, 문자 기록으로는 잡거나 느낄 수 없는 비장함 같은 것을 뭉텅뭉텅 던져줍니다. 그걸 받아서 소화하기가 참 힘이 들지요.

학 생 경험이 짧은 제가 다 이해할 수는 없습니다만, 선생님 말씀을 듣고 있으니 어떤 느낌일지 경험해보고 싶어집니다. 그런 사례를 한 가지만 소개해주실 수 있을까요?

김영수 가장 최근에 경험한 일을 한 가지 말씀드리겠습니다. 2015년 여름에 드디어 '관포지교管鮑之交'의 주인공 포숙鮑叔의 무덤을 찾았습니다. 저는 지금부터 약 2,700년 전에 있었던 이 고사에 정

관중기념관 뒤쪽에 조성되어 있는 관중의 무덤 전경.

말 감동받고 많은 것을 얻었습니다. 특히 포숙의 위대한 양보讓步
(followship)가 관중管仲과의 우정을 한 차원 높인 것은 물론, 환공
桓公이라는 통치자의 자질을 끌어올리고 나아가 제나라를 부유하
고 강한 나라로 이끄는 데 결정적인 작용을 했다는 사실에서 고결
한 인간정신의 힘을 느꼈지요. 그리고 바로 그 점에 단단히 매료되
었습니다. 그런데 후대 역사는 관중에게만 그 업적을 확인할 수 있
는 공간을 허용했습니다. 무슨 말씀인고 하니, 남아 있는 유적 대
부분이 관중과 관련된 것이었다는 말이지요. 제나라 수도였던 지
금의 산동성 치박시淄博市 임치臨淄에는 관중기념관과 관중의 무덤
이 대단히 거창하게 조성되어 있습니다. 그런데 이 모든 것을 가능
케 했던, 그래서 사마천이 "천하에는 유능한 관중을 칭찬하는 사
람보다 사람을 알아준 포숙을 칭찬하는 사람이 많았다"라며 그 가

산동성 성도인 제남시濟南市 외곽에 위치한 포숙의 무덤은 그 고귀한 정신세계는 드러내지 않은 채 작은 공원 안에 웅크리고 있었다.

치를 정확하게 평가했던 포숙에게는 단 몇 평의 공간만을 허락한 것이었습니다.

학 생 │ 그야 관중이 제나라 재상으로서 수십 년 동안 수많은 업적을 쌓았기 때문 아닙니까?

김영수 │ 물론입니다. 포숙도 관중이 정치·외교·군사, 특히 경제 분야에서 뛰어난 능력을 지니고 있다는 것을 확신했고 그래서 관중을 살리고 심지어 자신에게 돌아올 재상 자리까지 양보한 것입니다. 포숙의 인품으로 보면 역사가 자신에게 충분한 공간을 할애하지 않았다고 섭섭해 할 사람은 결코 아니지요. 하지만 저는 아직 포숙만큼 높은 경지에 이르지 못한지라 늘 역사가 포숙에게 너무 야박하다는 생각을 해왔습니다.

학 생ㅣ 그러고 보면 역사는 냉정합니다. 그 사람이 해놓은 것의 크기를 정확하게 반영하는 것 같다는 생각이 듭니다. 물론 선생님처럼 포숙의 위대하고 고결한 정신을 높이 평가하는 분도 계시지만 그것이 역사적 공간으로까지 배려받지는 못하는 것 같습니다.

김영수ㅣ 그래서 제가 그 부분을 부각시키려고 애를 쓰는지도 모르겠습니다.

학 생ㅣ 그래서 포숙의 공간을 직접 보니 어떠셨나요?

김영수ㅣ 말씀드린 대로 포숙의 위대한 정신세계를 느끼기보다는 그 정신세계를 느낄 수 있는 공간이 허용되지 않은 현실에 마음이 무거웠습니다. 새삼 위대한 인간은 공간의 크기가 아닌 시간의 무게가 더 중요함을 느꼈고, 그것을 지금 어떻게 되살려 세상을 좀 더 나은 방향으로 이끄는 생명수로 활용할 것인가에 대해 고민하고 돌아왔습니다.

학 생ㅣ 기회가 되면 한번 가보고 싶습니다. '관포지교'는 저도 무척이나 좋아하는 고사라 괜히 마음 한구석이 찡합니다. 그런데 선생님께서 저에게 사전에 팁을 주시길 사마천,《사기》, 한성시와 시진핑(習近平) 국가주석에 관한 이야기를 해주겠다 하셨는데요, 이제 그 이야기를 들어볼까 합니다.

김영수ㅣ 그럴까요? 여행 이야기가 먼저 나오다 보니 잠시 다른 주제로 빠졌습니다. 이제 본론으로 돌아가겠습니다. 최근 한성시 그리고 사마천 사당과 무덤이 크게 변모하고 있어 많은 사람이 그 배경에 궁금증을 가지고 있습니다. 실제로 최근 몇 년 사이 엄청난 변화가 발생했고, 지금도 진행 중입니다. 그런데 그 배경을 추적해보면 중국의 발전과 변화 그리고 시진핑 주석이 있습니다.

학 생 | 중국이 G2를 넘어 세계 최강국으로 가고 있는 현실이 한성에도 반영되는 것이겠지만 그래도 2,000년 넘게 거의 변화가 없던 사마천 사당과 무덤, 제사가 엄청난 변화를 보이는 것이 사실 상당히 의아했습니다. 문화라는 것이 한번 자리 잡으면 잘 변하지 않잖아요?

김영수 | 그렇습니다. 그것이 풍속이나 전통으로 굳어지면 더욱 변하기 어렵습니다. 그래서 최근 5, 6년 사이에 사마천 사당과 한성시에서 일어난 변화 그리고 《사기》의 위상 변화 등 현실적인 문제를 독자들께 먼저 보고를 드리고 시작할까 합니다. 이 문제가 중국의 정치·국가 전략과도 관계되기 때문입니다.

학 생 | 저는 이런 변화를 단편적으로만 보고 들어왔기 때문에 아직은 실감이 나지 않습니다. 먼저 사마천 사당과 제사, 한성시의 변화 모습부터 살펴볼까요?

김영수 | 이 부분은 사진으로 대신하는 쪽이 효과적일 것 같습니다. 민간 제사 때부터 2015년까지 제사의 변화 모습을 한번 살펴보겠습니다. 먼저 다음 세 장의 사진은 모두 2009년 제사 때의 모습입니다. 당시에는 제사가 사당 안에서 이루어졌습니다. 나중에 3권에서 한성시를 소개할 때 자세히 말씀드리겠지만, 사마천 제사는

2009년 제사 당시 사당 쪽에서 내려다본 제사의 모습.

2009년 제사에 참석한 필자.

2009년 제사 때 축제 공연을 기다리고 있는 후손과 마을 사람들. 펼침막에는 '서촌의 태사(사마천) 후예들 선조 무덤 제사와 청소'라는 뜻의 글씨가 쓰여 있다.

2015년 사마천 사당 전시관에 걸린 필자의 모습과 사마천 사당과 무덤을 방문했던 장쩌민(江澤民) 전전 주석의 모습.

2,000년 가까이 후손과 고향 마을 사람들이 주체가 되어 축제 분위기로 치러졌습니다. 세 번째 사진을 보면 그런 분위기가 느껴지지요. 두 번째 사진은 제사에 참석한 내빈들의 모습인데 제 모습도 볼 수 있습니다.

학 생 | 그렇군요. 그런데 발밑에 붙어 있는 숫자는 뭔가요?

김영수 | 향이나 꽃을 올리면서 절을 하는 순서입니다. 제 발밑에 붙어 있는 번호가 몇 번인지 보이세요?

학 생 | 숫자 4가 붙어 있는 것 같은데요. 그렇다면 선생님께서는 서열 4위라는 뜻인가요?

김영수 | 한성시 인구가 약 50만 명이니까 4위면 괜찮은 서열이지요? 2015년 제사 때 가서 사마천 사당 안 전시관을 둘러봤더니 이 사진이 거기에 걸려 있더군요. 보기 드문 외국 손님, 그것도 사마천을 연구하는 학자라고 하니까 대우를 해준 것 같습니다. 2007년에 제가 한성시 서촌의 명예 촌민이 되기도 했고요. 아무튼 이렇게 후손들과 마을 사람 그리고 한성시 당국 관계자들이 오붓하게 제사를 치렀습니다. 그러던 것이 2010년을 기점으로 눈에 띄게 변합니다. 우선 규모가 달라지기 시작했습니다.

학 생 | 2010년이라는 시점에 특별한 의미가 있나요?

김영수 | 저도 당시에는 별다른 의미를 두지 않았습니다. '오랜 세월 빛을 보지 못한 사마천과 《사기》가 마침내 세간의 주목을 받는구

나' 이렇게 생각했지요. 중국의 경제력과 국력이 커지면서 역사와 문화에 관심을 갖는 것이 자연스럽다고 보았던 것입니다. 반갑기도 했고요.

학 생 그러니까 선생님께선 사마천과 《사기》가 그만한 대우를 받지 못했다고 보신 것이군요. 하기야 권력자를 서슴없이 비판한 《사기》의 내용을 보면 권력자나 정권이 사마천과 《사기》를 달가워할 수 없었겠지요.

김영수 권력자나 정권은 그렇다 치더라도 심지어 지식인, 특히 권력자와 정권을 무작정 옹호하는 수구 보수적인 지식인들이 벌 떼처럼 일어나 사마천을 공격했습니다. 그러다 보니 지금의 무덤과 사당도 대부분 이민족 정권인 원나라와 청나라 시대에 보수되거나 확충된 것입니다.

학 생 그러던 것이 2010년 이후 큰 전환점을 맞이했다는 말씀이시지요?

김영수 그렇습니다. 이 문제를 말씀드리기 전에 사마천 제사가 2010년을 기점으로 어떻게 달라졌는지 사진을 통해 확인해보고 넘어갑시다. 사마천 제사는 중국인의 조상이라는 황제黃帝의 제사 그리고 우리도 익히 잘 알고 있는 공자孔子의 제사와 함께 중국 3대 제사 중 하나로 꼽힙니다. 그 중요성과 의의는 굳이 말하지 않아도 될 정도이지요. 다만 다른 두 제사와 달리 민간 제사의 형태를 2,000년 동안 유지해왔습니다. 그러다가 2007년 섬서성 최초로 성급 비물질문화유산에 오르면서 국가가 관리하는 무형문화유산으로 격상됩니다. 비물질문화유산이란 우리의 무형문화재에 해당한다고 생각하시면 됩니다. 하지만 제사는 별다른 변화가 없었습니다. 자, 먼저 2008년 사진을 보시지요.(32쪽 참조) 사당 위에서 내려다본 모습입니다. 전부 밭이지요. 저 멀리 보이는 높다란 다리는 고속도로인데 그 너머가 황하이고, 황하를 건너면 산서성입니다. 이 모습은 2009년 제사 때도 그대로였습니다. 제가 서열 4위로 참석했던 그 제사였지요. 그런데 2010년 제사의 규모를 키우더니 2011년에는 2008년의 그 밭을 사진에 보이는 것과 같이 만들었습니다. 이때까지만 해도 실감이 잘 나지 않았습니다. 그런데 2012년, 2013년, 2014년 그리고 2015년까지 어떻게 변했는지 한번 보세요.

학 생 | 사진을 보지 않았다면 이곳이 예전에 밭이었다는 걸 상상도 못 했을 것 같습니다. 지금은 사마천 동상이 세워지고, 광장 양옆으로 거대한 석조 조형물이 들어서고, 저 멀리 건물도 자리 잡고 있네요.

김영수 | 석조물은 《사기》 본기 12편에 등장하는 제왕들의 치적을 나타내는 거대한 조각이고, 건축물은 귀빈 접대 장소입니다. 동상은 2012년에 틀을 잡고 2013년에 완성되었습니다. 이는 눈에 보이는 변화입니다. 더 큰 변화는 제사의 주체가 후손과 마을 사람들에서 이런 행사를 전문으로 진행하는, 우리 식으로 말하면 이벤트 전문회사에 의해 진행되기 시작했다는 겁니다. 사회자도 CCTV 인문 프로그램 진행자로 바뀌고, 전에는 마을 후손들이 몇 달 동안

크게 변화한 사마천 제사 모습(2008년부터 2015년까지).

2008년

2011년

2012년

2013년

2014년

2015년

연습해 선보였던 식전 공연도 이제는 한성시, 섬서성 차원으로 확대되었습니다. 한마디로 후손과 마을 분들은 찬밥 신세가 된 것이지요. 저 역시 찬밥 신세가 되었습니다.

학 생 오랫동안 외국인으로는 거의 유일하게 제사에 참석해온 귀한 손님이신데 찬밥 신세라니요?

김영수 제사에 거물급 인사들이 대거 몰려오기 시작했다는 의미입니다. 전에는 저 정도만 해도 귀빈이었는데, 한성시에서 신경 써야 할 고위 공직자를 비롯해 정치가, 대학자, 기업인, 예술인 등 각계각층의 명사가 몰려오기 시작했습니다. 그러니 제가 설 자리가 좁아진 것은 물론 자리 잡기도 어렵게 되었습니다. 이제 저는 조용히 왔다 조용히 가는 존재가 되었습니다.

학 생 그래도 그간의 관계가 있지 않습니까? 아는 분들은 다 알아주시겠지요.

김영수 의리는 아주 세게 지켜주십니다. 후손과 마을 분들 그리고 한성시 사마천학회 분들, 한성시 관계자 분들은 여전히 환영해주십니다. 어쨌든 저는 이런 변화를 차분히 돌아보고 앞으로 일어날 문제에 대비할 생각입니다. 결론적으로 2010년을 기점으로 이런 변화가 생겼다는 것이고, 거기에는 시진핑 주석이 있다는 이야기입니다. 왜일까요? 2010년 이전 시진핑 주석의 직함은 '당 정치국 상무위원 겸 당 중앙 서기처 서기 겸 국가 부주석'이었습니다.

학 생 | 먼저 시진핑 주석이 국가주석으로 취임한 해가 2013년이라는 사실을 알고 계시면 이해하기가 편할 것 같습니다. 그러니까 2010년은 시 주석이 국가주석으로 취임하기 3년 전입니다. 직함이 상당히 긴데 약간의 설명이 필요할 것 같습니다.

김영수 | 중국은 공산당이 국가보다 우위에 있습니다. 따라서 당의 총서기가 가장 높은 자리입니다. 당 내에서도 정치국의 힘이 가장 세고, 그 정치국의 구성원인 상무위원들이 최고의 지도자가 됩니다. 즉 시 주석은 취임 전 일단 당 정치국 상무위원과 당 서기처의 서기가 되었습니다. 그게 2008년입니다. 이렇게 되면 당 총서기가 될 수 있는 유력한 후보가 된 셈이지요? 그리고 그사이 중경시重慶市 당 서기 보시라이(薄熙來)가 대중적인 인기를 등에 업고 시진핑의 강력한 라이벌로 떠올랐습니다. 또한 엘리트 코스만을 밟아온 리커창(李克强)도 시진핑을 앞서가고 있었습니다. 하지만 2010년 시진핑, 리커창, 보시라이 이 삼인방의 경쟁 구도는 시진핑의 완전한 승리로 귀결되었습니다.

학 생 | 2008년 서기처 서기에 국가 부주석을 겸했다는 것은 당 총서기와 국가주석 자리를 예약했다는 뜻 아닙니까? 그렇다면 2008년에 이미 시진핑이 중국 최고 지도자로 확정된 것이나 마찬가지 아니었나요?

김영수 | 그렇긴 하지요. 하지만 한 가지가 더 남아 있었습니다. 바로 군부였습니다. 당 중앙 군사위원회가 최고 의결기구인데, 여기서 군사주석으로 가는 자리를 예약해야 합니다. 즉 부주석 자리를

맡아야 한다는 것이지요. 그래야만 총서기, 국가주석, 군사주석 세 자리를 확보하게 됩니다.

학 생 | 군사주석 자리는 대개 전임자가 내놓지 않고 퇴임한 뒤 몇 년이 지나 넘겨주는 것으로 알고 있습니다. 그래서 마오쩌둥(毛澤東) 이후 취임과 동시에 그 세 자리를 다 차지한 지도자는 없다고 하던데요.

김영수 | 그렇습니다. 바로 그게 문제였습니다. 그래서 국가주석 자리가 상당히 불안했지요. 덩샤오핑(鄧小平)도 장쩌민도 모두 군사주석 자리를 쥐고 있었거든요. 그래서 중국 지도층은 치열한 정치 협상과 거래 끝에 시진핑이 이 세 자리를 모두 넘겨받을 수 있도록 배려합니다. 그때가 바로 2010년이었습니다. 그해 10월, 시진핑 국가 부주석은 당 중앙 군사위원회 부주석 자리에 올랐지요.

학 생 | 그렇다고 그것을 사마천 제사, 한성시의 변화와 연계시켜 설명할 수 있을까요? 다소 무리한 주장은 아닌지요?

김영수 | 저도 처음에는 그렇게 생각했습니다. 하지만 그게 전부가 아니었습니다. 서안에서 동북쪽으로 100킬로미터 못 미쳐 시 주석의 고향인 부평富平이 있고, 부평에서 한성까지는 약 120킬로미터 남짓입니다. 아시다시피 중국은 우리와 시간과 공간의 개념이 많이 다릅니다. 100킬로미터 정도면 옆집이나 마찬가지입니다. 삼성 그룹이 서안에다 공장을 지은 까닭도 같은 맥락입니다. 시 주석의 고향과 가깝기 때문이지요.

학 생 | 일단 이해가 되었습니다. 우리나라도 국회의원들이 지역구를 챙기고, 정치가와 관련된 지역에 이런저런 혜택이 돌아가니까요. 시진핑이 14억을 이끌 국가주석으로 확정되면서 이웃한 한성시에도 정치적 바람이 불지 않을 수 없었다는 이야기로 이해하겠습니다. 그렇게 보면 2007년에 사마천 제사가 성급 무형문화재로 등록된 것은 국가급 문화재로 가기 위한 요식 절차였다는 추측이 가능하겠습니다. 그렇다 하더라도 정치적 관점으로만 이해하고 받아들이기에는 다소 무리가 있고, 또 이해하기 힘든 측면도 있습니다. 고향인 부평이라면 몰라도 왜 100킬로미터 이상 떨어진 한성일까요? 서안은 섬서성의 성도이니 충분히 수긍이 갑니다만.

김영수 | 네, 충분히 그렇게 생각할 수 있습니다. 바로 여기서 정치와 정책이란 면에서 중국과 우리의 차이가 확인됩니다. 부평도 변하고 있지요, 당연히. 하지만 그곳에는 시 주석의 아버지인 시중쉰(習仲勳)의 무덤이 있습니다. 말하자면 초기 공산당 지도자로서 평생 인민을 위해 멸사봉공하며 청렴하게 산 시중쉰의 무덤이 있는 성지나 마찬가지입니다. 여러 면에서 직접 대놓고 개발할 수 없는 곳이지요. 물론 무덤과 그 주변은 상당한 규모로 성역화되어 있습니다. 하지만 사마천은 조금 다르지요. 요컨대 충분히, 아니 계산할 수 없는 부가가치를 가진 역사의 성인 사마천의 유적과 문화를 개발하고, 성역화하는 데 집중하는 것이 정치와 정책이란 면에서 훨씬 유리합니다. 사마천을 부각시킨다 해서 누가 뭐라고 하겠습니까? 전 세계가 존경하는 인물 아닙니까?

초기 공산당 지도자이자 시진핑 국가주석의 아버지인 시중쉰의 무덤.

학 생 ┃ 그렇겠군요. 그럼 초점을 시진핑 주석에게로 돌려보겠습니다. 우선 시 주석이 사마천과 《사기》에 대해 어떤 생각을 갖고 있는지 궁금합니다. 만약 상당한 관심과 조예를 갖추었다면 이를 당 차원에서 강조한 경우가 있을 듯한데요.

김영수 ┃ 시 주석이 가장 좋아하는 취미가 독서입니다. 많은 책을 읽었고 지금도 독서량이 대단하기로 정평이 나 있습니다. 지방에서 공직자 생활을 시작했을 때부터 글도 많이 썼습니다. 신문에 고정적으로 칼럼을 연재했고, 그의 강연문이나 연설문을 모은 책도 여러 권 출간되었습니다. 14억 중국을 이끄는 치국의 방략을 담은 방대한 저서는 최근 국내에 번역돼 나와 있습니다. 시 주석 역시 중국의 역대 지도자들처럼 많은 고전을 다양하게 인용하고 있는데, 이전 지도자들과는 다르게 사마천의 《사기》를 인용하는 경우가 상

시진핑 주석의 저서들. 이 중 《평이근인平易近人》은 제목에 시 주석의 이름인 '근평近平'을 넣었다. '쉽고 사람과 친근하다'는 뜻이다. 즉 시 주석의 글과 말이 간결하고 알아듣기 쉬워 일반인들에게 금세 친숙해진다는 의미를 담고 있는 제목이다. 그런데 사실 이 네 글자는 사마천의 《사기》 권33 〈노주공세가〉에 나오는 한 대목이다. 시 주석과 사마천 《사기》의 관계를 상징적으로 보여주는 책 제목이다.

대적으로 많습니다. 《사기》를 인용하는 빈도는 갈수록 늘어날 것으로 전망됩니다. 사마천 제사의 규모와 그 성격이 갈수록 확대되는 추세로 보아 저는 시 주석이 언젠가 한 번은 제사에 참석할 것이라 예상합니다. 중국 내 언론들의 보도에 따르면 시 주석은 역사서에 대단히 조예가 깊다고 합니다. 그중 하나만 소개합니다.

역사와 문화를 발굴하고 이용하는 데 주목해서 그 기원과 뿌리 그리고 혼을 찾아 역사와 현실의 결합점을 발견해야 합니다. 또 역사와 문화 속의 가치이념, 도덕규범, 치국지혜를 깊게 발굴할 줄 알아야 합니다. 예컨대 사마천의 《사기》, 반고班固의 《한서

漢書》에는 선인들의 지혜가 응축되어 있어 오늘날 나라를 다스리고 정치를 펼치는 데 적지 않은 계시를 줍니다. 옛사람은 '경전을 읽으면 기초가 튼튼해지고, 역사를 거울로 삼으면 논리가 커지고 훌륭해진다'고 했습니다. 발굴하고 이용하는 일을 잘해야만 거친 것을 제거하고 정교한 것을 취할 수 있고, 과거를 지금에 활용해 문화인이 되고, 역사를 정치의 밑천으로 삼을 수 있습니다.(《차이나뉴스》 2014. 05. 15;《한성일보》 2015. 03. 27)

학 생 │ 이 정도면 더 듣지 않아도 될 것 같습니다. 정치가가 아니라 역사 전문가의 이야기 같다는 생각이 듭니다.

김영수 │ 그뿐 아닙니다. 당 기층 간부에 해당하는 현급 서기들에 대한 인문학 교육이 크게 강화되었습니다. 보도에 따르면(《중앙일보》 2015. 01. 29) 2017년까지 현급 서기 2,000여 명을 교육시킨다고 하는데, 낮에는 실무와 국제정세 등을 배우고 밤에는 사마천의 《사기》 등 수십 개의 교양과목을 개설해 자유롭게 들을 수 있도록 했다고 합니다. 활발한 토론은 기본이고요. 현재 중국의 현이 총 2,856개니까 70퍼센트 이상을 이렇게 교육시킨다는 것입니다. 또한 고위 공직자를 대상으로 국학 교육을 펼친다고 합니다(《연합뉴스》 2015. 06. 16). 중국 고전과 전통문화를 가르쳐 중국 문화의 우수성을 깨닫게 함으로써 올바른 인생관, 가치관, 세계관을 고루 갖추도록 한다는 것인데, 교재가 무려 11권에 달합니다. 유가 경전을 비롯해 《사기》 등 뛰어난 역사서에서 지혜를 추출한 교재입니다.

시 주석은 부주석으로 중앙당교 교장을 지낼 때부터 전통문화에 대한 이해와 고대부터 전해오는 국가 통치의 지혜에 대한 탐색의 중요성을 강조해왔습니다. 시 주석의 역사 인식은 그가 "역사는 현실의 근원根源이다"라는 말을 자주 하는 데에서도 충분히 엿볼수 있습니다. 우리 현실을 좀 비꼬자면 적어도 시 주석은 역사 교과서 국정화 같은 어리석고 황당한 짓은 하지 않을 것입니다.

학 생 시 주석의 집권과 함께 사마천과 《사기》 그리고 한성시가 급변하고 있다는 말씀을 비교적 상세하게 들었습니다. 또 시 주석의 역사 인식과 《사기》에 대한 관심이 역대 어느 지도자보다 깊다는 점도 어렴풋이나마 알게 되었습니다. 그 밖에 이와 관련된 새로운 동향이나 사업은 없습니까? 2015년 제사 때도 참석하셨지요? 새로운 소식은 없었나요?

김영수 귀빈 접대를 목적으로 만들어진 센터를 방문했습니다. 그리고 놀라운 일이 하나 있었습니다!

학 생 매년 새로운 일을 추진하는 모양입니다. 시 주석의 임기가 앞으로 7년은 더 남았으니 다른 사업들도 활발하게 벌어질 수 있겠습니다. 그건 그렇고 한 가지 궁금한 것은 이런 큰 변화와 발전이 시 주석 퇴임 이후에도 계속될 수 있을지 하는 것입니다. 우리를 보면 잘하던 정책이나 사업도 사람이 바뀌면서 전부 백지화되거나 변질되는 경우가 비일비재하니까요.

김영수 좋은 질문입니다. 그 전에 제가 먼저 질문을 하나 드리지요. '시진핑의 30년'이란 말 들어보셨나요?

학 생 │ 처음 듣습니다. 시진핑의 과거 30년을 말하는 건가요?

김영수 │ 아마 전문가도 잘 모르는 용어일 것입니다. 시진핑의 과거 30년이 아닌 시진핑의 미래 30년을 말합니다. 시진핑 체제가 들어서면서 중국 지도부와 인민은 시진핑에게 '위대한 중화민족의 부흥을 위한 중국몽中國夢'이란 국정 지표를 지워주면서 시진핑에게 실질적으로 30년이란 시간을 줍니다.

학 생 │ 중국 국가주석의 임기는 10년으로 알고 있습니다. 그런데 20년을 더 준다는 게 무슨 의미일까요? 퇴임 후에도 정치적 영향력이 여전할 수는 있지만 그것을 미리 예단할 수는 없을 텐데 말이지요.

김영수 │ 당연히 그렇지요. 그런데 이는 엄연한 현실입니다. 시진핑의 30년을 이해하려면 중국 공산당 정권 수립 이후의 상황을 살펴볼 필요가 있습니다. 지금 중국 정부는 1949년에 수립되었습니다. 공산당 창립은 1921년이고요. 30년이 채 안 되어 군벌과 장제스(蔣介石)의 국민당 정권을 대륙에서 없애고 내쫓았습니다. 그해가 1949년입니다.

학 생 │ 선생님 말씀을 듣다 보니 재미난 사실을 발견했습니다. 그렇다면 공산당 창립 100주년, 정권 수립 100주년을 이번 세기에 다 맞이하겠네요. 2021년은 얼마 남지 않았고, 2049년도 30여 년밖에 남지 않았습니다.

김영수 │ 맞습니다. 중국 사람들은 이를 '양개백년兩個百年'이라 부릅니다. 두 개의 100주년이지요. 2049년이면 시진핑 체제가 출범한 지 약 30년 남짓 됩니다. 그래서 지금 중국은 21세기에 이 두 개의 100년을 기점으로 명실상부 세계 최강대국으로 올라서 위대한 중국 부흥을 실현하겠다는 꿈을 내세우고 있습니다. 그것이 바로 '중국몽(China Dream)' 또는 '중국인의 꿈(Chinese Dream)'입니다. 이 꿈을 실현하는 대과제를 시 주석이 짊어진 것이지요. 그런데 10년으로는 이 꿈을 이루기 어려우니 20년을 더 얹어준 것입니다.

학 생 | 권력을 20년씩이나 더 얹어주는 게 가능한 일인가요? 다른 정적들이 가만히 있지 않을 것이고, 무엇보다 권력의 속성이 언제 어떻게 변할지 모르는 생물 같은 것인데요.

김영수 | 그야 그렇지요. 하지만 이 문제는 중국 공산당의 역사를 보면 이해할 수 있습니다. 이것이 또 중국다운 요소이기도 하고요. 1949년 정권 수립 이후 1978년 덩샤오핑이 집권해 개혁개방을 전면에 내세울 때까지 약 30년의 세월이 흘렀지요? 이 30년을 마오의 30년, 즉 마오쩌둥의 30년이라고 합니다. 그리고 개혁개방 이후 시진핑이 집권하기 전까지의 30년을 덩의 30년, 즉 덩샤오핑의 30년이라 부릅니다. 사실 장쩌민 전전 주석이나 후진타오(胡錦濤) 전 주석은 덩샤오핑이 지목한 지도자로 보아도 크게 틀리지 않습니다. 개혁개방을 내세운 이상 이 정책의 기조를 최소한 30년 정도는 밀고 가야 기반을 닦지 않겠는가라는 것이 덩샤오핑의 예상이었습니다. 따라서 이런 커다란 기조를 바꾸지 않고 따라줄 지도자가 필요했고, 살아생전에 장쩌민과 후진타오를 지목했던 것입니다. 그렇게 개혁개

방의 기조가 30년 넘게 유지되었지요.

　1978년부터 2008년까지 30년, 2008년에 시 주석이 국가 부주석이 되었지요. 당시 이런 일화가 전해옵니다. 덩샤오핑이 1997년에 사망했으니 충분히 후진타오 다음 지도자까지 지목할 수 있었습니다. 누군가가 후진타오 다음으로는 누구를 염두에 두고 있느냐고 묻자 덩샤오핑은 거기까지는 자기 소관이 아니라고 잘라 말했답니다. 그것은 다음 세대의 일이며, 그 세대의 지도자가 새롭게 나와 개혁개방을 전면적으로 심화시키는 대업을 맡아야 한다는 것이었지요. 이렇게 해서 등장한 지도자가 시 주석입니다. 따라서 지도부와 인민은 시 주석에게 마오와 덩이 그랬던 것처럼 30년 한 세대를 책임 지운 것입니다.

학 생 ㅣ 듣고 있노라니 소름이 끼칩니다. 한 체제와 정책이 100년 동안 지속되며 전면 개혁을 실천에 옮긴다면 어떤 체제인들, 어떤 정책인들 올바로 시행되지 않을 수 있겠습니까? 놀랍고 무섭습니다. 그렇다면 시 주석이 전례 없이 막강한 권력과 책임을 동시에 진 셈이군요. 당 총서기, 국가주석, 군사주석 이 세 자리를 동시에 쥐고 '중국몽' 실현을 위해 30년 동안 고군분투하라는 인민의 명령이 떨어진 것이네요.

김영수 ㅣ 한편으로는 부럽기도 합니다. 리더의 자질만 보장된다면 하나의 정책이 최소 30년 동안 실행되고, 개혁이 1세기에 걸쳐 이루어지는 겁니다. 그렇게만 된다면 우리도 충분히 전면 개혁을 이룰 수 있지 않겠습니까? 인민의 전폭적인 지지와 정치권의 공감대를 이끌어낼 큰 정치가를 길러내는 것이 우선이겠지만요.

학 생 | 남북 관계도 새롭게 설정되어 통일을 위한 원대한 프로젝트가 가동되어야 하고요. 그러려면 중국의 도움이 절실하겠네요. 아무튼 놀랍습니다. 그런데 이런 정보는 어디서 입수하시나요? 선생님의 정보력 또한 저희를 매우 놀라게 하는 부분입니다!

김영수 | 역시 현장입니다. 중국에 갈 때마다 서점을 빼놓지 않고 들르는 편입니다. 중국의 고급 정보는 여전히 종이책을 통해 전파됩니다. 당 기관지나 관련 잡지도 주목할 필요가 있습니다. 그리고 무엇보다 중국의 정책이 일관성을 갖고 있다는 점, 따라서 그에 대한 논평과 분석에도 일관성이 있다는 점, 이런 요소들이 위와 같은 저의 분석에 힘을 실어주지요. 그리고 그 정책이 실현되는 모습을 현장에서 확인하니까요. '시진핑의 30년'이란 큰 명제에 대한 전문적인 논평과 분석은 2014년 7월에 나온《決策與信息》이란 잡지에 특집으로 실려 있습니다. 큰 판형에 250쪽이 넘으니까 우리말로 번역하면 500쪽이 넘는 큰 책과 같아지겠지요. 아무튼 이런 현실을 염두에 두고 사마천과《사기》그리고 한성시의 변화를 살펴볼 필요가 있습니다.

학 생 | 그렇겠군요. 이제 퍼즐이 거의 다 맞추어져 갑니다. 또 다른 정보는 없나요? 사마천,《사기》, 한성시와 관련해서요. 앞서 선생님께서 놀라운 일이 있었다고 하셨는데요.

김영수 | 두 가지만 말씀드리고 우리의 워밍업을 마치도록 합시다.

2015년 한성시에서 열린 '국가 문사공원 조성을 위한 좌담회' 모습.

워밍업이 좀 길었습니다. 한 가지는 2015년 3월 29일 제사 이후 발표된 국가 프로젝트이고, 또 하나는 얼마 전 국내에서 있었던 한성시 홍보 설명회 소식입니다.

학 생 | 그럼 국가 프로젝트에 대해 먼저 들어볼까요?

김영수 | 사마천 제사가 끝난 뒤 한성시 사마천학회 전 회장이신 설인생薛引生 선생께서 무턱대고 저를 회의에 초청하셨습니다. 그래서 기업인 한 분을 모시고 회의에 참석했습니다. 그런데 이 자리에서 무시무시한 발표가 나왔습니다. 이름하여 '국가 문사공원 조성을 위한 좌담회'였습니다. 말이 좌담회지 각계 전문가 10여 명이 참석한 큰 자리였습니다. 게다가《사기》연구와 연계된 자리이기도 했지요.

학 생 | 문사라면 문학과 역사를 말하는 것이겠지요? 그렇다면 한성시에 국가 인문학 공원을 조성하기 위한 좌담회가 열렸다는 말입니까? 사마천과 《사기》, 한성시의 위상이 높아지면서 이런 공원 조성 사업까지 추진되고 있군요.

김영수 | 그렇습니다. 그런데 제가 세 시간 동안 이어진 이 좌담회에 참석하면서 가장 놀란 것은 공원의 규모였습니다. 벌어진 입이 다 물어지지 않을 정도였습니다.

학 생 | 중국을 옆집 가듯 오가는 선생님께서 그리 놀라실 정도였으면 그 규모가 정말 어마어마한 모양입니다.

김영수 | 무려 25제곱킬로미터입니다. 이렇게 말하니 감이 잘 안 잡히지요? 우리 서울에 있는 어린이대공원이 0.5제곱킬로미터니까 상상해보세요. 길이만 비교해도 가로와 세로가 열 배나 길지요. 평수로 하면 약 750만 평 정도인데, 여의도의 네 배 이상, 서울대 관악 캠퍼스 7개 반 정도 되는 규모입니다.

학 생 | 그렇게 말씀해주시니까 실감이 나긴 합니다만 그런 넓은 공간에 무엇을 어떻게 조성하겠다는 걸까요?

김영수 | 주변 유적지가 대부분 포함될 것 같습니다. 그렇게 해서 전체를 세계문화유산으로 등재하겠다는 이야기가 나왔으니까요.

학 생 | 그 이야기는 2006년에 선생님께서 내신 책에도 언급되어 있지 않나요?

김영수 | 꼼꼼하게 읽으셨네요. 당시 한성시는 명·청 시대의 고건축물을 제대로 간직하고 있는 당가촌黨家村이란 마을에 대한 조사를 어느 정도 마치고 그곳을 세계문화유산으로 등재하려고 준비 중에 있었습니다. 그때 제가 사마천 사당과 무덤 그리고 서촌을 중심으로 흩어져 있는 사마천 관련 유적을 모두 묶어 세계문화유산에 신청하는 것이 어떻겠느냐고 제안했지요(《역사의 등불 사마천, 피로 쓴 사기》 109, 110쪽). 그런데 그 말이 10년 뒤에 다시 나올 줄은 상상도 못 했습니다.

학 생 | 선생님께서 앞을 내다보셨군요.

김영수 | 사실 지나가는 말이었고, 속으로만 그렇게 되면 좋겠다고 바랐던 것이었습니다. 순수한 마음이자 순진한 발상이었는데, 말이 씨가 되었습니다. 깜짝 놀랐습니다. 좌담회 상황을 놓고 보면 그저 희망사항으로만 끝날 것 같지는 않습니다.

학 생 | 정말 엄청난 변화가 일어나고 있군요. 선생님의 역할이 점점 더 중요해지고, 커질 것 같습니다.

김영수 | 그렇긴 하지만 한편으로는 걱정입니다. 원래 모습을 잃어버리고 변질되는 것은 아닐까, 사마천의 정신은 사라지고 화려한 외형만 남는 것은 아닐까, 이런저런 생각과 걱정이 많습니다.

학 생 | 그렇더라도 한성시 사람들에게는 여러 모로 좋은 일이라는 생각이 듭니다. 한성시를 활기차게 만들 것 같기도 하고요. 그런 의

미에서 국내에서 열린 한성시 홍보 설명회도 상당히 의미가 커 보입니다.

김영수 | 작은 시에 속하는 한성시가 서울시 한복판에서 홍보하는 자리를 만들었다는 것 자체가 큰 진전이지요. 시 당국과 국가의 전폭적인 지원 없이는 불가능한 행보입니다. 또한 그 자리에서는 한성시와 우리 창작 오페라를 주로 만들어 전 세계에 알리는 일을 하고 있는 뉴서울오페라단이, 즉 중국과 한국이 사마천의 일대기를 오페라로 창작해 무대에 올리겠다는 발표도 있었습니다.

학 생 | 제가 듣기로는 그 오페라의 원작이 선생님의 책이 될 것 같다고 하던데요.

김영수 | 영광스럽게도 그렇게 할 것 같습니다. 바로 이 책이 그 원작이 될 겁니다.

학 생 | 정말 좋은 일입니다. 기대됩니다. 문득 문사공원 조성을 계획하고, 서울에서 홍보 설명회를 갖는 한성시가 앞으로 어떻게 변해갈지 궁금해집니다.

김영수 | 서울에서 열린 홍보 설명회 때 한성시를 향후 중국 100대 도시의 하나로 개발하겠다고 하더군요. 빠른 시일 안에 여러 모로 많은 변화가 일어날 것으로 전망됩니다. 사실 중국 쪽에서는 오랫동안 준비를 해왔습니다. 그 과정에 참여하지 않은 우리에게는 이런 변화가 매우 갑작스럽게 느껴질 수도 있을 겁니다. 따라서 긴 여행을 떠나기에 앞서 이런저런 현황을 말씀드리는 것이 좋겠다고 생

각되어 이런 자리를 만든 것입니다. 독자들께 조금이나마 도움이 되면 좋겠습니다.

학 생│ 한성시와 중국 당국이 보이는 이런 행보에 우려스러운 점은 없을까요? 역사와 문화를 국가적 차원에서 이용하려는 의도는 안 보이나요? 동북공정도 있었잖습니까?

김영수│ 당연히 있겠지요. 무엇이 사마천 사당과 무덤 그리고 그 주변의 모습을 이렇게 달라지게 했을까요? 1,000년이 넘는 시간 동안 거의 변함없이 유지되어온 이곳에 거대한 변화의 바람이 불어오게 된 까닭은 무엇일까요? 지금까지 우리가 분석한 내용을 바탕으로 보면 정치적인 요인이 작용했고, G2로 급성장한 중국의 경제력이 영향을 미쳤습니다. 하지만 이걸로는 설명이 부족합니다.

　저는 중국의 경제력이 커질수록 자국 문화에 대한 자부심을 고취시키려는 노력이 배가될 것이라 전망해왔고 지금도 마찬가지 생각입니다. 그런 점에서 사마천과《사기》는 중국인의 정신적·문화적 자부심을 한껏 높일 수 있는 대단한 자산입니다. 더구나 중국이 국가 전략으로 선택한 소프트파워softpower 전략의 핵심에《사기》가 있습니다. 이제 얼마 후면 사마천과《사기》는 중국인의 자부심이라는 위상을 갖출 것입니다. 우리로서는 사마천을 알고《사기》를 읽어야 할 또 하나의 현실적 이유가 생긴 셈이고, 이래저래 부담이 아닐 수 없습니다. 제가 할 일이 더욱 늘어날 것 같습니다.

학 생│ 세계가 빠르게 변하고 있고, 한성시도 전보다 훨씬 빠르게 변하고 있습니다. 하지만 우리는 이제 시간을 2,100여 년 전으로 돌려 인류 역사상 가장 위대하고 슬픈 삶을 살았던 사마천을 찾아갑니다. 그 삶에서 많은 것을 배우고 느끼면서 좋은 정신적 양분을 채웠으면 합니다. 선생님, 사전 만남이 조금 부담스럽긴 했지만 매우 유익한 정보를 갖고 출발하게 되어 뿌듯합니다.

김영수 ｜ 우리의 타임머신은 과거로만 갑니다. 하지만 이 과거로의 여행을 통해 현재 내 모습을 비춰보고 다가올 미래를 생각해보는 기회를 잡길 바랍니다. 그것이 바로 역사歷史입니다.

1장

죽음의 진실에
다가서다

《사기》는 5,000년 중국사의 5분의 3을 담고 있는 방대한 통사이자 중국사와 중국을 알기 위해 반드시 읽어야 할 절대 역사서다. 52만 6,500자에 3,000년의 역사와 다양하고 생생한 고사, 인간의 본질, 글쓴이 자신의 울분을 투영한 이 엄청난 통사를 남긴 사람은 서한 시대의 역사학자 사마천이다. 그는 47세 때 젊은 장수 이릉李陵을 변호하다 황제의 심기를 건드려 옥에 갇히고 이어 반역죄로 몰려 사형을 선고받는다. 필생의 업인 역사서를 완성하지 못한 상태에서 맞이한 뜻밖의 액운이었다. 그는 49세 때 자신의 성기를 잘라내는 죽음보다 치욕스러운 형벌을 자청하고 살아남아 《사기》를 완성했다. 그야말로 불굴의 역사가이자 비운의 혁명가였다.

사마천은 지금으로부터 약 2,100년 전인 기원전 145년에 태어났다. 하지만 그의 삶은 탄생부터 죽음에 이르기까지 많은 논란을 낳고 있다. 먼저 죽음을 둘러싼 2,000년 논쟁을 시작으로 인류 역사상 가장 위대한 한 역사가의 삶과 그가 남긴 불후의 걸작 《사기》에 관한 궁금증을 하나하나 풀어가 보자.

사마천의 출생에 얽힌 논쟁이 출생 연도에 집중되어 있다면 그의 죽음을 둘러싼 논쟁은 상대적으로 더 복잡하다. 우선 사망 연도에 대한 정설이 없다. 사인도 유력한 설조차 없는 상황이다. 자연사, 병사, 행방불명, 자살, 처형 등 죽음에 관한 거의 모든 경우의 수가 제기되고 있다. 여기에 사마천 고향에 살고 있는 후손들이 믿고 있는 설까지 더하면 그의 사인은 말 그대로 미스터리다.

　당대 최고의 지식인이자 궁형을 자청하면서까지 끝내 3,000년 통사를 완성한 집념의 역사가 사마천의 죽음은 당대부터 미궁에 빠져 있었다. 그에 대한 기록이 사라지면서, 즉 사마천이 세상에 보이지 않으면서부터 그의 죽음에 대한 갖가지 설이 나타나기 시작했다. 이렇게 그의 죽음은 출생에 대한 논쟁과 더불어 사마천 생애의 양대 미스터리로 남아 2,000년 동안 논쟁의 중심에 서 있었다.

　사마천은 임안任安에게 보낸 편지에서 생사를 초월한 생사관을 감동적으로 표출했다. 그는 자신의 삶이 어떤 식으로 끝이 나든 상관하지 않았다. 자신이 하는 일, 해야 할 일, 하고 싶은 일을 완수했기 때문이다. 그런 이유로 자살설이 상당한 설득력을 얻기도 했다. 하지만 자살은 너무 소극적인 행동이다. 사마천이 《사기》를 통해 표출했던 강렬한 '복수관'과도 맞지 않는다.

　사마천의 후손들은 그가 처형당했다고 생각한다. 《사기》를 완성한 다음 또다시 무제의 심기를 건드려 처형당했다는 설을 믿고 있었다. 처음에 필자는 이 설을 인정하지 않았다. 똑같은 실수를 반복해 또다시 수모를 받았겠느냐는 것이 가장 큰 이유였다. 다른 건 몰라도 사마천의 사인에 대해서는 필자 개인의 생각이나 의견을 유보해두었다. 그런데 사마천의 고향을 20여 차례 방문해 현지 자료를 보고 후손들을 자주 만나면서 이런 생각이 바뀌기 시작했다.

《사기》를 완성하다

학 생│ 선생님, 이제부터 위대한 역사가 사마천의 파란만장한 삶을 추적해볼 텐데요. 저는 벌써 설레고 흥분됩니다. 선생님과의 만남을 기대하며 관련 책도 읽고 생각도 많이 했습니다. 어제 이런저런 생각으로 잠을 설치다가 문득 사마천의 생애를 죽음부터 되짚어보면 어떨까 하는 생각이 들었습니다. 선생님께서도 사마천의 죽음에 관해 상당히 많은 논쟁과 의문이 있다고 하셨잖아요. 보통은 탄생부터 이야기를 시작하지만 저희는 좀 더 극적으로 이야기를 진행시켰으면 합니다. 어떨까요?

김영수│ 저는 아무래도 탄생부터 연대순으로 쭉 이야기를 풀어가는 쪽이 편하지요. 하지만 독자 여러분의 흥미를 생각한다면 죽음에 얽힌 미스터리를 풀어가면서 사마천의 삶을 좀 더 생생하게 전달하는 것도 한 방법이라는 생각이 듭니다. 그렇다면 우리의 이야기는 사마천이 《사기》를 완성한 다음 자신의 심경을 글로 남긴 편지 한 통과 그 전후로 사마천이 처했던 상황, 특히 《사기》를 완성한 뒤 사마천의 심경 같은 요소에서 시작해야 할 겁니다.

학 생 | 그 편지라면 저도 몇 차례 읽었습니다. 친구 '임안에게 보낸 편지' 맞지요?

김영수 | 네, 〈보임안서報任安書〉(임안에게 보내는 답장)라고 하지요. 아마 이 편지가 없었더라면 《사기》에 얽힌 사연, 궁형, 그 이후 사마천의 심경 등을 이해하기가 많이 어려웠을 겁니다.

학 생 | 그렇다면 《사기》 완성 이후 사마천의 행적과 〈보임안서〉 이야기를 좀 더 들려주시지요.

김영수 | 사마천은 정말 초인적인 용기와 의지로 《사기》를 완성했습니다. 그것도 일그러진 몸으로 말이지요. 제가 일그러진 몸이라고 말하는 까닭은 사마천이 억울하게 사형을 언도받고 어떻게든 살아남아 《사기》를 완성하기 위해 궁형이라는 죽음보다 치욕스러운 형벌을 자청했기 때문입니다.

학 생 | 궁형을 당하면 신체에 끔찍한 변화가 일어난다고 들었습니다. 목소리가 여자처럼 바뀌고, 수염은 없어지고, 모습은 노파로 변하는 엄청난 변화가 일어난다고 하더군요.

김영수 | 사마천 일생에서 그 부분은 정말 거론하기 힘든 대목입니

다. 지금은 이 정도로 해두고 사마천이《사기》를 완성하고 난 다음의 상황부터 죽음까지를 먼저 살펴보지요.

학 생 ┃ 사마천의 일생을 읽다 보면 약 55년 중 단 한순간도 의미 없는 시간이 없었던 것 같다는 느낌을 강하게 받습니다.《사기》를 완성한 사마천의 심경은 정말 어땠을까요?

〈태사공자서〉의 해당 부분.

김영수 ┃ 사마천은 필생의 업을 참으로 장렬하게 마무리했습니다. 하지만 해야 할 일이 또 있었습니다. 사소한 것 같지만 아주 중요한 일이었지요. 완성한《태사공서太史公書》를 한 벌 더 베껴두는 작업이었습니다. 이《태사공서》가《사기》의 처음 이름입니다. 사마천이 《사기》130권 중 맨 마지막 권이자 자서전에 해당하는 〈태사공자서〉에서 직접 거론한 이름이기도 하고요. 사마천은 이《태사공서》를 "정본은 명산에 깊이 간직하고(장지명산藏之名山) 부본은 수도에 두어(부재경사副在京師) 후세의 성인, 군자 들이 열람하길 기대(사후세성인군자俟後世聖人君子)한다"(〈태사공자서〉)고 했습니다.

학 생 ┃ 한 부를 더 베낀 까닭이 있습니까?

김영수 ┃ 나중에 또 이야기가 나오겠지만《사기》의 내용 중에는 황제의 심기를 불편하게 할 대목이 적지 않았습니다. 사마천은 자신에게 수모를 준 황제와 권력자들에게 복수하고 싶었습니다. 칼을 휘두를 수 없으니 자신이 제일 잘할 수 있는 일, 즉 역사서 집필을 통해 이들의 행태를 비판했던 것입니다. 문제는 이 책이 세상에 나가면 파기되거나 훼손당할 가능성이 있다는 것이었습니다. 그렇게 될 경우 자신이 겨우겨우 살아남은 이유와 그 가치가 송두리째 뽑히고 말겠지요. 그래서 똑같은 책을 한 벌 더 베껴둡니다.

학 생 만약의 사태에 대비한 것이군요. 그런데 〈태사공자서〉를 보면 《사기》의 글자 수가 52만 6,500자라고 나옵니다. 이 숫자에 어떤 의미가 있는 걸까요?

김영수 52만 6,500자는 사마천이 〈태사공자서〉에서 직접 밝힌 숫자입니다. 사마천이 글자 수를 직접 밝힌 이유를 생각하면 정말 가슴이 아픕니다. 혹시나 자신의 책을 누군가가 훼손하지 않을까 염려해 취해둔 사전 조치라 할 수 있습니다. 불순한 권력자들이 내용이 마음에 들지 않는다는 이유로 자기들 입맛에 맞게 훼손할 가능성이 없지 않았으니까요. 종이가 발명되기 전이라 책을 여러 권 만들 수도 없었습니다. 시간도 촉박했고요. 그래서 부본을 만들었던 것입니다.

학 생 그러니까 훗날 혹 누군가가 《사기》에 손댈 경우를 대비해 글자 수를 직접 밝혔다는 말씀인데, 그렇다면 지금 통용되고 있는 《사기》 판본의 글자 수는 이것과 일치하나요?

김영수 | 아닙니다. 지금 가장 널리 통용되고 있는 중화서국中華書局 판본의 경우 55만 자가 넘습니다. 약 3만 자 가까이 늘어난 셈이지요.

학 생 | 그렇다면 결국 사마천이 염려했던 일이 발생한 것이네요. 사마천의 예지력이랄까, 고심이랄까 이런 것이 가슴 아프게 다가옵니다. 그럼 《사기》 원본과는 어느 정도 일치합니까?

김영수 | 90퍼센트 이상이라고 보기는 합니다만 이 문제는 여전히 논쟁 중에 있습니다. 연구가 축적되면 좀 더 명확하게 밝혀지겠지요.

황실을 뒤엎은 무고 사건

학 생 | 한 부를 더 베낀 뒤 사마천의 상황은 어땠습니까?

김영수 | 바로 이 과정에서 사마천은 우연히 오래전에 임안이 보낸 편지를 다시 꺼내 보게 됩니다. 편지는 친구 임안이 익주자사益州刺史로 있을 때 보낸 것이었습니다. 임안은 사마천이 처음 관직에 입사할 당시 함께 낭관으로 입사한 동기입니다. 그때 사마천의 나이가 28세였지요. 그런데 입사 동기 임안이 지금 옥에 갇혀 죽음을 기다리고 있었던 것입니다.

사실 무제 통치기 내내 조정은 공안정국으로 편안할 날이 없었습니다. 이러한 공안정국은 대부분 무제에게서 비롯되었습니다. 기원전 109년, 무제가 즉위한 지 30년이 된 그 시기를 전후해 자신이 직접 처리하는 이른바 '조옥詔獄' 사건의 건수가 1년에 1,000건을 넘어섰습니다. 기원전 109년은 무제가 조선, 즉 고조선 정벌을 단행한 때이기도 한데, 무제의 통치가 여러 면에서 파탄을 드러내기 시작한 해였습니다. 조옥 사건에 연루된 사람이 6,7만에 이르렀고, 사건의 뒤처리를 담당한 관리가 10만 명 이상으로 증가할 정도였습니다. 여기에 궁중 내에서 정적을 제거하기 위해 인형 같은 것을 만들어 저주를 퍼붓는 '무고巫蠱'의 풍조가 더해졌고, 이를 이용하거나 날조해 역으로 정적을 모함하는 사건도 늘어났습니다. 일찍이 기원전 130년 무제가 즉위한 지 10년째 되던 해에 진陳황후가 무고로 폐위되고 300여 명이 연루되어 죽는 사건이 있은 뒤 심심찮게 무고 사건이 이어져 왔던 것입니다.

이런 무고 사건의 결정판이 기원전 91년에 터집니다. 사마천이 출옥한 지 5년째 되던 해로 그의 나이 벌써 55세였습니다. 사마천보다 11년 연상인 무제는 66세로 만년에 접어들었을 때였습니다. 이 무렵 사마천은 《사기》의 저술을 마치고 부본을 만드는 한편 모든 자료를 정리하고 있었던 것으로 보입

흉노 정벌의 주역 위청衛靑과 곽거병霍去病을 좌우로 거느리고 선 한 무제의 석상(섬서성 한중시漢中市 석문石門).

니다. 그러다가 옥에 갇혀 있는 친구 임안이 오래전에 보냈던 편지를 발견하고는 친구가 처형되기 전에 답장을 보내야겠다는 생각에서 편지를 쓰게 됩니다. 친구 임안은 대체 무엇 때문에 옥에 갇혀 처형을 기다리고 있었을까요? 바로 이해 가을에 터진 끔찍한 무고 사건 때문이었습니다. 이 사건은 무제 말년에 일어난 황실과 조정 내부의 충격적인 다툼이었습니다. 이 사건의 내막을 《사기》 권59 〈오종세가五宗世家〉와 《한서》의 〈무오자전武五子傳〉 등을 바탕으로 정리해보면 다음과 같습니다.

통치 말기에 접어든 무제는 강충江充이란 소인배를 가까이 두고 그를 신임했다. 강충은 처음 조왕趙王 유팽조劉彭祖의 아들 유단劉丹의 문객으로 일했다. 조왕 유팽조는 경제景帝와 가賈부인 사이에서 태어난 황자로 무제의 배다른 형이었다. 따라서 유단은 무제의 조카였다. 그런데 이 유단의 행실이 형편없었다. 이복누이는 물론 같은 어머니에게서 난 누이와 사통을 가져 파문을 일으켰다. 곧 유단과 강충의 관계에 틈이 벌어졌고, 강충은 유단을 무제에게 고발했다. 이 일로 유단은 폐위되어 축출되고, 강충은 무제의 신임을 얻기에 이르렀다.

만년에 접어든 무제는 갈수록 의심이 많아져 측근들까지 믿지 못했다. 위황후와 여戾태자 거據 또한 무제의 총애를 잃고 그와 사이가 점점 나빠져 가고 있었다. 황후와 태자는 강충이 무제의 눈과 귀를 가리는 원흉이라 판단했고, 그러니 자연히 강충과도 사이가 나빠질 수밖에 없었다. 강충은 무제가 죽고 난 뒤 태자가 즉위하면 목숨을 부지하기 어렵겠다고 생각했다. 그는 두려웠다. 그러던 차에 무고 사건이 터졌다. 강충은 이 기회를 놓치지 않고 흉계를 꾸몄다. 판단력을 잃고 의심에 찌든 늙은 천자를 조종하기란 그리 어렵지 않은 일이었다. 무제는 측근들이 모두 자신을 저주하고 있다고 생각했다. 강충에게 명해 사건을 엄히 조사하도록 했다. 승상 공손하公孫賀 부자와 공주들 그리고 황후 동생의 아들 장평후長平侯 위항衛伉 등이 연루되어 처형당했다.

이 사건을 조사하던 강충은 무제의 속내를 확실히 알게 되었다. 그는 궁중에 나쁜 무고의 기운이 있다며 황제를 충동질했다. 무제의 전폭적인 지원을 받은 강충은 마침내 태자궁까지 들어가 오동나무로 만든 인형을 찾아내고는 무고의 증거라 주장했다. 이때 무제는 감천궁에서 더위를 피하고 있었고, 황후와 태자만이 수도에 남아 있었다. 태자는 측근 석덕石德에게 이 일을 의논했다. 석덕은 강충의 조작임에 틀림없으므로 천자의 명이라 속여 강충을 잡아들인 뒤 그 흉계를 폭로하자고 건의했다. 태자는 석덕의 말에 따라 강충을 잡아들이도록 했다. 이 과정에서 무력 충돌이 일어나 강충 쪽의 안도후按道侯 한열韓說이 죽는 등 사태가 심각해지기 시작했다. 태자는 위황후에게 이 일을 알리는 한편 위병을 출동시켜 강충의 모반 사실을 알리고 강충을 죽여 목을 끌고 다니며 여러 사람에게 보였다. 강충의 사주를 받은 흉노의 무당도 잡아서 불태워 죽였다.

이어 태자는 식객들을 무장시켜 승상 유굴리劉屈氂 등과 싸웠다. 장안은 한바탕 혼란에 빠졌고, 태자가 반란을 일으켰다는 소문이 순식간에 퍼져나갔다. 그런데 백성이 태자의 편을 들지 않았다. 5일에 걸친 시가전 끝에 태자의 군대는 패했고, 결국 태자는 도망치고 말았다. 이 소식을 전해 들은 무제는 진노했다. 신하들은 겁에 질려 모두 벌벌 떨었다. 호관壺關(지금의 산서성 장치현)의 마을 원로 무영호茂令狐가 글을 올려 이번 사건이 강충 무리의 흉계임을 알리고, 이참에 벌어진 부자 사이를 회복하라고 충고했다. 무제는 이에 크게 깨달은 바가 있었다. 한편 도망친 태자는 호현湖縣(하남성)에서 한 가난한 자의 집에 숨어 있다가 부자인 친지를 찾아 도움을 청하려다 발각되었다. 더 이상 도망칠 곳이 없었던 태자는 목을 매 자살했다. 황손 둘도 함께 살해되었다.

얼마 뒤 해괴한 무고의 실상이 드러났다. 태자가 지레 겁을 먹고 저지른 일이었을 뿐 모반의 뜻은 전혀 없었음이 밝혀졌다. 하지만 이미 태자와 함께 위황후도 자살하고, 10만 명이 넘는 인물이 연루되어 목숨을 잃은 뒤였다. 무제는 강충 일족을 몰살하고 강충과 한패인 소문蘇文을 횡교 위에서 불태워 죽였다. 한편 억울하게 죽은 태자를 위해 사자궁思子宮을 짓고 호현에 귀래망사지대歸來望思之臺를 세우도록 했다.

이상이 강충의 무고에서 비롯된 태자 자살 사건의 자초지종입니다. 당시 임안은 북군北郡의 사자가 되어 군을 호위하고 있었습니다. 군사를 일으킨 태자가 북군의 남문 밖에서 수레를 멈추고 임안을 불러 자신을 위해 군대를 동원하라고 명령했습니다. 임안은 태자에게 지팡이를 신표로 받았지만 성으로 돌아간 뒤 문을 잠그고 나오지 않았습니다. 이 일을 보고받은 무제는 임안의 행동에 석연찮은 점이 있다고 생각했습니다. 마침 임안에게 모욕을 당했던 하급 관리가 임안이 태자의 명을 받았다고 고발합니다. 이에 무제는 임안이 양다리를 걸쳤다고 판단해 그를 잡아들여 법관에게 넘겼습니다.

이렇게 해서 임안은 사형을 선고받고 하옥되어 처형을 기다리고 있었던 것이지요. 그 와중에 역시 같이 입사한 전인田仁도 임안과 함께 옥에 갇혀 처형을 기다리는 기가 막힌 상황이 전개되었습니다. 사마천은 이 사건의 전말을 직접 지켜보았던 것입니다.

학 생 | 사마천은 궁형을 당한 뒤에도 계속 무제의 지근거리에서 일한 것으로 알고 있습니다. 그렇다면 임안이 옥에 갇혔던 그 당시에도 궁궐에 드나들고 있었나요? 무제가 왜 다시 사마천을 중용했고, 사마천은 왜 무제의 부름에 응했는지에 대해 조금 더 자세히 알고 싶습니다. 제가 만약 사마천이라면 무제의 부름에 응하지 않았을 것 같은데요.

김영수 | 사마천이 궁형을 당한 뒤 이릉이 흉노 군대에 군사 훈련을 시킨다는 소문이 거짓이었음이 밝혀집니다. 나중에 다시 설명드리겠지만 무제의 오해로 사마천이 억울하게 궁형을 당했음이 드러난 것이지요. 무제는 사마천에게 미안할 수밖에 없었습니다. 그래서 대개 환관에게 내리는 중서령中書令이란 벼슬을 주고 자기 곁에서 잔심부름 같은 것을 하게 합니다. 녹봉은 사마천의 원래 관직이었던 태사령太史令보다 많은 자리였습니다. 사마천은 사마천대로 《사기》를 완성하기 위해 황가 도서관에 있는 자료를 활용해야만 했습

니다. 그래서 치욕을 무릅쓰고 그 자리를 받아 궁궐을 드나든 것이지요. 임안이 옥에 갇혀 있을 당시에도 궁궐을 드나들었던 것으로 보입니다. 다만《사기》를 완성한 다음 어떻게 되었는지는 알 수 없습니다.

임안에게 보내는 답장

학 생 | 같은 시기에 입사한 동기 임안의 처형 소식을 접한 사마천은 심경이 몹시 어지러웠을 것 같습니다.

김영수 | 그렇습니다. 이런 상황 속에서 임안이 보낸 옛 편지를 다시 꺼내 읽는 사마천의 심경은 이루 말할 수 없이 착잡했습니다. 지난날 자신이 겪은 일들이 떠올랐겠지요. 편지의 주 내용은 옛날 현명한 신하들의 도리를 본받아 사람들과 원만하게 지내고 능력 있는 인재를 추천하는 등 잘 처신하라는 충고였습니다. 그렇게 충고했던 임안이 지금 옥에 갇혀 처형될 날만 기다리고 있으니 사마천은 어이가 없었습니다. 자신의 불만을 가까운 사람에게 말하지 못한 채 임안이 죽기라도 한다면 친구의 혼백은 영원히 사라지고 자신의 한은 끝도 없을 것이라는 생각이 들었습니다. 사마천은 붓을 들어 답장을 씁니다. 이것이 바로 그 유명한 〈보임안서〉 또는 〈보임소경서報任少卿書〉(임소경에게 보내는 답장)라는 문장으로 현재《한서》〈사마천전〉에 그 전문이 남아 전합니다.

학 생 | 제가 알기로는 이 편지가 중국 역대 100문장 중 한 편으로 꼽힌다고 하던데요, 그에 대한 설명과 〈보임안서〉의 내용 등을 좀 더 상세히 설명해주세요.

김영수 | 이 편지에서 사마천은 자신의 심경을 솔직하게 고백합니다. 궁형을 당한 후 누구에게도 털어놓지 않은, 아니 털어놓지 못했고 털어놓을 수 없었던 고통의 나날과 그 고통을 딛고 일어서 《사기》를 완성하기까지의 과정을 비교적 소상하게 밝힙니다. 오늘날 사마천의 사상과 《사기》의 완성 과정, 그가 당한 고통을 이해하는 데 이 편지보다 귀한 자료는 없습니다. 특히 궁형 이후의 상황과 심경을 솔직담백하게 술회한 자기 고백서라는 점에서 매우 중대한 가치를 지닙니다. 그리고 사마천의 죽음과 관련해 그의 생사관을 엿볼 수 있는 문장이기도 하지요.

이 편지는 먼저 지금으로부터 약 2,100여 년 전 황가의 어용 관리이자 역사가가 인간의 존엄성과 가치를 발견하고 이를 비판적인 사관을 통해 표출함으로써 진보적 지식인으로 거듭났던 변화 과정을 감동적으로 전합니다. 수만 마디의 설명이나 해설보다 편지의 원문을 처음부터 끝까지 한번 읽어보는 것이 훨씬 나을 것입니다. 그 오래전 진정한 역사가로, 비판적 지식인으로, 진보적 사상가로 재탄생한 한 인간의 드라마틱한 자기 고백을 확인함과 동시에 가슴 뜨거워지는 감동을 느낄 수 있습니다.

학 생 | 자, 그럼 〈보임안서〉 전문을 한번 읽어볼까요? 분량이 그렇게 많은 편은 아니니까요.

김영수 | 3,000자가 조금 넘습니다. 편지치고 적은 분량은 아닙니다만 전문을 읽어볼 만한 가치는 충분합니다. 먼저 사마천은 답장이 늦어진 연유에 대해 말합니다. 자, 읽어주시지요.

미천한 태사공 사마천, 삼가 답장 올립니다.

소경 귀하

지난번 보내주신 편지에서 저에게 사람들과의 관계를 원만히 하고 유능한 인재를 밀어주는 것을 책무로 여기라는 가르침을 주셨습니다. 그 말씀의 뜻이 너무도 간절했습니다. 아마 제가 소경의 말씀에 귀 기울이지 않고 속된 사람들의 말에 따른다고 생각해 나무라신 것이 아닌가 합니다만 저는 결코 그렇지 않습니다. 저는 어리석지만 장자의 유풍이 어떤 것인지는 얻어 들은 바 있습니다. 저는 비천한 처지에 빠진 불구자입니다. 무슨 행동을 하든 남의 비난을 받으며, 더 잘하려 해도 더욱 나빠지기만 할 뿐입니다. 그래서 저는 홀로 우울하고 절망적입니다. 함께 이야기 나눌 사람도 없습니다.

"무엇을 할 수 있으며, 무슨 말을 할 수 있겠는가?"라는 말이 있습니다. 백아伯牙는 종자기鍾子期가 죽자 죽을 때까지 다시는 거문고를 연주하지 않았습니다. 왜 그랬겠습니까? 선비는 자신을 알아주는 사람을 위해 행동하고, 여자는 자신을 기쁘게 해주는 사람을 위해 단장합니다.

하지만 저는 벌써 몸이 망가졌으니 아무리 수후隨侯나 화씨和氏의 주옥과 같은 재능이 있다 한들, 허유許由나 백이伯夷같이 깨

꿋하게 행동한다 한들, 영예를 얻기는커녕 남의 비웃음거리가 되어 치욕을 당하는 일이 고작일 것입니다.

소경의 편지에 진작 답을 드렸어야 마땅하지만 마침 황제를 따라 동쪽 지방에 다녀온 데다 제 개인적인 일에 쫓겼습니다. 만나뵌 지 오래되지는 않았지만 너무나 바빠 저의 속마음을 털어놓을 기회가 없었습니다. 지금 소경께서는 불미스러운 죄를 지으신 지 한 달이 지났고, 이제 형을 집행하는 12월이 다가왔습니다. 하지만 저는 천자를 따라 또 옹雍 지방으로 가지 않으면 안 됩니다. 혹시라도 갑자기 당신께서 차마 말하지 못할 일을 당하시고 저는 저대로 끝내 저의 불만을 가까운 사람에게 말할 수 없게 된다면 당신의 혼백은 영원히 가고 저의 한은 끝이 없을 것입니다. 저의 고루한 생각을 대략이나마 말씀드리고자 하오니 오랫동안 답장 올리지 못했다고 나무라지는 마십시오.

여기까지가 답장이 늦어진 이유에 대한 변명입니다. 이어 사마천은 궁형을 당한 자신의 처지를 토로합니다.

자신의 몸을 수양하는 것은 지혜의 표시이고, 남에게 베풀기를 좋아하는 것은 어짊의 실마리이며, 주고받는 것은 의리가 드러나는 바이고, 치욕을 당하면 용기로 결단하게 되며, 뜻을 세우는 것은 행동의 목적이라고 들었습니다. 선비는 이 다섯을 갖춘 다음에야 세상에 몸을 맡겨 군자의 대열에 설 수 있습니다. 그러므로 남을 위해 좋은 일을 하려다 도리어 벌을 받는 일보다 더

참혹한 화는 없고, 마음을 상하는 것보다 더 고통스런 슬픔은 없으며, 조상을 욕되게 하는 것보다 더 추한 행동은 없고, 궁형을 받는 것보다 더 큰 치욕은 없습니다.

궁형을 받고 살아남은 사람을 비교하고 헤아린 바는 없으나 한 세대에만 있었던 게 아니라 오래전부터 있어왔습니다. 옛날 공자는 위衛나라 영공靈公이 환관 옹거雍渠와 함께 수레를 타자 그곳을 떠나 진陳나라로 갔습니다. 조량趙良은 상앙商鞅이 경감景監의 주선을 받아 군주를 알현하자 이를 떳떳하지 못한 일로 여겼습니다. 환관 동자同子가 황제의 수레를 함께 타자 원사袁絲의 안색이 변했습니다.

이처럼 옛날부터 사람들은 환관과 관계 맺는 것을 수치스럽게 여겼습니다. 대개 중간 정도밖에 안 되는 사람도 환관과 관련된 일이라면 기분 상해하지 않은 경우가 없는데, 하물며 꼬장꼬장한 선비라면 말해 무엇하겠습니까? 지금 조정에 아무리 사람이 없다 한들, 저같이 궁형을 받고 살아남은 사람에게 천하의 뛰어난 인물을 추천하라고 하겠습니까.

저는 선친께서 물려주신 가업을 이어받아 황제의 수레바퀴 아래에서 벼슬하며 죄 받기를 기다린 지 20여 년이 되었습니다. 그런데 스스로 이런 생각을 해봅니다. 우선 저는 충성을 바치고 믿음을 다하며 훌륭한 계책을 세우지도, 뛰어난 재능이 있다는 칭송을 들으며 현명한 군주를 모시지도 못했습니다. 정치의 모자란 부분을 메우며 어질고 재능 있는 자를 추천하거나 초야의 숨은 선비를 조정에 드러나게 하지도 못했습니다. 밖으로는 전쟁에 참여해 성을 공격하고 들에서 싸워 적장의 목을 베거나 적군의 깃발을 빼앗은 공도 없습니다. 오랫동안 공로를 쌓아서 높은 지위나 후한 녹봉을 받아 친지들에게 광영과 은총을 가져다준 적도 없습니다. 위의 넷 중 어느 하나도 이루지 못했으며 구차하게 눈치나 보면서 별다른 성과를 내지 못한 것이 이와 같습니다.

이전에 저는 외람되게도 하대부의 말단 대열에 끼여 조정의 논의에 참가한 적이 있었습니다. 그러나 당시 나라의 법전에 근거해 시비를 논하지 못했고, 깊게 생각하고 살피지도 못했습니다. 그리고 지금 이지러진 몸으로 뒤치다꺼리나 하는 천한 노예가 되어 비천함 속에 빠져 있는 주제에 새삼 머리를 치켜들고 눈썹을 펴서 시비를 논하려 한다면, 이것이야말로 조정을 업신여기고 같은 시대의 선비를 욕되게 하는 것이 아니고 무엇이겠습니까? 아아! 아아! 저 같은 인간이 새삼 무슨 말을 하겠습니까? 새삼 무슨 말을 하겠습니까?

이어 사마천은 자신의 운명을 바꾼 이릉 사건의 전모를 밝히는데, 그의 감정이 생생하게 느껴지는 격하면서도 슬픈 대목입니다.

또 일의 시작과 끝은 쉽게 밝혀지는 것이 아닙니다. 저는 젊어서 어떤 것에도 얽매이지 않는 정신세계에 자부심을 가졌지만, 고향 마을에서 자라며 어떠한 칭찬도 들은 바 없었습니다. 그런데 요행히 주상께서 선친을 봐서 저의 보잘것없는 재주로나마 궁궐을 드나들 수 있게 하셨습니다. 대야를 머리에 인 채 하늘을 볼 수 없기에 빈객과의 사귐도 끊고 집안일도 돌보지 않고 밤낮 없이 미미한 재능이나마 오로지 한마음으로 직무에 최선을 다해 주상의 눈에 들고자 했습니다. 그러나 일은 저의 뜻과는 달리 크게 잘못되고 말았습니다.

저는 이릉과 함께 궁궐에 들어와 벼슬살이를 시작했지만 평소에 서로 잘 알고 지내던 사이는 아니었습니다. 취향이 달라 함께 술을 마신 적도 없고 은근한 교제의 즐거움을 나눈 적도 없었습니다. 그러나 제가 그 사람됨을 살펴보니 스스로를 지킬 줄 아는 지조 있는 선비였습니다. 부모를 모심이 효성스러웠고, 신의로 선비들과 사귀며, 재물에 대해서는 깨끗하고, 주고받음에 공정하며, 위아래 사람을 대할 때는 양보할 줄 알고, 공손하고 검소하게 남에게 몸을 낮추었습니다. 또한 자신을 돌보지 않고 분발해 늘 나라의 위급함에 몸을 바칠 생각을 품고 있었습니다. 저는 그가 평소 쌓아둔 바를 보면서 나라의 큰 선비로서의 기풍이 있다고 생각했습니다. 무릇 신하 된 자로서 만 번 죽는다 해도 자신의 생명을 조금도 돌보지 않고 나라의 위급함을 구하려는 행동이야말로 갸륵한 것입니다. 그런데 그의 행동 가운데 하나가 마땅찮다고 하여 자기 몸 하나 보전하고 처자를 보호하는 데 급급한 신하들이 우르르 달려들어 사소한 잘못을 크게 부풀리니 참으로 분통이 터지지 않을 수 없었습니다.

이릉은 5,000이 채 되지 않는 보병을 이끌고 오랑캐 땅 깊숙이 들어가 왕정을 활보하면서 마치 호랑이 입에 미끼를 들이대듯 강한 오랑캐에게 마구 도전했습니다. 수만 군대와 맞서 선우

單于(흉노의 우두머리에 대한 호칭)와 열흘 넘게 계속 싸운 결과 아군 수의 반 이상이나 되는 적을 죽였습니다. 오랑캐들은 사상자를 구조할 엄두도 내지 못했고, 흉노의 군장들은 모두 두려움에 떨었습니다. 그리하여 좌우 현왕을 불러들이고 활을 쏠 줄 아는 사람을 모조리 징발해 온 나라가 이릉을 공격하며 포위했습니다. 그렇게 1,000리를 전전했으나 화살은 다 떨어지고 길은 막힌 데다 구원병도 오지 않으니 죽고 다치는 병사들이 쌓여갔습니다. 그러나 이릉이 큰 소리로 군사들을 격려하자 모두 눈물을 흘리며 몸을 일으켜 피로 얼굴을 씻고 눈물을 삼키면서 맨주먹으로 칼날에 맞섰습니다. 그리고 북쪽을 향해 죽음을 각오하고 적과 싸웠습니다.

이릉이 아직 적에게 항복하기 전에 사신의 보고를 받은 조정의 공경왕후들은 모두 술잔을 들어 황제께 축하를 올렸습니다. 며칠 뒤 이릉이 패했다는 소식이 전해지자 주상께서는 식욕을 잃으셨고, 조정 회의에서도 불편한 기색을 내비치셨습니다. 대신들은 걱정과 두려움 때문에 어찌할 바를 몰랐습니다. 저는 제 자신의 비천함도 헤아리지 않고 주상의 슬픔과 번뇌를 보고는 저의 어리석은 충정을 다하고자 가만히 이런 생각을 했습니다. 사실 이릉이 평소에 사대부들에게 좋은 것은 양보하고 귀한 것은 나누어주어 기꺼이 목숨을 바칠 사람을 얻은 것을 보면 옛날 명장도 따르지 못할 정도였습니다. 몸은 비록 패했지만 그 마음은 적당한 기회에 나라에 보답하고자 했을 것입니다. 일은 이미 어쩔 수 없게 되었지만 그의 패배 못지않게 공로 역시 천하에 드러내기에 충분합니다. 저는 이런 생각을 갖고 아뢰고자 했으나 아뢸 길이 없었는데, 마침 주상께서 하문하시어 곧 이러한 뜻으로 이릉의 공적을 추천함으로써 주상의 생각을 넓혀드리고 평소 이릉을 고깝게 보던 다른 신하들의 비방을 막아보고자 했습니다.

그러나 제 생각을 다 밝힐 수 없었으며 주상께서도 제 뜻을 이해하지 못하시고 제가 이사장군貳師將軍을 비방하고 이릉을 위해 유세한다고 생각해 결국 법관에게 넘겼습니다. 간절한 저의 충정은 끝내 드러나지 못했고, 근거 없이 이사장군을 비방했다는 판결이 내려졌습니다. 집안이 가난해 사형을 면할 재물도 없었고, 사귀던 벗들도 구하려 들지 않았으며, 황제의 측근들은 한마디도 하지 않았습니다. 몸은 목석이 아닌데 홀로 옥리와 마주한 채 깊은 감옥에 갇히는 영어囹圄의 몸이 되었으니 누구에게 제 사정을 하소연할 수 있었겠습니까? 이는 정말이지 소경께서도 직접 겪으셨듯이 저의 처지 또한 다를 바 없지 않았겠습니까? 이릉은 살아서 항복함으로써 그 가문의 명성을 무너뜨렸고, 저는 거세되어 잠실蠶室에 내던져져 또 한 번 세상의 웃음거리가 되었습니다. 슬픕니다! 슬픕니다! 이런 일을 일일이 아무에게나 말하기란 쉽지 않습니다.

여기까지가 사마천이 궁형을 당하게 된 이릉 사건의 전모였습니다. 이어 사마천은 《사기》 저술의 동기와 목적을 밝히는데, 죽음보다 더한 치욕을 극복한 사마천의 위대한 생사관이 감동적으로 드러나 있습니다.

저의 선친께서는 조정으로부터 '부부단서剖符丹書' 같은 표창을 받는 특별한 공적을 남기지 못했습니다. 천문과 역법에 관한 일을 관장했지만 점쟁이나 무당에 가까웠습니다. 주상께서는 악사나 배우처럼 희롱의 대상으로 여기셨고, 세상 사람들도 깔보기는 마찬가지였습니다. 그러니 제가 법에 굴복해 죽임을 당한다 해도 아홉 마리 소에서 털 오라기 하나(구우일모九牛一毛) 없어지는 것과 같고, 땅강아지나 개미 같은 미물과도 하등 다를 것이 없습니다. 그리고 세상은 절개를 위해 죽은 사람으로 대접하기는커녕 죄가 너무 커서 어쩔 수 없이 죽었다고 여길 것입니다. 왜 그렇겠습니까? 평소에 제가 쌓은 것이 그렇게 만들었기 때문입니다.

사람은 누구나 한 번 죽지만 어떤 죽음은 태산보다 무겁고 어떤 죽음은 새털보다 가볍습니다(인고유일사人固有一死, 혹중우태산或重于泰山, 혹경우홍모或輕于鴻毛). 이는 죽음을 사용하는 방향이 다르기 때문입니다(용지소추이야用之所趨異也). 사람으로서 가장 좋기로는 조상을 욕되게 하지 않는 것이며, 그다음이 자신을 욕되게 하지 않는 것이며, 그다음이 자신의 도리와 체면을 욕되이 하지 않는 것이며, 그다음이 자신의 언행을 욕되이 하지 않는 것입니다. 수치스럽기로는 가장 나은 것이 몸이 속박되어 치욕을 당하는 것이요, 그다음은 죄수복을 입고 치욕을 당하는 것이며, 그다음은 손발이 묶이고 매를 맞는 치욕을 당하는 것이며, 그다음은 머리를 삭발당하고 쇠고랑을 차는 치욕을 당하는 것이며, 그다음은 발이 잘리고 신체를 훼손당하는 치욕을 당하는 것이며, 가장 못한 것이 극형 중의 극형인 부형腐刑을 당하는 것입니다.

"형벌은 위로 대부에게는 미치지 않는다"고 했으니 이 말은 선비가 지조를 지키기 위해 힘쓰지 않을 수 없다는 뜻입니다.

사나운 호랑이가 깊은 산중에 있을 때는 모든 짐승이 두려워하지만 그 호랑이도 함정에 빠지면 꼬리를 흔들며 음식을 구걸할 수밖에 없습니다. 이는 갈수록 위세에 눌리기 때문입니다. 그러므로 땅에 선을 긋고 감옥이니 들어가라 하면 기세상 들어갈 수 없습니다. 나무 인형을 깎아 형리라고 하면서 심문을 한다 해도 대답할 수 없습니다. 그래서 형벌을 받기 전에 결단을 내려야 합니다. 손발이 묶이고 맨살을 드러낸 채 매질을 당하며 감옥에 갇혀 있으면 옥리만 보아도 머리를 땅에 처박게 되며, 심지어 감옥을 지키는 노예만 보아도 겁이 나서 숨이 막힐 지경이 됩니다. 왜 그렇겠습니까? 기세가 위세에 눌리기 때문입니다. 이러고도 뻔뻔하게 치욕이 아니라고 하면 사람들이 어찌 그것을 인정하겠습니까.

서백西伯은 백작으로 유리에 갇혔습니다. 이사李斯는 재상의 몸으로 다섯 가지 형벌을 모두 당했습니다. 한신韓信은 왕의 신분이었지만 진陳이란 곳에서 붙잡혔습니다. 팽월彭越이나 장오張午도 한때 왕 노릇을 했으나 감옥에 갇혀 죄를 받았습니다. 강후絳侯는 여씨들을 타도해 권력이 오패를 능가하기도 했지만 죄를 묻는 방에 갇혔고, 위기후魏其侯는 대장의 몸으로 붉은 죄수복을 입고 목과 손발에는 쇠고랑이 채워졌습니다. 계포季布는 주가朱家의 집에서 목에 칼을 쓴 노예가 되었고, 관부灌夫는 후궁의 감옥에서 치욕을 당했습니다. 이 사람들은 모두 왕후장상의 지위에 이르렀고 명성은 이웃 나라에까지 알려졌지만 죄를 짓고 판결이 내려졌을 때 자결이라는 결단을 내리지 못했습니다. 이러한 치욕은 예나 지금이나 마찬가지입니다. 그런데 이런 상황에서 어찌 치욕을 당하지 않을 수 있겠습니까.

이렇게 본다면 용기와 비겁은 기세이고, 강인함과 나약함은 형세에 따른 것으로 잘 살피는 것이 전혀 이상할 게 없습니다. 법에 따라 처벌받기 전에 일찌감치 스스로 결단하지 못하고 꾸물대다 매질을 당할 때가 되어서야 절개를 지키고자 스스로 목숨을 끊는다 해도 이미 늦은 일 아니겠습니까? 옛사람들이 대부에게 형벌을 내리지 못한 까닭도 이 때문입니다.

삶에 애착을 갖고 죽기 싫어하며, 부모를 생각하고 처자를 돌보려는 것은 인지상정입니다. 그러나 의리에 자극을 받으면 부득불 그렇게 되지 않습니다. 저는 불행하게도 일찍 부모님을 여의었고 가까운 형제도 없이 홀로 외로이 살아왔습니다. 소경께서는 제가 처자식을 어떻게 대하는지 보셨습니까? 진정한 용사라 해서 명분뿐인 절개 때문에 꼭 죽는 것은 아니며, 비겁한 사람이라 해도 의리를 위해 목숨을 가볍게 버리는 경우가 왜 없겠습니까? 제가 비록 비겁하고 나약해 구차하게 목숨을 부지했지만 거취에 대한 분별력은 있습니다. 어찌 몸이 속박되는 치욕 속에 스스로를 밀어 넣겠습니까?

천한 노복이나 하녀도 얼마든지 자결할 수 있습니다. 하물며 저 같은 사람이 왜 자결하지 못하겠습니까? 고통을 견디고 구차하게 목숨을 부지한 채 더러운 치욕을 마다하지 않은 까닭은 제

마음속에 다 드러내지 못한 그 무엇이 남아 있는데도 하잘것없이 세상에서 사라져 후세에 제 문장이 드러나지 못하면 어쩌나 한이 되었기 때문입니다.

예로부터 부귀했지만 그 이름이 사라진 경우는 헤아릴 수 없이 많았으며, 오로지 남다르고 비상한 사람만이 일컬어졌습니다. 문왕文王은 갇힌 상태에서 《주역周易》을 풀이했으며, 공자는 곤경에 빠져 《춘추春秋》를 지었습니다. 굴원屈原은 쫓겨나서 《이소離騷》를 썼으며, 좌구명左丘明은 눈을 잃은 뒤에 《국어國語》를 지었습니다. 손빈孫臏은 발이 잘리는 빈각을 당하고도 《병법兵法》을 남겼으며, 여불위呂不韋는 촉蜀으로 쫓겨났지만 세상에 《여람呂覽》을 남겼습니다. 한비자韓非子는 진나라에 갇혀 〈세난說難〉과 〈고분孤憤〉편을 저술했습니다. 《시경詩經》에 담긴 300편의 시도 대개 성현이 발분해 지은 것입니다. 이 사람들은 모두 가슴속에 무엇인가가 맺혀 있었지만 그것을 밝힐 길이 없었기 때문에 지난 일을 서술해 후세 사람들이 자신의 뜻을 볼 수 있게 한 것입니다. 좌구명처럼 눈이 없고, 손빈처럼 발이 잘린 사람은 아무런 쓸모가 없지만, 물러나 책을 저술해 자신의 분한 생각을 펼침으로써 문장으로 자신을 드러내려 한 것입니다.

저 또한 불손하지만 가만히 무능한 문장에 스스로를 의지해 천하에 이리저리 흩어진 지난 이야기들을 모아 사건들을 대략 고찰하고 그 처음과 끝을 정리해 성공과 실패, 흥기와 멸망의 요점을 살핀 바, 위로는 황제黃帝 헌원軒轅부터 지금에 이르기까지 10편의 표表, 12편의 본기本記, 8편의 서書, 30편의 세가世家, 70편의

열전列傳, 이렇게 총 130편을 저술했습니다. 아울러 하늘과 인간의 관계를 탐구하고, 과거와 현재의 변화를 꿰뚫어 일가의 문장을 이루고자 했습니다. 그러나 초고를 다 마치기도 전에 이 같은 화를 당했습니다만, 완성하지 못한 것을 안타깝게 생각했기 때문에 극형을 받고도 부끄러운 기색을 드러내지 않았던 것입니다. 이제 이 일을 마무리하고 명산에 깊이 보관해 제 뜻을 알아줄 사람에게 전해서는 이 마을 저 마을로 퍼져나가 지난날 치욕에 대한 보상이라도 받을 수 있다면 얼마든지 벌을 받는다 해도 후회는 없습니다. 그러나 이런 말은 지혜로운 사람에게나 할 수 있지 아무에게나 털어놓기는 어렵습니다.

여기까지 써내려간 사마천은 다시 한 번 자신이 처한 고통스러운 상황을 감정적으로 표출한 다음 편지를 마무리합니다. 이렇게 해서 천고의 명문 〈보임안서〉가 탄생합니다.

지세가 낮은 곳에서 살기란 쉽지 않고, 하류들은 비방이 많습니다. 제가 말을 잘못해 이런 화를 당하면서 고향에서 비웃음거리가 되었고, 돌아가신 아버지를 욕되게 했으니 무슨 면목으로 부모님 무덤에 오르겠습니까? 100대가 흐른다 해도 씻기지 않을 치욕입니다. 하루에도 아홉 번이나 장이 뒤틀리고, 집에 있으면 망연자실 넋을 놓고 무엇을 잃은 듯하며, 집을 나가도 어디로 가야 할지 모릅니다. 이 치욕을 생각할 때마다 식은땀이 등줄기를 흘러 옷을 적시지 않은 적이 없습니다. 중서령에 불과한 몸이지만 어찌 자신을 깊은 동굴 속에 숨길 수 있겠습니까? 그러니 세속을 좇아 부침하고 때에 따라 처신하면서 그럭저럭 어리석게 살아가고 있을 뿐입니다.

그러한 상황에 놓인 저에게 소경께서 훌륭한 인물을 밀어주라고 충고하시니 어찌 제 뜻과 어긋나지 않았겠습니까? 이제 와 새삼 제 자신을 꾸미고 미사여구로 변명해보아도 세상에 무익하고 믿지도 않을뿐더러 부끄러움만 더할 따름입니다. 제가 죽은 뒤라야 시비가 가려지겠지요. 이 글로 제 생각을 다 전할 수는 없지만 그래도 대략 저의 못난 생각을 말씀드립니다. 삼가 인사 올리는 바입니다.

학 생 │ 편지를 읽다가 문득 든 생각입니다만, 저는 이 편지가 마치 사마천의 유언 또는 최후의 진술 같습니다.

김영수 │ 아주 흥미롭고 적절한 표현입니다. 편지의 내용을 보면 그런 생각이 더욱 강해지지요. 전적으로 공감합니다.

고향으로 돌아가다

학 생 │ 어리석은 질문 같긴 하지만《사기》를 완성한 후 사마천의 가슴에 후회의 감정은 없었을까요? 어쩌면 '이렇게까지 한 내 선택이 옳았는가' 끊임없이 의심했을 것 같다는 생각이 드는데요.

김영수 │ 자신이 선택한 삶의 방식에 대해서는 결코 후회하지 않았을 겁니다. 다만 《사기》가 정말 제대로 방향을 잡았는지, 진정 자신이 하고 싶었던 말을 다 표출했는지에 대해서는 여전히 의문이 남았습니다. 그러나 이제 모든 것이 끝났지요. 속에 있던 말도 다 했습니다. 자신이 할 일은 다 했습니다. 생명이 얼마나 남았는지 모르는 상황에서 서둘러 마무리했던 터라 아쉬움도 컸을 겁니다. 하지만 이제 다시 쓸 수도 고칠 수도 없습니다. 사마천은 죽간을 비롯한 자료들을 정리했습니다. 이제 평가는 후세인에게 맡겨야 했지요.

사마천은 자신이 무엇을 말하고 싶었는가에 대해 다시 생각했습니다. 천하 주유를 떠나던 스무 살 때 자신의 모습이 떠올랐습니다. '초발심初發心이라 했던가? 처음 품었던 마음이 무엇이었나? 출세와 공명, 사관 가문으로의 복귀, 아버지의 유언, 나아가서는 불세출의 역사서를 남기는 일….' 모두가 아니었습니다. 정말 자신이 알고 싶고 하고 싶었던 일은 '인간人間' 그 자체를 아는 것이었습니다. 하늘과 인간의 관계, 인간과 인간의 관계, 제도와 인간의 관계, 문물과 인간의 관계, 권력과 인간의 관계, 고난과 인간, 역사와 인간, 인간의 비애와 비극적 운명…. 인간과 관련되지 않은 것이 없었습니다. 두 발로 직접 역사 현장을 찾았던 이유도 다름 아닌 인간이 역사에 남긴 행적과 그 작용을 탐구하고 싶었기 때문입니다.

이제 사마천은 이에 대한 나름의 해답을 찾았습니다. 인간을 인간답게 하는 것이 무엇이고, 무엇이 진정한 권위이며, 어떻게 사는 것이 영원히 사는 것인지 등에 대한 깊은 통찰을 《사기》에 아로새겨 넣었습니다. 그해, 그러니까 기원전 99년부터 약 3년에 걸친 '이릉의 화'는 사마천에게 이런 근본적인 문제들을 다시 생각하게 했고, 결국은 사마천의 역사 연구법과 사관을 바꾸어놓았습니다. 분노를 분노답게 승화시킴으로써 역사와 문학을 이상적으로 결합할 수 있었고, 비판적 안목으로 최고 통치자와 지배층을 바라볼 수 있었습니다. 제도와 문물을 심도 있게 연구했으며, 경제가 인간의 삶에 미치는 영향을 변증법적으로 정리했습니다. 기원전 7세기 관중의 중상주의重商主義 이론을 재발견해 인간은 "곳간이 넉넉해야 예절을 알고(창름실이지예절倉廩實而知禮節), 먹고 입는 것이 풍족해야 명예와 수치를 안다(의식족이지영욕衣食足而知榮辱)"는 경제와 생활의 보편적이면서도 근본적인 관계를 확인했습니다. 나아가서는 물질과 인간 욕망의 함수관계에까지 생각이 미칠 수 있었습니다. 이렇게 해서 탄생한 〈평준서〉와 〈화식열전〉은 전례가 없는 경제 관련 전문 문장이었지요.

농담 조금 섞어서 사마천이 《사기》가 후대에 미친 영향을 직접 눈으로 봤다면 《사기》와 관련해서도 후회는 남지 않았을 것 같지요?

학 생 | 확실히 사마천이 하늘에서 오늘날 우리의 모습을 바라보고 있다면 뿌듯함을 금치 못할 것 같습니다. 인간 사마천, 역사가 사마천이 얼마나 대단한 인물인지, 그가 남긴 《사기》가 단순히 역사서라고만 할 수 없을 만큼 얼마나 훌륭한 책인지 다시 한 번 느낍니다.

김영수 | 확실히 사마천과 《사기》를 알면 알수록 그런 느낌이 배가 되지요? 앞선 답변에 이어서 말씀드리자면 사마천은 역사가로서는 드물게 책상 앞에만 앉아서 자료와 씨름하지 않고 두 발로 직접 천

하를 주유하며 생생한 역사, 살아 있는 역사를 담아냈습니다. 《사기》 속 모든 내용이 현장 탐방을 통해 확인되고 또 자극을 받았음은 말할 것도 없습니다. 《사기》를 완성한 후 사마천은 천하 주유를 다녔던 스무 살 무렵을 회고했습니다. 말할 수 없이 착잡한 심경이었지요. 그 당시 그는 수많은 인물이 남긴 행적을 통해 역사적 권위라는 문제에 대해 심각하게 고민했습니다. 그 결과 진정한 권위는 권력에서 나오는 것이 아니라 그 시대와 역사에 대한 통찰력에서 나온다는 점을 확신했습니다. 그리하여 그는 《사기》를 통해, 속물적 지성에 침을 뱉고 위선적 지성을 꾸짖었습니다. 그는 "생기가 결여된 전문가와 열정이 빠져나간 감각론자"(막스 베버)의 안목으로는 역사를 통찰할 수 없다고 결론 내렸습니다. 그리고 그 결과 누구도 따를 수 없는 비판적 시각과 안목, 넓고 깊은 식견으로 시대와 인간의 역학적 관계를 따졌습니다.

무엇보다 그 스스로 처절하고 비극적인 경험을 겪으면서 '인간이 위대해질 수 있는 내외적 환경과 방법'에 대해 고민하지 않을 수 없었습니다. 즉 개인의 정신과 시대적 조건·한계·제한의 관계에 눈길을 돌린 것입니다. 개인과 시대가 갈등하거나 조화하는, 서로 상반된 상황이 출현하는 원인에 대해 검토했습니다. 그는 궁극적으로 억압에서 비롯되는 자유로운 영혼과 인간에 대한 존엄성이라는 보편적 가치를 확인했습니다. 그것이 곧 강렬한 시대의식과 비판의식이었습니다.

역사가에게는 누군가 거짓말하고 있다는 사실을 꿰뚫는 안목이 요구된다는 것도 깨달았습니다. 다른 말로 하면 그것은 시대와 역사와 인간에 대한 역사가의 최소한의 책무였습니다. 옳고 그름, 굽음과 바름을 가리는 일, 그리하여 사람들이 가치판단을 내릴 수 있도록 기준을 제시하는 일, 이것이 역사가의 막중한 책무라는 사실을 확인한 것입니다.

이 모든 깨달음과 인식은 '회의懷疑'에서 비롯되었습니다. 과거의 기록과 자신이 당한 가혹한 경험을 통해 그는 인간사와 사물의 근본까지 의심하는 지독한 회의에 빠졌고, 결국은 당대의 배타적 이데올로기였던 '천도天道'까지 의심했던 것입니다. 그의 역사의식이 영원한 가치를 담보하고 있는 이유도 바로 이 회의정신에서 비롯된 것입니다. 이 대목에서 《사기》는 철학과도 조우합니다. 천도와 천명에 대한 회의와 통렬한 꾸짖음은 사마천의 유물주의 철학사상 중 가장 빛나는 부분입니다.

개인적으로 사마천은 자신의 고난을 한 차원 승화시켜 역사서에 투영함으로써 독자들에게 모종의 카타르시스를 선사하는, 말하자면 '문화 복수復讐'를 성공적으로 해냈습니다. 《사기》 곳곳에서 표출되고 있는 '복수관념'은 독자에게 그 상황을 더욱 생생하게 각인시킬 뿐 아니라 심지어 독자를 그 상황 속으로 몰입시키는 엄청난 흡인력을 발휘하고 있습니다. 그럼에도 이러한 복수관념이 사마천 개인의 한풀이나 넋두리 차원을 벗어나 인간의 보편적 가치관은 물론 그것이 역사를 추진하는 동력이라는 사실까지 끌어내기 때문에 한결 돋보이는 것입니다.

최선, 아니 혼신의 힘을 다한 결과가 사마천의 눈앞에 놓여 있었습니다. 그것은 자신의 피와 눈물이었습니다. 사마천의 눈에서

하염없이 뜨거운 눈물이 흘러 그의 피와 눈물로 이루어진 52만 6,500자의 죽간 더미 속으로 스며들었습니다.

학 생 | 사마천이 곧 《사기》요, 《사기》가 곧 사마천이라는 생각이 듭니다. 그렇다면 이후 사마천의 행적은 어땠나요? 사마천의 일생에 누구보다 크고 깊은 영향을 준 아버지가 가장 많이 생각났을 것 같은데요, 그렇다면 사마천은 고향으로 돌아가지 않았을까요?

김영수 | 그렇습니다. 《사기》를 완성한 이후의 행적에 대해 좀 더 알아보도록 하지요. 기록상으로는 행적이 보이지 않습니다. 다만 친구 임안에게 답장을 쓴 시점과 《사기》를 완성한 시점에 대해서는 연구자들 사이에서 논란이 적지 않습니다. 그러나 《사기》를 완성한 뒤 답장을 썼다는 점에서는 별다른 이견이 없어 보입니다. 즉 임안이 태자의 무고 사건에 연루되어 옥에 갇히고 사형이 집행될 날을 기다리고 있던 상황에서 사마천이 답장을 한 것으로 보이는데, 그때가 기원전 91년 사마천의 나이 55세였습니다. 따라서 《사기》도 이 무렵 완성되었을 것이라 보는 것이지요. 그해 겨울, 임안은 허리가 잘리는 참형을 받고 죽습니다. 역시 사마천과 함께 입사했던 전인도 태자를 놓쳤다는 죄목으로 허리가 잘리는 참형을 받고 죽습니다.

사마천의 마음이 참으로 무거웠을 겁니다. 앞에서 살펴본 것처럼 통치기 말년에 이른 무제는 여전히 의심 속에 살고 있었고, 그 결과 장차 황제 자리를 이을 태자와 끔찍한 충돌을 벌이고 말았습니다. 태자의 군대와 황제의 군대가 닷새 동안 장안에서 시가전을 벌였고 백성은 불안에 떨었습니다. 태자는 패해 달아났다가 목을 매어 자살했지요. 무제는 큰 충격을 받았습니다. 더욱이 이 사건이 강충이란 소인배의 무고에서 비롯되었다는 사실이 밝혀지면서 무제는 더욱 상심했습니다. 그런 와중에서도 관련자에 대한 처벌은 가혹하기 짝이 없었습니다. 무제 통치기 내내 혹리酷吏들을 동원해 자행했던 가혹한 처벌과 각박한 법 집행이 이번에도 적용되었던 것이지요. 10만 명이 넘는 사람이 연루되어 목숨을 잃었습니다. 앞서 이야기한 대로 사마천의 입사 동기인 임안과 전인도 허리가 잘리는 혹형을 받고 죽었고요.

사마천은 두려웠을 겁니다. 이런 화가 자신에게도 미칠까 봐 두려운 것이 아니라, 시대적 분위기가 몰고 올 파장과 그 결과가 두려웠을 것입니다. 역사는 그 자체로 입증하고 있습니다. 무한 권력과 그

사마천 사당과 무덤 전경.

것에 절대 의존하는 가혹한 통치의 말로는 항상 비참했다는 것을 말이지요. 이 때문에 사마천은 《사기》의 시대적 하한을 지금 황제까지로 확대했던 것 아닐까요? 하지만 황제는 벌써 판단력을 잃은 지 오래였습니다. 기원전 109년, 사마천이 37세로 아버지의 뒤를 이어 태사령이 되기 바로 한 해 전, 조선을 정벌할 무렵부터 상황 판단력에 심각한 문제가 생기기 시작했던 것 같습니다. 그로부터 벌써 20년이 흘렀습니다. 무제의 나이 66세, 만년입니다. 제국의 앞날이 걱정이었지요. 더욱이 무제는 꽤 오래전부터 황제 자리를 어린 유불릉劉弗陵에게 물려주고 싶다는 의사를 공공연하게 밝혀오던 터였습니다.

　태자가 자살한 이 마당에 유불릉의 즉위는 기정사실이 되었습니다. 또 다른 정쟁이 잠복기를 끝내고 터져 나올 상황이었지요. 이렇듯 불안한 황실을 지켜보는 사마천의 마음은 무겁기 짝이 없었습니다. 하지만 자신이 할 수 있는 일이라곤 아무것도 없었습니다. 자신은 이제 오로지 《사기》로만 말할 수 있을 뿐이었고, 그것이 평가를 받기까지는 상당한 시간이 필요할 테니까요. 아니, 언제가 될지도 모르는 일 아니겠습니까? 떠나고 싶었을 겁니다. 어디로든 말이지요. 사마천의 몸과 마음은 텅 비었습니다. 이제 갈 때가 되었다는 생각이 들었습니다. 고향 마을 앞으로 흐르던 황하가 그의 마음속으로 흘러들어왔습니다. 그는 떠났습니다. 황하가 있는 고향으로.

또 하나의 수수께끼

학 생 | 사마천이 《사기》를 완성하고 일단 아버지 사마담이 묻힌 고향으로 돌아갔을 것이라는 추측에 전적으로 공감합니다. 그리고 선생님 말씀처럼 55세에서 56세 무렵 사마천이 세상을 떠났을 것이라는 점도 상당히 일리가 있다고 생각합니다. 그런데 저 역시 그의 사인에 대해서는 궁금하기 짝이 없습니다. 정말 어느 쪽일까요? 그리고 선생님 의견은 어떠신지요?

김영수 | 사마천은 죽음까지도 논쟁거리로 남겼습니다. 어쩌면 이 때문에 후대 학자들이나 사마천을 좋아하는 사람들이 그를 더 깊이 이해할 수 있게 되지 않았나 하는 생각도 듭니다. 사실 저 역시 사마천의 죽음을 추적하면서 많은 것을 알게 되었고, 사마천을 더욱 깊이 이해하게 되었거든요. 더욱이 임안에게 편지를 보낸 이후 그의 행적은 모든 기록에서 사라집니다. 이 때문에 후대 학자들은 그의 탄생 연도 못지않게 죽음의 시기와 형태에 대해 열띠게 문제를 제기해왔고, 그래서 그의 죽음이 또 하나의 수수께끼로 남은 것입니다.

학 생 | 위대한 한 인간을 이해하는 길이 참으로 멀고 또 힘들다는 생각이 듭니다. 정작 당사자는 이런 결과를 원치 않았을 텐데 말이지요.

김영수 | 사마천에게 가한 폭력과 수모가 역으로 이런 결과를 낳았다고도 할 수 있지요. 쉽게 말해 사마천에 대한 기록이나 관심을

가능한 한 없애려 했지만 그것이 도리어 사마천에 대한 관심을 증폭시키는 결과로 나타났던 것입니다.

학 생 | 저는 그 이유가 《사기》가 남아 있기 때문이 아닐까 합니다.

김영수 | 그렇습니다. 《사기》가 없었더라면 아무런 논쟁거리도 남지 않았을 겁니다. 사마천의 이름이 기록에 남아 있다 해도 그냥 스치듯 지나가고 말았겠지요. 사마천이 그토록 역사서 완성에 집착했던 이유가 이제 명확해지지 않습니까? 《사기》의 내용을 통해 사마천의 사상과 정신, 의식세계를 유추해냄으로써 그의 죽음에 얽힌 미스터리까지 풀 수 있는 실마리를 찾게 되니까요. 사마천이 《사기》 130권 중 마지막에 자서전을 배치한 이유도 바로 여기에 있지 않을까요? 사마천의 삶은 그 자체로 한 편의 드라마입니다. 아니, 어떤 드라마로도 제대로 재현할 수 없는 기가 막힌 삶이었습니다. 여기에 그의 마지막 순간마저 베일에 싸인 수수께끼로 남으면서 전 생애를 더욱 드라마틱하게 만들었습니다.

학 생 | 자, 그럼 이제 사마천의 죽음을 둘러싼 이야기들을 들어보도록 하지요.

김영수 | 《사기》 이후 나타난 정사들에서는 사마천이 죽은 해와 사인에 대한 기록이 전혀 보이지 않습니다. 몇몇 연구자는 사마천이 《사기》를 완성한 뒤 별 탈 없이 생을 마쳤기 때문에 기록이 없는 것이라고 주장했습니다. 반면 일부 학자는 기록에 보이지 않는다는 것은 사마천의 죽음이 분명치 않기 때문이라고 주장합니다. 이

때문에 사마천의 죽음과 그 연대에 대한 논란이 끊이질 않았던 것이지요.

그런데 당나라 개원 연간(713~741년)에 벼슬자리에 있으며 《사기》에 주석을 단 사마정司馬貞이 《사기집해史記集解》에서 동한의 학자로서 광무제 시대(25~57년)에 활동했던 위굉衛宏의 《한구의漢舊儀》의 다음과 같은 대목을 인용해 논쟁의 불씨를 남깁니다.

사마천이 '경제본기'를 저술했는데 경제의 단점을 서슴없이 지적했다. (그 아들) 무제가 이를 보고 성이 나서 삭제를 지시했다. 그 뒤 이릉 사건에 연루되었는데 이릉이 흉노에 항복하자 궁형을 받았다. 원망의 말을 하다가 옥에 갇혀 죽었다.

동진 시대의 사상가 갈홍葛洪의 《서경잡기西京雜記》에도 이와 비

사마천의 죽음과 관련해 논란의 여지를 남긴 갈홍.

슷한 기록이 나옵니다. 그래서 혹자는 이를 근거로 사마천이 〈보임안서〉를 쓰는 바람에 죽었고, 죽은 해도 〈보임안서〉를 쓴 그해라고 주장했습니다. 청나라 말, 민국 초의 학자 왕국유王國維의 고증에 따르면 〈보임안서〉는 태초 4년인 기원전 91년 사마천의 나이 55세에 쓰였습니다. 한편 곽말약郭沫若은 사마천이 옥에 갇힌 일은 틀림없이 세상에 알려졌을

것이고, 그래서 위굉과 갈홍이 자신들의 책에다 이 일을 기록했을 것으로 추측했습니다. 위굉과 갈홍은 모두 당대에 명망 있는 대학자였기 때문에 없는 일을 만들어내 사실을 왜곡하지는 않았을 것이라는 논지였지요.

또 유일하게 사마천에 관한 전기를 남긴 반고는 《한서》 〈사마천전〉의 끝머리에서 "아, 안타깝다! 사마천이 그 넓은 식견을 지니고도 자신의 몸을 보전할 방법은 몰랐으니"라며 "극형(부형)을 당한" 뒤에도 "자신의 몸을 보전하지 못했다"고 안타까워했습니다. 곽말약은 이 기록을 사마천의 죽음이 자연사가 아님을 말해주는 것이라고 봤습니다. 이와 관련해 그는 서한 시대, 특히 무제 당시에 벌어진 염철 논쟁을 기록한 환관桓寬(기원전 1세기)의 《염철론鹽鐵論》 제44 〈주진誅秦〉편에 보이는 궁형과 처형 기록에 근거해 사마천이 다시 옥에 갇힌 다음 죽었음을 암시한다고 말했습니다. 요컨대 곽말약은 사마천이 정상적으로 죽지 않았다는 주장을 대표하는 학자입니다.

하지만 여기에 이의를 제기하는 사람들도 만만치 않습니다. 태사령과 사마천의 행적을 언급하고 있는 위굉의 기록은 모두 네 곳에 보이는데, 이 기록들을 찬찬히 고증해보면 적어도 두 곳이 역사적 사실에 맞지 않다는 것입니다. 따라서 '옥에 갇혀 죽었다'고 한 위굉의 기록은 거의 믿을 수 없으며 적어도 증거가 희박하다고 보는 것이지요. 예로부터 "신체발부는 부모로부터 물려받은 것이므로 함부로 상하게 해서는 안 된다"는 말이 있습니다. 《한서》의 기록은 이런 관념에서 이해해야 한다는 것이고, 《염철론》의 기록도 사마천과는 상관없으며, 원래 엄중한 형벌 때문에 조성된 좋지 않은 사회적 분위기를 지적한 것이라고 보는 견해입니다. 즉 한 무제의 가혹한 통치가 효과를 보지 못했음을 입증하는 자료이지 사마천이 두 차례 옥에 갇혔다는 식으로 해석해서는 안 된다는 말입니다.

다음으로 사마천이 무제 만년에 일어난 태자 '무고 사건'에 연루되어 죽었을 가능성을 제기하는 쪽이 있습니다. 이 사건은 기원전 91년 사마천 나이 55세 때 일어났습니다. 사건의 경과와 결과에 대해서는 앞에서 비교적 상세히 소개한 바 있죠. 사건이 마무리된 후 무제는 태자의 죽음에 책임 있는 자들을 샅샅이 색출해 대대적인 조옥 사건으로 몰아갔습니다. 그 결과 10만 명이 넘는 사람이 연루되어 목숨을 잃었고, 그중에는 사마천의 친구인 임안도 포함되어 있었다는 말씀을 드렸습니다. 이 일은 수많은 문무관원에게까지 영향을 미쳤고 사마천도 이 재난에서 벗어나지 못했다는 것이지요. 또 《사기》의 내용을 분석해보면 유독 정화 원년 이후의 사건 기록이 없기 때문에 사마천은 《한서》에서 말한 대로 "무고의 화가 사대부들에게까지 미쳐" 그 여파로 희생되었다고 보는 것입니다.

무제가 죽은 뒤 사마천이 죽었다고 보는 견해도 있습니다. 사마천보다 조금 뒷사람인 저소손褚少孫이란 학자는 《사기》에 보충 기록을 남기기도 했는데 "태사공의 기사는 무제 때의 사건을 모두 기록하고 있다"고 했습니다. 이는 《사기》 각 편에 황제가 죽은 뒤 부여하는 무제武帝라는 시호가 보이기 때문입니다. '사마천이 무제보다 앞서 죽었다면 어떻게 죽은 사람에게 부여하는 시호를 알 수 있었겠는가?'라는 것이 이유였습니다. 이와 관련해 어떤 사람은 〈보임안서〉를 무제가 죽기 4년 전인 정화 2년(기원전 91) 11월에 썼다고 보고, 〈보임안서〉의 내용을 보면 그때까지 《사기》가 완성되지 않았음을 알 수 있는 바, 그 뒤 정리와 보완을 거치면서 무제와 관련된 사건이 언급된 곳에 그의 시호를 쓴 것이므로 이상할 것이 없다고 말하기도 합니다.

이 밖에 행방불명설을 내세우는 사람도 있습니다. 《사기》를 완성한 다음 '무고 사건' 같은 처참한 광경을 목격하면서 세상사에 완전히 미련을 버리고 어디론가 사라졌다는 주장이지요. 매력적인 주장이긴 하지만 근거는 없습니다. 심지어 자살설을 내세우는 사람도 있습니다. 드라마틱하기는 하지만 역시 허망한 논리입니다. 근거가 전혀 없기 때문이지요.

이상의 주장들을 압축하면 사마천이 "원망하는 말(글) 때문에 옥에 갇혀 죽었다"는 설과 '무고 사건'에 연루되어 죽었다는 설, 별탈 없이 여생을 마쳤다는 설이 맞서고 있습니다. 어느 쪽도 상황을 압도할 만한 결정적 증거는 확보하지 못하고 있습니다. 새로운 자료가 발견되지 않는 한 사마천의 죽음을 둘러싼 논쟁은 제자리를 맴돌 수밖에 없겠지요.

그런데 저는 지금 사마천의 고향에 모여 살고 있는 후손들이 수수께끼의 열쇠를 쥐고 있을지도 모른다고 생각합니다. 지금까지 약 20차례 사마천의 고향을 답사하면서 나름대로 심증은 있지만 함부로 발설할 자신은 없었습니다. 몇 년 전까지만 해도 '아무래도 그의 죽음은 그냥 이렇게 미스터리로 남겨두는 것이 나을 것 같다'고 생각했습니다. 그리고 그것이 사마천에 대한 최소한의 도리라는 생각까지 했습니다. 그래서 이렇게 썼습니다. "그의 죽음은 이제 전설이 되어가고 있다. 그는 영생을 얻었다."

그런데 이런 제 생각이 바뀌었습니다. 먼저 사인에 대해 침묵하는 것이 사마천에 대한 도리라고 한 제 생각이 잘못되었다는 판단이 섰습니다. 사마천과 《사기》를 30년 가까이 공부한 사람으로서 나름의 견해를 밝혀 검증을 받아보는 것이 맞다고 판단했습니다. 그것이 비록 소수 의견에 머물더라도 말이지요.

학 생 | 저도 동의합니다. 누구보다 선생님의 의견을 듣고 싶습니다. 역대 중국 학자들의 의견도 좋지만 사마천과 《사기》를 오래 공부한 우리 학자의 주장도 있어야 하지 않겠습니까?

김영수 | 그렇게 거창하게 말씀하실 건 없고요. 처음에 저는 후손들이 사마천이 처형당했다고 믿고 있다는 점을 그다지 심각하게 생각하지 않았습니다. 그러다 《사기》 속 다양한 인물의 죽음에 대한 문제를 공부하고 심각하게 고민하며, 또 《사기》에 등장하는 원한과 복수에 관한 이야기를 좀 더 깊이 있게 검토하면서 사마천의 죽음을 새롭게 바라보게 되었습니다.

학 생 | 사마천의 죽음과 《사기》 속 인물들의 죽음을 연계시켰다, 즉 《사기》 속에 등장하는 원한과 복수 부분도 사마천의 죽음과 관련해 생각할 수 있다는 뜻으로 받아들이면 될까요?

김영수 | 그렇습니다. 사마천이 굴원의 자결 장면을 묘사한 대목에서 많은 영감을 얻었습니다. 사마천은 굴원이 망해가는 조국의 비

극을 차마 볼 수 없어 멱라수에 몸을 던지는 장면을 '회석수자침 멱라이사懷石遂自沈泪羅以死'라고 묘사했습니다(줄여서 '회석자침懷 石自沈'이라고 합니다). 우리말로 풀이하면 한결 비장해집니다. '돌을 가슴에 품고는 마침내 멱라수에 스스로 가라앉아 죽었다'가 됩니 다. 품을 '회懷' 자와 스스로 '자自' 자가 이 장면을 더욱 극적으로 만들지요.

굴원이 가슴에 품은 것은 돌이었지만 거기에는 온갖 착잡한 심 경이 돌의 무게보다 훨씬 더 무겁게 압축되어 있었을 것입니다. 그 러니 어찌 그냥 풍덩 뛰어들 수 있었겠습니까? 가라앉은 것이 맞 지요. 그것도 서서히. 이 지점에서 자의自意와 타의他意의 경계가 분 명해지고, 그의 자결이 자포자기가 아닌 강렬한 저항이었음이 선연 히 드러납니다. 굴원의 삶(죽음)의 표현 방식이었던 것이지요.

굴원이 돌을 가슴에 품고 스스로 가라앉아 죽은 멱라수.

이 장면에 대한 사마천의 묘사는 역대로 많은 논란을 낳았습니다. 굴원이 그렇게 자결했다는 기록이 없었기 때문에 사마천의 상상이라며 많은 비판과 비난이 집중되었습니다. 하지만 한번 생각해보세요. 사마천은 굴원의 고향, 굴원이 가라앉아 죽은 멱라수와 사당 등을 직접 찾아갔습니다. 그리고 굴원을 기억하고 있는 사람들을 찾아 관련된 이야기, 설화, 전설, 지방의 기록 등을 확인했습니다. 거기에 굴원이 남긴 작품들을 읽고 또 읽으면서 굴원의 인품을 나름대로 그려냈을 겁니다. 그 결과 굴원의 죽음을 위와 같이 극적으로 묘사할 수 있었던 것이지요. 굴원의 인격과 정신세계를 그의 죽음과 연계시켜볼 때 이보다 더 극적이고 사실에 가까운 장면 묘사가 가능할까 싶어요.

그러면서 저는 사마천의 죽음을 다시 생각해보았습니다. 그러다 어느 순간 '사마천이 필생의 과업인 《사기》를 완성하기 위해 궁형을 자청했듯이 죽음도 자청하지 않았을까' 하는 생각이 들었습니다. 마치 굴원이 돌을 끌어안고 물속으로 걸어 들어갔듯 사마천도 당초 자신에게 내려졌던 사형수의 신분으로 되돌아가지 않았을까?

사마천은 대업을 완성한 뒤 지나온 모든 일을 다시 생각했을 것입니다. 절박한 울분과 원한을 인간에 대한 처절한 사랑으로 전환시켜 《사기》를 완성하긴 했지만 무제와의 관계만큼은 정리가 되지 않았습니다. 그래서 그는 또 한 번 선택을 합니다. 이제 자신의 영혼을 지탱하고 있던 망가진 육신을 제대로 돌려줘야 할 때가 되었다고 판단했을 것입니다. 그는 자신을 희생함으로써 자존심을 회복하고자 했고, 그래서 글로 다시 무제를 건드립니다. 그러고는 원래

'사기한성史記韓城, 풍추사마風追司馬'라는 대형 글씨를 붙이고 있는 사마천 사당과 무덤. 2011년 사마천 제사 당시의 모습이다.

받았던 사형을 다시 선고받고 온전한 몸으로 승천했던 것이지요.

사마천은 생사의 기로에서 또 한 번 놀라운 선택을 했습니다. 당초 자신에게 내려진 사형이 얼마나 부당한 처사였던가를 알리고, 그렇게 죽음으로써 무제에게 복수했던 것입니다. 처형을 빙자한 자결! 이보다 더 적극적인 항거가 어디 있을까요? 사마천이 택한 죽음의 방식이자 위대한 죽음, 위대한 삶의 결정판이었습니다.

처형설은 저의 독창적인 견해가 아닙니다. 앞서 이미 소개했듯이 오래전부터 일부 기록에 남아서 전해오고 있습니다. 저는 그것을 좀 더 적극적으로 사마천의 입장에서 해석한 것에 지나지 않습니다. 즉 고의로 무제의 심기를 건드려 다시 한 번 자신을 죽이게한 것이지요. 처음의 사형선고가 사마천의 영혼에 내려진 사형선고였다면 이번 사형은 육신에 대한 사형인 셈이었지요. 되갚아준 것

사마천과 수십 년 동안 애증을 반복한 한 무제의 무덤인 무릉茂陵.

입니다, 자신의 죽음으로. 복수지요, 처절한. 이런 해석이라면 사마천이 처형당했다는 후손들의 믿음도 충분히 받아들여지지 않을까 합니다.

　역사는 죽음을 애도하고 추모하지만 그에 앞서 그의 삶을 기억한다는 사실을 역사가 사마천은 자신의 생사를 통해 철저하게 보여주었습니다. 그리고 《사기》를 통해 영생을 얻었습니다. 인간 사마천의 마지막 복수였지요. 그래서인지 저는 늘 사마천의 고향 마을에는 바람에서도 사마천의 냄새가 난다고 말합니다. 사마천 고향에 가면 곳곳에서 '풍추사마'라는 글을 볼 수 있습니다. '풍속도 사마천을 따른다'는 뜻입니다.

학 생 ｜ 의미심장한 주장입니다. 자신에게 사형을 선고한 무제가 다시 자신을 죽이게 만듦으로써 복수했다는 것 아닙니까? 억울하게 사형을 선고받았고, 죽음보다 치욕스러운 궁형을 자청했고, 초인적 의지로《사기》를 완성한 사마천이 자신의 마지막을 어떻게 할 것인가 고민한 끝에 원래의 사형수 신분으로 돌아가 무제의 손으로 자신을 죽이도록 함으로써 복수했다는 기가 막힌 추정이었습니다. 논란의 여지가 없지 않겠지만 상당히 설득력 있고, 강렬한 주장이라는 생각이 드네요.

김영수 ┃ 정식으로 학회나 학술지에 발표를 해봐야 알겠지만 다소 논쟁이 있을 것 같습니다. 하지만 이것이 사마천에게 가장 맞는 죽음의 방식이라는 생각은 비교적 확고한 편입니다.

학 생 ┃ 이렇게 사마천과 영욕을 같이했던, 아니 어쩌면 애증을 같이했다고 할 수 있는 무제의 최후는 어땠습니까?

김영수 ┃ 기원전 87년, 무제 유철劉徹은 70세의 나이로 세상을 떠납니다. 그는 54년간 황제 자리를 지켰고, 약 30년 동안 사마천과 시·공을 공유했습니다. 사마천은 무제를 찬양하면서도 비판했고, 무제는 사마천의 재능을 인정했지만 그를 가혹한 시련에 빠뜨렸습니다. 두 사람은 같은 시대를 살았고, 서로의 존재 가치를 보증하며 살았다고 할 수 있지요.

한 사람은 절대적 전제군주의 자리에 군림하며 인간으로서 더 이상 바랄 것 없는 부귀와 영화를 누렸습니다. 그는 자신이 통치하는 제국에 도취되어 죽는 순간까지도 끝없는 욕망을 과시하면서 세계와 시대가 자신을 주목하고 찬양하길 갈망했지요.

또 한 사람은 자신을 발탁함과 동시에 참혹한 시련을 안겨준 군주에게 변함없는 애정과 충정을 보이면서도 절대군주와 그 통치 이면에 도사리고 있는 시대의 가혹함에 눈을 돌렸고, 그리하여 자신을 발탁한 군주에게 역사의 평가라는 치명적 칼을 들이댔습니다.

사마천은 무제 시대를 살면서 위대한 역사서를 완성할 수 있었습니다. 그의 운명에 있어서 무제는 가혹한 압제자인 동시에 《사기》의 탄생을 가능케 한 시대적 후원자였다고 할 수 있겠습니다.

학 생 ┃ 이제 두 사람 모두 시간의 뒤안길로 사라졌습니다. 그러나 어두운 꿈의 심연에서 잊히지 않는 역사적 존재가 되어 지금 이 순간에도 우리를 바라보고 있습니다. 자, 이제 시간을 다시 거꾸로 돌려 사마천의 탄생으로 돌아가 볼까요?

2장

출생을 둘러싼
두 개의 미스터리

사마천은 2015년을 기점으로 2,160년 전인 기원전 145년에 태어났다. 그는 인류 역사상 그 누구보다 파란만장한 삶을 살았고, 그 때문에 그의 삶은 탄생에서 죽음에 이르기까지 많은 논란을 낳고 있다. 우리가 먼저 알아본 죽음이 그렇듯이, 그의 출생도 2,000년 넘게 논쟁거리였다.

출생을 둘러싼 논쟁의 초점은 출생 시기와 출생지로 모아진다. '기원전 145년'설은 현재 중국 학계나 사마천 후손들이 채택하고 있는 공식적인 출생 연도라 할 수 있다. 사마천과 관련된 대부분의 행사가 이 연도를 기준으로 진행되고 있다. 하지만 '기원전 135년'설도 만만치 않다. 이 문제는 아직도 논쟁 중에 있다.

출생지에 관해서도 많은 설이 있지만 대체로 그 실마리는 사마천 후손들이 살고 있는 섬서성 한성시 경내에서 찾고 있는 것이 현재 상황이다. 사마천의 출생과 출생지에 얽힌 쟁점들을 좀 더 깊이 있게 파고들어가보자.

145년 vs 135년

학 생 ┃ 선생님, 앞서 시간을 거꾸로 거슬러 사마천의 죽음과 그에 얽힌 이야기들을 알아보았습니다. 다소 마음이 무겁긴 합니다만 《사기》를 완성하기 위해 사마천이 얼마나 고심했는가를 어렴풋이나마 알게 되었고, 《사기》를 완성한 뒤 친구 임안에게 보낸 편지를 통해 사마천의 삶과 죽음이 둘이 아니라는 참으로 감동적인 생사관도 감상해보았습니다. 사마천이 다시 사형을 자청해 자신의 육신을 끝내는 악역을 무제에게 맡김으로써 복수했을 것이라는, 사마천의 죽음에 관한 선생님의 주장 또한 흥미롭게 들었습니다. 이제 우리는 다시 시간을 되돌려 함께 긴 여행을 떠납니다. 3,000년 통사라는 전무후무한 역사서를 남긴 위대한 역사가 사마천의 출생과 《사기》 그리고 사마천의 고향을 탐방하는 긴 여정이 될 것 같습니다. 이제 진짜 출발선에 선 느낌이 듭니다. 사마천의 태산보다 무거운 죽음을 마음 깊이 새기고 여정을 떠날 수 있어 한결 의미가 깊다는 생각과 함께 말이지요. 최근 우리는 사마천에 관해 많은 관심과 흥미를 가지고 있습니다. 사마천을 깊이 연구하고 계시는데 학생들이나 사마천을 존경하고 《사기》를 좋아하는 독자들에게 해주실 말씀이 있다면 어떤 것이 있을까요?

김영수｜ 그 전에 우리의 이 여정이 매우 의미 있고 보람된 길임에는 틀림없지만 동시에 상당한 지적 탐구의 과정이 될 것이란 점을 미리 말씀드립니다. 마음의 각오를 단단히 하고 따라오셔야 할 겁니다.

사마천과 《사기》는 존재 자체로 위대합니다. 사마천은 중국 고대의 위대한 문학가이자 역사가이자 사상가로서 역사학의 성인이란 뜻의 '사성史聖'으로 불리고 있지요. 이렇게 위대한 분이기에 오랫동안 존경하고 흠모하는 마음으로 《사기》를 읽으며 사마천의 일생과 그 사적을 이해하게 되었습니다. 그러면서 저는 '발분저술發憤著述'의 고귀한 정신을 배우고, 《사기》의 역사 현장을 일일이 직접 확인하고 싶었습니다.

학 생｜ '발분저술'이란 무슨 뜻입니까?

김영수｜ 사마천의 일생과 《사기》 저술에 있어 매우 중요한 의미를 갖는 표현입니다. 나중에 다시 이야기하겠지만 간단히 말해 '분발해 책을 쓴다'는 뜻입니다. 그런데 흔히 말하는 '분발奮發'하다의 '분' 자와는 다른 한자를 사용하지요. 사마천의 '발분發憤'은 '울분을 표출한다'는 뜻입니다. 즉 사마천이 자신의 울분을 《사기》를 저술하는 데 쏟았다는 말입니다. 이것이 '발분저술'인데 훗날 고난을 당하고도 이를 이겨내고 훌륭한 저술을 남기는 불굴의 정신이나 불굴의 인물을 칭하는 용어가 되었습니다. 사마천의 발분저술 정신은 역대로 수많은 지식인에게 큰 용기를 불어넣어 주었습니다. 뿐만 아니라 오늘날 청소년들에게도 본받을 만한 정신적 멘토가 되기에 충분합니다.

학 생 ┃ 사마천은 대체 언제 태어나신 분입니까? 기원전 145년이 공인된 출생 연도이긴 하지만 그의 출생에 관해 많은 논쟁이 있다고 하던데요.

김영수 ┃ 저는 기원전 145년에 태어났다고 봅니다. 그 시대로 말하자면 서한 경제 중원 5년입니다. 그 근거는 당나라 개원 연간에 활동한 장수절張守節이 쓴 《사기》 주석서 《사기정의史記正義》인데, 《사기》 권130 〈태사공자서〉의 "그리고 5년 뒤인 태초 원년(기원전 104) 11월 갑자일 초하루 동지, 새로운 달력인 태초력太初曆을 반포하면서"라는 원문 아래에다 "살피건대 사마천 42세였다"라는 주석을 달았습니다. 이를 근거로 추산해봅시다. 기원전 104년에 42세였다면 기원전 145년에 태어난 것이 되지요.

학 생 ┃ 다른 주장도 있지 않나요?

김영수 ┃ 기원전 135년설이 가장 만만치 않은 주장이지요. 그 밖에 몇 가지 설이 있지만 인정받지 못하고 있습니다.

〈태사공자서〉의 해당 부분.

학 생 기원전 135년설의 근거는 무엇입니까?

김영수 역시 당나라 때 학자 사마정의 《사기색은史記索隱》이란 주석서입니다. 사마정은 〈태사공자서〉의 "태사공이 세상을 떠난 지 3년 뒤(기원전 108년), 사마천은 태사령이 되었다"라는 대목에서 《박물지博物志》라는 책을 인용해 당시 사마(천)이 녹봉 600석의 무릉 현무리 대부 벼슬을 했는데 그때 나이가 28세라고 했습니다. 기원전 108년 나이 28세를 기점으로 추산해보면 사마천은 기원전 135년에 태어난 것이 됩니다.

학 생 《사기정의》와 《사기색은》이라는 두 주석서 중 하나가 혼동을 일으킨 걸까요? 서로 차이가 나니까요. 선생님께서는 기원전 145년설을 지지한다고 하셨는데 그렇다면 기원전 135년설 어디에 문제가 있는 것입니까?

김영수 차분히 잘 들어보세요. 내용이 좀 깁니다. 사마정이 인용한 《박물지》의 원문을 보면 '사마司馬' 다음에 '천遷'이란 글자가 없습니다. 다만 왕국유가 〈태사공행년고太史公行年考〉라는 논문에서 《박

사마천의 출생을 묘사한 그림.

물지》를 인용하며 '사마'
다음 괄호 안에 '천' 자를
첨가했습니다. 왕국유는
사마천의 이름자인 '천' 자
가 빠졌다고 본 것이지요.
그러면서 왕국유는 현재
통용되는 《박물지》 판본에
는 '천' 자가 없다는 것을
주석으로 밝혀두었습니다.
그 뒤 곽말약은 〈태사공행
년고에 문제 있다〉라는 논

문에서 왕국유의 논문을 비판하며 아예 대놓고 '大夫司馬遷(대부
사마천)'이라고 써버렸습니다. 하지만 《박물지》의 이 대목에는 근본
적으로 '천'이란 글자가 없습니다. 이건 쉽게 확인할 수 있습니다.

　제가 여러 차례 반복해서 읽고 탐색해본 결과 이 대목에 대한 사
마정의 주석이 잘못되었다고 판단했습니다. 그러니까 이 주석은 "태
사공이 세상을 떠난 지 3년 뒤 사마천은 태사령이 되었다"는 대목
에 들어갈 것이 아니라 "사마희가 사마담을 낳고, 사마담은 태사공
이 되었다"는 대목에 해당하는 주석이어야 합니다. 《박물지》의 '사
마' 다음에 빠진 글자는 '천'이 아니라 사마천의 아버지 이름인 '담
談'이어야 한다는 말입니다. "대부 사마담의 나이 28세"가 되어야
문맥이 통합니다. 왜냐하면 사마천은 〈태사공자서〉에서 분명히 "태
사공은 건원과 원봉 연간에 벼슬했다"고 했습니다. 《한서》 〈무제기〉

에 보면 건원 2년(기원전 139)에 "처음으로 무릉읍을 두었다"고 했습니다.《박물지》의 '3년'은 '건원 3년(기원전 138)'이지 '원봉 3년(기원전 108)'이 결코 아닙니다. 생각해보면 알 수 있듯이, 이 대목은 사마담이 무제에 의해 '태사승'에 임명된 다음 처음으로 무릉에 거주하면서 새로운 관적, 즉 호적을 등기한 것을 가리킵니다. 이렇게 바로 잡으면 사마담의 나고 죽은 연대도 알 수 있습니다. 즉 기원전 165년(문제文帝 전원 15)에 태어나 기원전 110년(무제 원봉 원년)에 세상을 떠난 것입니다. 56세까지 살았지요. 또 이것을 근거로 추산해보면 사마담 나이 만 20세 때인 기원전 145년에 아들 사마천이 태어난 것도 알게 됩니다.

학 생 | 기왕 이야기가 나온 김에 출생 연도에 관한 다른 설도 소개해주시지요.

김영수 | 기원전 145년설과 135년설 외에 세 가지 정도의 설이 더 있습니다. 기원전 153년, 한 경제 4년설인데 청나라 때 학자 왕명성王鳴盛이 《십칠사상각十七史商榷》 권1 〈자장유종자長游踪〉편에서 한 무제 "태초 원년(기원전 104) 사마천의 나이 50이 되었다"고 한 대목이 그 근거입니다. 따져보면 기원전 153년에 태어난 셈이 되지요. 기원전 143년(한 경제 후원년)설은 청나라 주수창周壽昌의 《한서주교보漢書注校補》 권41 〈태사공의년고太史公疑年考〉라는 글에서 비롯됩니다. 기원전 127년설도 있습니다. 이 설은 청나라 강희제 때 적세기翟世琪가 〈중수태사묘기重修太史廟記〉에서 화산방외사華山方外士의 "사마천의 사주는 갑인·무진·경오·병술이고 73세까지 살았다"

라는 말을 인용한 데서 비롯됩니다. 이 세 설은 모두 근거가 없습니다. 취할 바가 못 되지요. 기원전 145년과 135년 두 설의 논쟁이 대단했습니다.

학 생 │ 논쟁이 어느 정도로 대단했습니까?

김영수 │ 이 일은 중국 젊은이들도 잘 모를 겁니다. 1956년은 사마천 탄신 2,100주년이 되는 기념적인 해였습니다. 소련 사학계는 기념 대회를 거행했고, 중국 사학계도 이해를 기념하기 위해 적극적으로 준비하고 있었습니다. 그런데 뜻하지 않게 곽말약이 앞에서 언급한 그 논문을 발표해 '기원전 135년'이란 낡은 설을 다시 들고 나온 것입니다. 그러면서 탄신 2,100주년을 기념하려면 10년 뒤에 해야 한다고 주장했습니다. 이 때문에 기념회가 끝내 열리지 못했지요. 국

기원전 145년설과 기원전 135년설을 대표하는 학자 왕국유와 곽말약.

제적으로 영향이 컸습니다. 이것이 모두 곽말약 탓은 아니지만 논쟁은 논쟁이고 기념회는 열려야 했습니다. 열어서 차분히 토론하면 될 일이었지요.

학 생 당시 학계의 거물이자 정계의 지도자이기도 한 곽말약이 기원전 135년설을 들고 나왔으니 그 영향력이 만만치 않았겠네요.

김영수 그렇지요. 탄신 기념회조차 열리지 못했으니까요. 제가 자료를 찾아보니 곽말약의 135년설은 일본의 문학박사 구와바라 오사무(桑原藏)의 〈사마천 출생 연도에 관한 새로운 설〉이란 글에서 채용한 것이더군요. 당시는 1922년 무렵이었는데 곽말약이 일본에 머물 때였어요. 바로 그때 이 논문이 《동양 문명사론》에 실렸고, 1936년에 이 관점을 〈사마천 발분〉이라는 글에서 다시 언급한 것입니다. 그의 기원전 135년설은 사마정이 《사기색은》에서 인용한 《박물지》의 바로 그 대목에 근거를 둔 것입니다. 그런데 구와바라 오사무는 우리가 앞서 살펴본 《사기정의》의 주석 중 사마천 나이 '四十二'의 '四'가 '三'의 잘못이라고 생각했습니다. 하지만 이런 주장은 근거 없는 견강부회로 믿을 수 없습니다.

학 생 글자가 잘못되었다는 말은 학자들이 참고한 고서의 판본에 문제가 있었다는 말입니까?

김영수 그렇지요. 지금 남아 있는 고서는 대부분 송나라 이후 인쇄술이 발명된 뒤에 나온 활자본인데 활자 '三'을 얹어야 할 곳에 '四'를 얹었다는 것입니다. 이건 거의 억지에 가까운 주장입니다.

이런 식으로 보면 아까 살펴본 '二十八'을 건드리는 쪽이 더 설득력 있을 겁니다. 한성시에 살고 계시는 길춘 선생은 이 대목을 아버지 사마담의 나이로 보셨고, 저도 충분히 일리가 있다고 봅니다만 만약 이 대목이 사마담이 아닌 사마천의 나이라면 그리고 기원전 145년 출생설이 옳다면 '三十八'이 되어야 합니다. 그렇다면 '三'이란 활자를 앉혀야 하는데 '二'를 앉힌 셈이 되지요. 한자에서 '三'과 '四'를 혼동할 확률과 '三'과 '二'를 혼동할 확률 중 어느 쪽이 높을까요? 물으나마나 한 질문이겠지요. 그래서 저는《박물지》의 '二十八'은 '三十八'의 잘못이라고 보면서 '장수절이나 사마정은 사마천의 출생 연도에 대해 다른 주장을 하지 않았다. 모두 기원전 145년이라는 것을 잘 알고 있었고, 다만 훗날 인쇄 때 활자 하나가 잘못 바뀌었을 뿐이다'라고 본 것입니다. 그러니까《사기》출현 이후 당나라 때까지, 아니 주석이 함께 달리고 숫자 하나가 혼동된

한성시의 향토학자 길춘 선생(왼쪽)과 저자. 2015년 사마천 제사 당시의 모습.

《사기》 활자본이 인쇄되어 나오기 전까지는 사마천의 출생 연도에 대한 시비는 근본적으로 없었다고 생각합니다. 문제는 의외로 단순했던 것이지요. 길춘 선생과 약간 다르기는 하지만 기원전 145년 설에는 같은 입장입니다.

학 생 ｜ 기원전 145년설을 견지하는 학자로는 어떤 분들이 있습니까?

김영수 ｜ 장수절과 왕국유가 대표적입니다. 이 밖에 145년설을 따르는 학자들과 해당 연구 논문을 소개하면 아래와 같습니다.

- 양계초, 〈사기해제〉
- 정학성鄭鶴聲, 《사마천 연보》
- 다키가와 스케코토(瀧川資言), 〈태사공 연보〉
- 이진회李鎭淮, 《사마천》
- 정금조程金造, 〈사기 삼가주로 보는 사마천 출생년 검토〉
- 길춘, 《사마천 연보 신편》
- 김영수, 《역사의 등불 사마천, 피로 쓴 사기》

학 생 ｜ 그런데 기원전 145년설에 따르면 사마담이 죽을 당시 사마천의 나이가 36세입니다. 〈보임안서〉에 보면 사마천이 조실부모했다는 말이 나오는데, 이 나이에 조실부모했다는 표현을 사용하는 게 가능할까요?

김영수 ｜ 가능합니다. 이는 정학성이 〈사마천 출생년 문제의 검토〉라는 글에서 이 문제를 제기한 장유양張惟驤, 곽말약의 주장을 부정한 바 있습니다. 중국에서는 부친상을 당하면 '고자孤子'라 하고 모친상을 당하면 '애자哀子'라 했습니다. 부모가 모두 돌아가시면 '고애자'라 했지요. 그런데 이런 호칭에 연령 제한은 없었습니다. 한 살 때 부모가 돌아가셔도 예순 살 때 부모가 돌아가셔도 호칭은 다 같았습니다. 정학성은 또 《한서》에 보면 반고의 선조 반백班伯이 죽었을 때 반고의 나이가 38세라고 하면서 '조실'이라고 표현한 대목을 인용했습니다. 조실의 기준이 몇 살이냐 정해진 것은 딱히 없습니다만 중국 사람들이 습관적으로 하는 말에 따르면 대략 40세 안팎으로 보면 될 것 같습니다.

섬서성 vs 산서성

학 생 ┃ 사마천의 출생 연도에 대해 이제 분명하게 알게 되었습니다. 다음으로 출생지 이야기를 듣고 싶은데요, 그 전에 한 가지 역사를 공부하지 않은 일반 독자로서 궁금한 점이 있습니다. 학자들이 사마천의 출생 연도와 출생지를 이렇듯 깊게 파고드는 이유는 무엇입니까? 10년의 차이가 역사 연구에 어떤 영향을 미치는지 감이 잘 잡히지 않아서 여쭤봅니다.

김영수 ┃ 출생 연도가 달라지면 출생 이후 벌어진 사건, 특히 사마천이 직접 경험한 일들의 성격이 전혀 달라집니다. 한 가지만 예로 들어보지요. 사마천은 우리가 다음 장에서 살펴볼 유협遊俠 곽해郭

2012년 한성시 구시가 전경.

解라는 인물을 직접 만났다고 했습니다. 그런데 만난 시점과 사마천의 출생 연도를 따져보면 기원전 135년설을 따랐을 때 아홉 살이 되고, 기원전 145년설에 따랐을 때 열아홉 살이 됩니다. 곽해를 만나 받은 인상이 아홉 살 사마천이 받은 인상과 열아홉 살 사마천이 받은 인상으로 나누어지는 것이지요. 내용이 완전히 달라지지 않겠습니까?

학 생 │ 네, 그렇군요. 그럼 이제 본격적으로 출생지 이야기로 넘어가 보겠습니다.

김영수 │ 좋습니다. 1982년 길춘 선생은 《한성문예》 제4기에다 〈태사공 생졸 초보 탐색〉이란 글을 발표했는데, 거기서 사마천의 출생지를 구체적으로 한나라 때의 풍익군馮翊郡 하양현夏陽縣, 지금의 섬서성 한성현이라 지목했습니다. 좀 더 구체적으로는 남고문촌南高門村의 용문채龍門寨이지요.

학 생 | 출생지에 관해서는 어떤 논쟁이 있었습니까?

김영수 | 출생 연도와 마찬가지로 출생지에 대해서도 논쟁이 있었습니다. 큰 논쟁은 섬서성이냐 아니면 산서성이냐 하는 것입니다. 중국에서는 이걸 '산산 논쟁'이라 부르기도 하는 모양입니다. 섬서성과 산서성의 중국어 발음이 모두 '산'으로 시작하기 때문이지요. 사마천은 〈태사공자서〉에서 자신이 용문龍門에 태어났다고 밝혔습니다. 용문은 하나라를 건국한 대우大禹가 뚫은 곳으로 유명하지요. 용문산은 뚫린 후 두 동강이 났습니다. 그 동쪽은 지금의 산서성 하진현河津縣 북쪽이고, 서쪽은 지금의 섬서성 한성현 북쪽에 해당

옛 도화집에 묘사된 용문의 모습.

합니다. 두 현은 황하를 사이에 두고 서로 마주 보고 있는 형세인데 용문은 양쪽 기슭에 모두 걸쳐 있습니다. 이 때문에 하진을 용문이라고 보는 주장들이 나타났지요. 이 설은 당나라에서 명나라에 이르는 동안에는 대체로 부정되었습니다. 특히 명나라의 학자 장사패張士佩는 〈태사공세계고〉라는 글에서 〈태사공자서〉의 한 구절을 거론하며 용문이 하진이라는 주장은 잘못된 것임을 밝혔습니다.

학 생 | 어떤 구절입니까?

김영수 | "진晉나라의 중군 수회隨會가 진秦나라로 달아났을 때 사마씨는 소량少梁으로 들어가 살았다"라고 한 대목입니다.

학 생 | 그 대목이 사마천의 출생지와 어떤 관련이 있나요?

김영수 | 〈태사공자서〉의 관련 부분을 단락으로 나누어 좀 더 살펴볼까요? 모두 네 단락인데 알기 쉽게 바로 나눠보지요(번역문은 김영수의《완역 사기》[본기 1] 〈태사공자서〉에 의거했다).

① 사마씨가 주나라를 떠나 진晉나라로 간 뒤부터 위衛·조趙·진 등지로 흩어져 살았다.

② 진秦나라로 간 사마조司馬錯는 진 혜왕惠王 앞에서 (유명한 유세가) 장의張儀와 논쟁을 벌였다. 혜왕은 사마조에게 군사를 이끌고 촉을 공격하게 했는데, 사마조는 촉의 땅을 빼앗고 그곳의 군수로 임명되었다. 사마조의 손자 사마근司馬靳은 (진나라의

명장) 무안군 백기白起를 섬겼다. 이 무렵 소량은 이름을 하양으로 바꾸었다. 사마근과 무안군 백기는 장평長平에서 조나라 군대를 파묻고 돌아왔지만 두 사람 모두 두우杜郵에서 죽임을 당했고, 사마근은 화지華池에 매장되었다. 사마근의 손자 사마창司馬昌은 진나라의 주철관을 지냈는데, 진시황 때였다.

③ 사마창은 무택無澤을 낳았고, 무택은 한나라 시장을 지냈다. 무택은 희喜를 낳았고, 희는 오대부를 지냈다. 죽은 뒤 모두 고문高門에 안장되었다. 사마희는 사마담을 낳았는데, 사마담은 태사공이 되었다.

④ 태사공 담은 천문을 관장했고 백성을 다스리지는 않았다. 천이라는 이름의 아들이 있었다. 천은 용문에서 태어났다. 황하의 북쪽 용문산의 남쪽에서 농사를 짓고 가축을 키우며 자랐다.

학 생ㅣ 저는 단번에 파악하기가 어렵습니다만, 이 부분이 출생지와 관련해 중요한 단서를 제공하겠지요?

김영수ㅣ 그렇습니다. 자, 위 네 단락을 통해 우리는 두 가지 단서를 얻을 수 있습니다. 하나는 사마씨 후손들에 관한 것으로서 사마천은 분명히 지금의 섬서성 일대에 있던 진秦나라에 거주한 사마조 갈래였지 진晉, 위, 조의 갈래는 아니었습니다. 또 하나는 지명에서 얻을 수 있는 단서입니다. 사마천은 순서대로 소량, 하양, 화지, 고문, 용문 등의 지명을 언급하고 있는데 상당히 구체적이고 정확해 보입니다. 이제 지명 하나하나에 대해 알아봅시다.

소량이 가장 중요한 실마리입니다. 소량은 옛 양나라입니다. 진

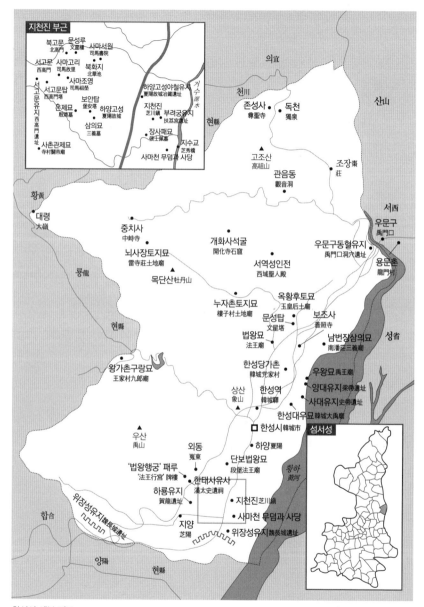

지천진 부근

북고문 문성루
北高門 文星樓
    사마서원
    司馬書院
서고문 사마고리
西高門 司馬故里
    북화지
    北華池
  사마조영
  司馬組塋
서고 서고문탑
西高門塔
  보안탑
  堡安塔
서고
문유지 은제묘
西高門遺址 殷濟墓
  삼의묘
  三義墓
사촌관제묘
寺村關帝廟

하양고성야철유지
夏陽故城冶鐵遺址
지천진 부려궁유지
芝川鎭 扶荔宮遺址
하양고성
夏陽故城
장사패묘
張士堡墓
  지수교
  芝秀橋
사마천 무덤과 사당

거수원
沮水原

의宜

천川

산山

존성사 독천
尋聖寺 獨泉

현縣

조장장
晁莊

고조산
高祖山

관음동
觀音洞

서西

우문구
禹門口

황黃

대령
大嶺

중치사
中峙寺

개화사석굴
開化寺石窟

우문구동혈유지
禹門口洞穴遺址

룡龍

뇌사장토지묘
雷寺莊土地廟

서역성인전
西域聖人殿

용문촌
龍門村

목단산牡丹山

현縣

옥황후토묘
玉皇后土廟

누자촌토지묘
樓子村土地廟

보조사
普照寺

성省

문성탑
文星塔

법왕묘
法王廟

남번장삼의묘
南潘莊三義廟

한성당가촌
韓城党家村

왕가촌구랑묘
王家村九郎廟

상산
象山

한성역
韓城驛

우왕묘禹王廟

양대유지梁帶遺址

사대유지史帶遺址

한성대우묘韓城大禹廟

우산
禹山

□ 한성시韓城市

섬서성

하양夏陽

외동
嵬東

단보법왕묘
段堡法王廟

'법왕행궁' 패루
'法王行宮' 牌樓

한태사유사
漢太史遺祠

하룡유지
賀龍遺址

합合

위장성유지魏長城遺址

지양
芝陽

지천진芝川鎭

사마천 무덤과 사당

위장성유지魏長城遺址

황하
黃河

양陽

현縣

한성시 세부 지도.

2장 출생을 둘러싼 두 개의 미스터리 · 117

秦에 의해 멸망당한 뒤 소량으로 이름을 바꾸었고 그 뒤 하양으로 개명합니다. 이는 《사기집해》의 고증에 따른 것입니다. 이와 관련해 《한성현지》에는 "소량은 지천芝川 북쪽인데, 지금은 동소량과 서소량 두 마을이 있다"고 되어 있습니다. 지리로 보나 지명으로 보나 산서성 하진에는 소량과 관련한 옛터도 없고 화지나 고문촌 같은 이름도 없습니다. 반면 섬서성 한성은 위나라 때의 이름이 소량이었고, 현재 소량의 옛 성터도 남아 있지요. 동소량과 서소량이란 이름을 가진 마을도 있고요. 더 분명한 것은 한성현 외동공사에 화지촌이 있고 고문촌이 있다는 사실입니다. 게다가 마을이 서로 붙어 있습니다. 기원전 327년(진 혜문왕 11)에 소량은 하양으로 이름을 바꾸고 풍익군에 소속됩니다. 그러다가 수·당 시대에 오면 하양은 한성으로 이름이 바뀌지요. 한성현의 역사 연혁과 《사기》를 놓고 볼 때 사마천은 하양, 즉 지금의 한성에서 태어났다고 말하는 것이 사실에 부합합니다.

학 생 | 이것이 우세한 설이라면 소수 의견에는 어떤 것들이 있나요?

김영수 | 지명이 바뀌다 보니 이설들이 나올 수밖에 없습니다. 특히 정확한 지점에 대해서는 다른 주장들이 나오는 것이 자연스럽지요. 예를 들면 《사기집해》에 인용된 소림蘇林이란 사람은 "고문은 장안 북문이다"라는 황당한 주장을 제기하기도 했습니다. 장안성에는 북문이 없다는 주장으로 간단하게 반박당하긴 했지만요.

학 생 그렇다면 사마천의 구체적인 출생지는 하양현 어느 마을로 봅니까?

김영수 다시 말하지만 구체적인 장소에 대해서는 설들이 좀 있는 편입니다. 호패위胡佩韋는 《사마천과 사기》라는 책에서 사마천의 탄생지를 지천진芝川鎭으로 보았습니다. 이진회도 《사마천》이란 책에서 "화지와 고문 모두 한성현 남쪽 20리 지점 지천진에 있다"고 했지요. 이런 주장들 때문에 저는 지천진에 있는 사마천의 무덤과 사당 그리고 고문, 화지, 보안堡安 같은 마을을 여러 차례 찾아가 조사를 벌여야만 했습니다. 그 결과 마침내 사마천의 정확한 출생지를 확인할 수 있었습니다.

학 생 그곳이 어디입니까? 그리고 그곳이 정확한 출생지라고 확신하시는 근거는 무엇일까요?

김영수 사실 출생지는 제가 새삼 찾아냈다기보다는 현지 주민과 사마천 후손, 향토사학자들의 전폭적인 도움이 있었습니다. 길춘 선생 같은 열정적인 향토사학자들의 고증도 있었고요. 이런저런 자료에 따르면 현존하는 사마천 사당의 '한태사공세계비'는 명나라 만력 연간(1573~1619년)에 세워진 비석으로 장사패가 문장을 지었습니다. 이 비문의 '모두 고문에 안장했다'는 문장 뒤에 작은 글자로 "지금의 고문촌 서남에 있는 무덤을 마가총馬家冢이라고 한다"는 구절이 있습니다. 동고문촌에 현존하는 두 기의 비석에는 '漢太史公司馬公之墓(한태사공사마공지묘)'와 '漢太史司馬公先塋之墓(한태사사마공선영지묘)'라고 쓰여 있고, '儒學增廣生員薛廷仿立(유학

증광생원설정방립)'이라고 되어 있습니다.

　'한성현지도'를 보고 현지를 실제로 방문하면 지천진에서 서쪽 언덕으로 1.5킬로미터 정도 떨어진 곳에 남화지와 북화지가 있습니다. 이 두 마을의 서쪽에는 동고문과 북고문, 서고문 이렇게 세 개의 마을이 있지요. 여기서 다시 서쪽으로 가면 서촌이 나옵니다. 사방에 문을 내던 전통적인 민속 관습에 따르면 현재는 '남고문'이란 마을이 없는 셈이지요. 그런데 남고문촌은 다름 아닌 보안촌에 있는 조문자趙文子, 정영程嬰, 공손저구公孫杵臼의 무덤과 붙어 있습니다. 이 무덤이 바로 '조씨고아趙氏孤兒' 고사와 관련된 '삼의묘三義墓'입니다. 젊은 날 사마천은 이런 지리적 환경 속에서 농사짓고 양을 키우며 늘 나이 든 어른들께 '조씨고아'의 감동적인 고사를 들었을 것이고, 훗날 이 사연을 《사기》에 생생하게 기록해 넣은 것입니다. 제가 사마천의 출생지를 고문이라고 주장하는 까닭은 그의 선조가 모두 고문에 묻혔다는 사실 때문입니다. 사마천이 직접 진술한 이 대목이 가장 중요하다고 판단했습니다.

학 생 ｜ '용문채'에서 태어났다는 설도 있는 것으로 아는데요, 이 설은 언제 등장한 것입니까?

김영수 ｜ 제가 입수한 한성 관련 자료에 따르면 이렇습니다. 1943년 지천 사람 양운수楊雲岫가 사람들에게 "사마천의 고향은 원래 이름이 용문채였는데, 한나라 때 유지를 지금도 볼 수 있다. 대묘 북쪽이고 남하(도거수陶渠水) 북쪽 기슭이다"라고 했습니다. 1978년 서촌 마을의 동외장同巍璋이 서고문에서 청나라 때 비석 하나를 발

'조씨고아' 고사와 관련된 조문자. 정영. 공손저구의 무덤 모습이다.

견했는데 그곳에 쓰인 '용문채'란 글자를 보고는 사마천 사당 관계
자에게 알렸고, 사당에서 사람을 보내 이 비석을 가져다 사당 내에
보존하도록 했습니다. 용문채는 고문촌에 있는데 사방이 평원과 연
결되지 않은 외딴 언덕입니다. 동서로 샘물이 흐르고, 언덕 남쪽으
로는 물이 그 아래를 휘감아 돌고 있습니다. 맞은편 하용원賀龍原
아래의 높은 언덕과 이곳이 마치 문처럼 마주 보고 있어 용문채라
는 이름이 붙었습니다. 용문채의 윗부분 면적은 약 1만 평 정도 됩
니다. 이 용문채 절벽에서 아주 많은 회토층이 발견되었고 그곳에
서 새끼줄 무늬가 있는 홍도와 흑도 조각이 나왔습니다. 손으로 빚
은 토기 병도 파냈는데, 이로써 이곳에서 약 7,000년 전부터 사람
이 모여 살았음이 증명되었지요. 용문채 위에는 종전에 관제묘關帝
廟와 희대戲臺가 있었는데 사당 안에는 비석이 **빽빽**했습니다. '중수

사마천의 구체적인 출생지 문제와 관련해 단서를 제공하고 있는 서고문촌 마을 입구.

용문채'란 비석도 그중 하나입니다. 서고문 마을에 사는 한 노인은 "서고문원에 기冀씨 집 사당이 있는데 대문 편액에 '冀公鄰太史祠 (기공린태사사)'라는 여섯 글자가 쓰여 있다. 이는 사마천이 용문채 에서 태어났다는 또 하나의 증거다"라고 이야기합니다. 용문채 주 장은 북경의《문물천지文物天地》1982년 6기에 관련 글이 실린 바 있습니다.

학 생 | 그러니까 사마천은 섬서성 한성에서, 구체적으로는 고문촌 의 용문채에서 태어났다고 보면 되는 겁니까?

김영수 | 한성설은 정설로 굳어진 것 같고, 구체적인 장소는 좀 더 연구가 필요하지 않을까 합니다만 현재로서는 섬서성 한성 고문촌 이라 하면 무난할 듯싶습니다. 그리고 이 문제에 관한 학술 토론회

가 2016년에 열린다고 합니다. 2015년 봄 사마천대제 때 《사기》와 사마천 연구의 대가인 장대가張大可 선생을 만났더니 소식을 전해주시면서 저에게도 참석과 발표를 권했습니다. 올해는 어떻게 하든 출생 연도에 대한 결론을 내겠다고 하셨으니 이 출생 문제와 함께 죽음에 얽힌 문제들도 거론될 것 같습니다.

학 생 | 네. 소량, 하양, 한성, 고문촌, 용문채 등 지명이 많이 나오니 중국을 잘 모르는 저로서는 머릿속에 명확한 위치와 이미지가 잘 그려지지 않아 약간 어지러움을 느낍니다. 지도를 보면서 찬찬히 다시 음미해봐야 할 것 같습니다.

김영수 | 옛 지명과 현대 지명이 함께 나오고, 중국의 지리를 자세히 알지 못하니 당연히 혼란스러울 수밖에 없습니다. 《사기》를 30년 가까이 공부해온 저도 늘 지명 때문에 골머리를 앓고 있지요. 여기에 학자들의 주장까지 더해지니 머리가 더욱 뒤죽박죽일 테지요. 이 책의 3권 '한성, 숨겨진 수수께끼를 풀다'를 함께 읽으면 얽힌 실타래를 푸는 데 도움이 많이 될 것입니다.

학 생 | 자, 이제 사마천이 탄생했습니다. 그럼 이후 사마천이 어떻게 성장했는지 살펴보러 가볼까요?

김영수 | 골치 아픈 부분은 지났으니 조금 더 가벼운 마음으로 따라오실 수 있을 겁니다.

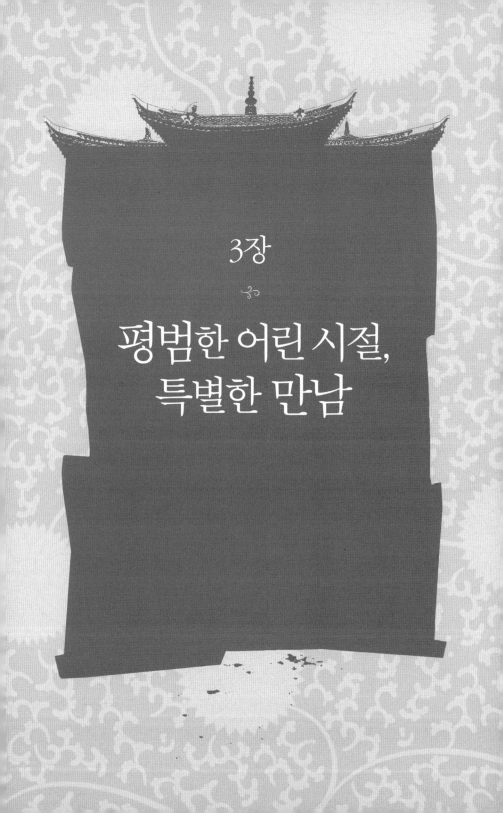

3장

평범한 어린 시절,
특별한 만남

사마천의 어린 시절은 여느 사람과 크게 다르지 않았다. 고향 마을에서 평화롭게 농사짓고 가축을 기르며 보냈다. 그러다 글자 공부를 시작했다. 열 살부터 고문을 공부했다. 사마천은 열아홉 살까지 이렇게 평화롭게 지냈다. 그리고 일부 기록에 따르면 열세 살 무렵부터 아버지를 따라다니며 역사 현장을 보고 옛 제후국들의 역사 자료를 수집했다.

성년이 되기까지 사마천의 행적에 관한 학계의 연구와 쟁점은 주로 사마천 집안이 언제 장안에 이주했는가와 사마천이 유협 곽해를 만난 시점 등에 집중되어 있는데, 이 역시 사마천의 출생 문제와 엮여 있다.

특히 곽해와의 만남은 사마천의 정신세계에 적지 않은 영향을 주었다. 사마천이 훗날 《사기》에 〈유협열전〉을 마련하는 결정적인 계기가 되었기 때문이다. 〈유협열전〉은 〈자객열전〉과 함께 중국 소설과 무협소설의 원형이라는 점에서 더욱 특별하다. 감수성 예민한 열아홉 살 사마천이 당대의 거물이자 유협을 대표하는 곽해를 만남으로써 《사기》의 문학성 형성에 큰 자극이 되었을 것이다.

역사학자의 싹을 틔우다

학 생 | 이제 사마천의 어린 시절부터 성년이 될 때까지의 모습을 살펴볼까요? 그 전에 한 가지 궁금한 것은 사마천을 사마자장이라고도 부르던데, 왜 '자장子長'이라고 하는 겁니까?

김영수 | 젊은 분은 아마 잘 모를 겁니다. 옛날 사람들은 성과 이름 외에 '자字'와 '호號'가 더 있었습니다. 요즘의 별명 같은 것인데 지금보다는 고상하게 지었다고 보면 됩니다. '자'는 대개 어릴 적 별명으로 부모나 친척 어른들이 붙여주는 경우가 많고, '호'는 성년이 된 다음 주로 자신이 짓습니다. 사마천과 같은 시대를 살았던, 그래서 사마천과 나란히 '양사마兩司馬'로 불리는 사마상여司馬相如라는 문장가는 어릴 적 애칭이 '견자犬子'였습니다. 부모님이 붙여준 애칭인데 글자 뜻 그대로 풀이하면 '개새끼'가 되지만 우리 식으로

사천성 성도의 한 소극장. 사마상여와 탁문군의 러브 스토리를 의미하는 '봉구황鳳求凰'을 간판으로 내걸고 있다.

말하면 '강아지' 정도가 되겠지요. 사마상여는 이 애칭이 싫어서 어느 정도 성장한 다음 스스로 상여라는 이름을 지었는데, 전국시대 조趙나라의 걸출한 정치가이자 외교관인 인상여藺相如의 이름을 그대로 따온 것입니다. 여기서 '모인상여慕藺相如'란 사자성어가 나왔지요. '인상여를 사모한다'는 뜻으로, 누군가를 멘토로 삼는 것을 비유하는 성어라고 보시면 됩니다. 사마천은 성이 '사마', 이름이 '천', 자가 '자장'이었습니다.

학 생 │ 사마상여는 탁문군卓文君이란 젊은 과부와 눈이 맞아 야반도주를 감행한 러브 스토리의 주인공이지요? 그런데《사기》어디에도 자장이란 글자는 보이지 않는데, 어떤 근거로 사마천의 자를 자장이라고 하는 겁니까?

김영수 | 그렇습니다. 사마천이 나고 돌아가신 연대가 《사기》는 물론 사마천의 전기가 실린 《한서》에도 기록되어 있지 않듯이 사마천의 자도 기록되어 있지 않습니다. 하지만 《양자법언揚子法言》이나 《후한서後漢書》 그리고 《논형論衡》 같은 고적에는 '자장'이라는 말이 등장합니다. 대개는 사마자장이라 하고, 간혹 자장이란 자만 기록하기도 했습니다. 이를 근거로 왕국유는 〈태사공행년고〉란 논문에서 "양한 시대 사람 중 상당수가 자장이란 자를 언급하고 있는 것으로 보아 사서에 보이지 않는다고 의심할 필요는 없을 것 같다"고 했던 겁니다.

학 생 | 앞에서 어린 시절 사마천은 '황하의 북쪽, 용문산의 남쪽에서 농사를 짓고 가축을 키우며 자랐다'고 하셨지요? 이 대목의 원문을 보니까 '하산지양河山之陽'이라 되어 있던데 구체적으로 어디를 말합니까?

김영수 | '하산지양'에서 '하'는 황하를, '산'은 용문산을 가리키는 것으로 봅니다. '양'은 북쪽을 가리킵니다. 대체적인 지형으로 보면 옛 나루였던 용문의 남쪽이자 황하의 서쪽인 한원韓原을 가리키는 것으로 볼 수 있고, 좀 더 구체적으로는 지천진 서쪽의 고문원인데 외산巍山의 동남쪽에 해당합니다. 동쪽으로는 황하를 조망할 수 있고 서쪽으로는 외산과 이웃하고 있는, 농사와 목축에 알맞은 풍요로운 지역입니다.

학 생 | 그렇다면 사마천은 언제부터 언제까지 농사를 짓고 가축

을 키웠나요?

김영수 | 정학성 선생은 《사마천 연보》에서 사마천이 3~5세(기원전 143~141년)에도 농사짓고 목축했다고 기록하고 있습니다. 하지만 이건 좀 지나치다 싶어요. 일에 일찍 눈을 뜬 아이라 할지라도 농사나 목축을 배우려면 적어도 다섯 살은 넘어야 할 것입니다. 따라서 사마천이 농사짓고 목축을 시작한 시기는 아무리 일찍 잡아도 다섯 살 이전이 되기는 힘들 것 같고, 농사에서 손을 뗀 시점은 열아홉 살(기원전 127년)로 추정됩니다.

학 생 | 사마천의 아버지는 언제 중앙 벼슬에 나갔습니까?

김영수 | 앞에서도 잠깐 말씀드렸듯이 〈태사공자서〉에서 사마천은 아버지 사마담이 '건원과 원봉 연간에 벼슬했다'고 분명히 언급했습니다. 다른 자료들과 비교해보면 사마담은 무제 건원 원년인 기원전 140년에 수도 장안에서 벼슬을 시작했습니다. 사마천의 나이 여섯 살 무렵이지요.

학 생 | 그럼 그 당시 사마천은 아버지를 따라 수도로 가지 않았던 거군요?

김영수 | 네, 아버지를 따라 수도로 올라가지 않은 것 같습니다. 사마담으로서는 첫 벼슬길이었기 때문에 바로 집을 옮기기는 힘들었을 겁니다. 장안에서 어느 정도 기반을 잡고 거주할 만한 곳을 물색한 다음 가족을 데리고 가려 했던 것입니다. 사마담의 선조는 주나라 때부터 대대로 사관을 지냈습니다. 중간에 집안이 쇠락해 잠

시 농사를 짓고 목축을 하면서 살았던 것인데, 사마담의 아버지, 그러니까 사마천의 할아버지 사마희는 오대부에 지나지 않았고 집도 농촌이었습니다. 하지만 책 냄새 가득한 지식인 집안이었지요. 또한 사마담이 이제 막 공부를 시작한 여섯 살 난 사마천을 데리고 장안으로 가기란 쉽지 않았을 겁니다.

학 생 │ 그렇다면 고향에 남은 사마천은 어디서 공부를 했을까요? 당시에도 학교가 있었나요?

김영수 │ 서원書院이 있었습니다. 보통 서원이라고 하면 한참 뒤에 생겨난 것이라 생각하실 겁니다. 유가 학파와 연계된 서원이라면 당

숭양서원에 자리 잡은 2,000년이 넘은 측백나무 장군백將軍柏.

나라 때 그 이름이 나타나고 송나라 때 교육제도로 정착해 크게 번성하게 되지요. 하지만 보통명사인 학교라는 의미로서의 서원은 아주 오래전부터 존재했습니다. 하남성 등봉시登封市 숭산嵩山 자락 소림사少林寺에서 그리 멀지 않은 곳에 위치한 숭양서원嵩陽書院의 경우 그 기원이 한 무제 때까지 거슬러 올라갑니다. 그곳에는 2,000년이 넘은 측백나무도 있답니다.

학 생 ┃ 그렇군요. 그럼 사마천은 고향에서 지금의 초등학교 같은 곳에서 공부했겠네요?

김영수 ┃ 왕국유는 〈태사공행년고〉에서 사마천이 고향 마을에서 어린아이들이 배우는 책을 읽었을 것이라 주장하며, 그래서 사마천이 "열 살 때 고문을 읽었다"고 기록한 것이라 했지요. 그리고 고향 마을에 계시는 노인들의 말씀과 수습된 유물들을 보면 화지에 '사마서원司馬書院'이 있었을 가능성을 보여줍니다. 비석 조각이라든지 편액 등이 발견되었는데 '사마서원'이란 글자가 남아 있습니다. 그 '사마서원'이 사마천이 다닐 당시의 학교 이름은 아니겠지만 학교가 오래전부터 있었고, 그 학교가 아버지 사마담이나 사마씨 집안과 관련이 있는 것만은 분명한 것 같습니다.

학 생 ┃ 사마천이 열 살 때부터 고문을 배웠다고 했는데, 고문이라면 어떤 책을 말합니까?

김영수 ┃ 《춘추좌전春秋左傳》, 《국어》, 《세본世本》 같은 책을 가리키는데, 이것은 제 주장이 아니라 《사기색은》에 인용된 유백장劉伯莊이

사마천이 읽은 고적 중 하나인 《춘추경전》.

란 사람의 설입니다. 저는 이 밖에 《상서尚書》도 포함되어 있었을 것으로 봅니다. 사마천이 《사기》에 인용한 고문 가운데 가장 중요한 것은 《춘추》와 《전국책戰國策》입니다. 《춘추좌

전》과 《전국책》도 읽었을 가능성이 있다고 봐야지요.

학　생 ｜ 제자백가의 저서들도 보지 않았을까요? 《논어論語》, 《맹자
孟子》 같은 책들 말이지요.

김영수 ｜ 물론입니다. 《사기》〈공자세가〉와 〈중니제자열전〉에 《논어》
의 문장이 상당수 인용되어 있을 정도니까요.

학　생 ｜ 〈태사공자서〉에 사마천 집안이 대대로 주나라 사관 집안이
었다고 했으니 책이 많았겠지요? 집안과 관련한 대목을 조금 더 설
명해주세요.

김영수 ｜ 확인할 길은 없지만 책이 많았다고 봐야겠지요. 사마천 집
안과 관련해서는 〈태사공자서〉에 나타나 있습니다. 〈태사공자서〉의
맨 첫 부분, 사마천이 집안 내력을 설명하는 대목을 먼저 한번 살
펴보겠습니다.

　　옛날 전욱顓頊은 남정南正 중重에게 천문에 관한 일을, 북정北正
여黎에게는 지리에 관한 일을 맡겼다. 당요唐堯와 우순虞舜 시대
에 와서도 중과 여의 후손들에게 계속해서 그 일을 맡겨 하·상에
까지 이르렀다. 이렇게 중과 여 가문은 대대로 천문과 지리에 관
한 일을 맡아왔다. 주周 대에 이르러 정백程伯에 봉해졌던 휴보休
甫 또한 여의 후손이었다. 그러다가 주 선왕宣王 때에 와서 여의
후손들은 그 자리에서 물러나 군사 일을 담당하는 사마씨가 되
었다. 그 뒤 사마씨는 대대로 주나라의 역사를 주관하게 되었다.

학 생 ┃ 아주 먼 옛날 전설시대로까지 집안 내력이 올라가네요. 믿을 만한 대목입니까?

김영수 ┃ 그렇습니다. 요·순 시대까지 거슬러 올라가고 있지요. 믿을 만한 기록이라고 단언할 수는 없지만 사마천이 스스로 집안 내력을 기술하고 있다는 점과 《사기》의 신뢰도 등을 고려해볼 때 개연성은 있다고 봐야지요. 아니면 후대에 사마씨 집안의 족보를 만들면서 시조를 전설시대로까지 끌어올렸다고도 볼 수 있습니다.

학 생 ┃ 사마천의 여행에 관한 책을 보니까 사마천이 스무 살 대장정에 나서기 이전부터 아버지 사마담을 따라 이곳저곳 다녔다고 하던데 사실입니까?

김영수 ┃ 동한 시대 위굉이란 학자가 《한구의》라는 책에서 아버지 사마담이 사마천 나이 열세 살 때 아들을 마차에 태워 천하를 다니며 옛날 제후들의 역사 기록을 구하고 다녔다고 기록했습니다. 이 내용은 《태평어람太平御覽》이란 책에 인용되어 있는데, 갈홍의 《서경잡기》에도 같은 기록이 보입니다.

왕국유는 이 대목에 대해 사마천이 〈태사공자서〉에서 스무 살 때 여행을 다녔다고 했기 때문에 위굉이나 갈홍의 설이 틀렸거나 〈태사공자서〉의 二十이 十二나 十三의 잘못일 수도 있다고 했습니다. 하지만 근거는 제시되어 있지 않습니다. 추정일 뿐이지요. 저는 위굉의 설에 타당성이 있다고 봅니다. 아버지 사마담이 자식 교육에 얼마나 신경을 썼는가는 잘 알려진 사실이고, 그렇다면 이 무렵부터 아들에게 자료 수집을 돕게 할 수 있었겠지요. 충분히 가능

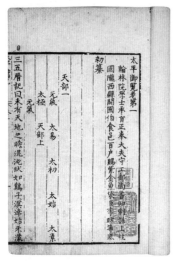
사마천의 여행에 관한 사료를 인용하고 있는
《태평어람》.

하다고 봅니다. 사마천의 자질로
볼 때도 일리 있는 주장이라고
생각합니다. 《사기》가 그 유력한
증거 아닐까요?

학 생 사마천은 열아홉 살 때
까지 고향에 있었다고 말씀하셨
습니다. 그럼 열아홉 살 때 집안
이 이사를 갔다는 말이지요? 이
사하기 전까지 사마천의 삶을 정
리해보면 농사짓고 목축하면서

열 살 때부터 고문을 배웠고, 열세 살 무렵부터는 아버지를 따라
옛날 여러 나라의 역사 기록을 구하러 다닌 것이 되네요.

김영수 그렇습니다. 역사가로서의 자질을 일찍부터 길렀다고 봐야
지요.

학 생 아버지가 참으로 대단한 분이라는 생각이 듭니다. 이외에
별다른 일은 없었습니까?

김영수 큰일이 하나 있었습니다. 사마천이 그 당시 전국적으로 명
성이 자자했던 유협 곽해를 만난 일입니다.

우연한 만남

학 생 ┃ 〈유협열전〉은 《사기》 130권 중에서도 대단히 특이한 편으로 알고 있습니다. 언젠가 선생님께서 조폭 두목들의 이야기라고 하신 것이 기억나는데요.

김영수 ┃ '유협' 하면 잘 모르는 사람이 많습니다. 어떤 사람들은 무협소설을 떠올리기도 하지요. 하지만 그것으로는 설명이 부족해서 아주 쉽게 비유한 것인데 유협은 우리가 아는 조폭과도 다릅니다. 치외법권 지대에서 법을 무시하고 어기면서 살되 약하고 힘없는 사람들을 도와주는 그런 존재들입니다. 모르긴 해도 열아홉 살 때 유협 곽해를 만난 것이 〈유협열전〉을 구상하게 된 결정적인 계기로 작용했을 겁니다.

학 생 ┃ 무슨 일이 있었길래 곽해가 사마천의 고향까지 오고 또 어떤 인연으로 사마천을 만나게 된 겁니까? 참, 그 전에 유협이란 어떤 존재인지부터 말씀해주세요. 잘못하다간 쉽게 조폭 두목이라고 생각해버릴 것 같습니다.

김영수 ┃ '유협游俠'을 글자 그대로 풀이하면 떠도는 협객 정도가 될 겁니다. 제가 비유해서 말씀드린 조직 폭력배 우두머리가 되겠는데, 법을 어기거나 무시하는 점에서는 같지만 행동에서는 큰 차이가 납니다. 이에 대해서는 사마천이 〈유협열전〉을 남기게 된 동기를 먼저 들어보는 쪽이 좋을 것 같습니다. 사마천은 〈태사공자서〉에서 이렇게 말하고 있습니다.

곤경에 처한 사람을 구하고 빈곤한 사람을 구제하는 일은 어진 사람의 자세이다. 믿음을 잃지 않고 약속을 저버리지 않는 것은 의로운 사람이 취하는 행동이다. 이에 제64 〈유협열전〉을 지었다.

그런가 하면 〈유협열전〉의 마지막 논평에서는 유협의 특징을 이렇게 설명합니다.

그 말에 믿음이 있고, 행동에는 결과가 있고, 한번 약속한 일은 반드시 성의를 다해 실천하며, 자기 몸을 아끼지 않고 남에게 닥친 위험 속으로 뛰어든다.

더불어 사마천은 유협의 미덕까지도 기술하고 있습니다.

생사와 존망을 돌아보지 않으면서도 자신의 능력을 뽐내지 않고, 그 덕을 자랑하는 것을 부끄럽게 여겼다.

학 생 │ 유협이란 정말 멋진 사람이로군요. 몇천 년 전에 그런 사람들이 있었다니 매우 놀랍습니다. 옛날보다 더 발전하고 풍요로워졌다는 오늘날에도 찾아보기 어려운 모습인데요. 그런데 이런 사람들이 법을 어기고 무시했다니 뜻밖이라는 생각이 듭니다.

김영수 │ 나쁜 자들만 보통 사람들을 억압하는 건 아니지 않습니까. 관리로 대변되는 국가 권력기관에 의한 탄압과 박해가 있기 마련이지요. 유협은 이런 것에도 저항한 존재였습니다. 그러니 자연히 국가 권력의 눈에 들 리가 없지요. 그래서 철저히 탄압당합니다.

학 생 | 이런 유협 중 한 사람인 곽해를 사마천이 만났단 말씀이지요?

김영수 | 그렇습니다. 그때 사마천의 나이가 열아홉이었습니다. 그야말로 혈기가 왕성할 때였지요. 유협이란 존재에 대해서는 어느 정도 알고 있었던 것 같습니다. 그러니 얼마나 마음이 설레었겠습니까? 사마천에게도 전국시대의 유풍이라고 할 이런 '협의俠義' 기질이 어느 정도 있었으니 더했겠지요.

학 생 | 곽해가 무슨 일로 사마천이 사는 한성까지 오게 된 겁니까?

김영수 | 이야기가 조금 복잡하니 잘 들으셔야 합니다. 한 무제는 자신의 무덤인 무릉을 조성하기 위해 부유한 상인과 명망가를 비롯해 체제에 순응하지 못하는 인사 들을 강제로 이주시키는 조치를 단행했습니다. 그때가 기원전 127년, 사마천 열아홉 살 때의 일입니다.

학 생 | 황제의 무덤을 조성하는데 왜 사람들을 이주시켰을까요? 무덤을 조성할 일꾼을 이주시키는 건 이해가 되지만 부유한 상인과 명망가를 이주시킨다는 게 언뜻 이해가 가지 않습니다.

김영수 | 세계적으로 유명한 진시황릉을 보면 알 수 있듯이 중국 황제들의 무덤은 그 규모가 어마어마합니다. 《사기》에 따르면 여산驪

山 자락에 진시황 무덤을 조성하는 데 70만 명을 동원했다고 하니 그 규모가 어느 정도인지 짐작도 잘 안 갈 정도입니다.

흔히 사람들은 황제 무덤이라고 하면 흙으로 쌓아 올린 봉분만 생각하는데 실제로는 그게 전부가 아닙니다. 황제들은 죽어서도 생전의 부귀영화를 그대로 누리고 싶어 했던 것 같습니다. 봉분을 중심으로 그 주위에 궁전을 만들었습니다. 그걸 다 합쳐 '능원'이라고 부릅니다. 진시황 능원의 경우 그 규모가 100만 평 가까이 된다고 하지요.

학 생 | 정말 어마어마한 규모군요. 현재 진시황릉과 그 주변을 둘러보면 그 정도는 아닌 것 같은데요.

김영수 | 전체적인 규모는 지표조사와 시굴 등을 통해 고고학적으로 밝혀졌습니다. 여기에 진시황릉에 딸린 배장갱陪葬坑이라고 하

곽거병의 무덤 주변에는 무릉박물관이 조성되어 있다.

는 구덩이들이 일부 발굴·조사되었을 뿐입니다. 앞으로 얼마나 더 많은 곳을 발굴해야 할지 아무도 모릅니다. 어떤 이는 1세기는 족히 걸릴 것이라고 말합니다.

학 생 그럼 무제의 무릉은 규모가 어느 정도 됩니까?

김영수 아직 조사가 이루어지지 않았기 때문에 단언할 순 없습니다. 다만 진시황릉의 경우 진시황이 13세에 즉위해 50세에 죽을 때까지 햇수로 38년 동안 조성했습니다. 그런데 무제의 경우 50년 넘게 황제 자리에 있었으니 그 기간 동안 무덤을 조성한 셈이지요. 규모가 어느 정도였는지는 여러분의 상상에 맡기겠습니다. 한 무제가 아꼈던 흉노 정벌의 명장 곽거병과 위청이 무제의 무덤 주변에 묻혔는데 이 무덤들의 규모도 대단합니다. 이로 미루어 보면 무제의 무덤은 상상을 초월하겠지요?

학 생 그렇게 말씀하시니 부자와 명망가, 특히 부자를 왜 강제 이주시켰는지 어렴풋이 짐작할 수 있을 것 같습니다. 무덤 축조에 따른 경제적 비용이 엄청나게 드니까 그런 것 아닙니까?

김영수 잘 보셨습니다. 경비가 어마어마하게 들어가기 때문에 주변의 지역경제를 활성화시키지 않으면 안 됩니다. 자금이 돌아야 하고, 자금줄이 든든한 상인들이 꼭 필요하지요. 각종 기자재를 원활하게 공급해야 하니 더 그러했습니다.

학 생 그럼 명망가들은 왜 이주시킨 겁니까?

김영수 | 여론과 분위기 조성으로 봐야지요. 명망가가 그곳으로 이주하면 안심하고 이주하는 사람들이 늘지 않겠습니까?

학 생 | 곽해는 어느 부류에 속했습니까? 상인이라고도, 명망가라고도 할 수 없을 것 같은데요.

김영수 | 명분상 명망가에 속했습니다. 그렇게 하지 않으면 이사하려 하지 않았을 테니까요. 사실 기만이라 할 수 있지만 개인적으로는 명예로운 일로 받아들일 수도 있었던 것 같습니다.

학 생 | 어떤 근거라도 있습니까?

김영수 | 있습니다. 곽해가 명망가로 선정되어 이주가 결정되자 당시 전국적으로 위세를 떨치고 있던 대장군 위청이 반대하고 나섰습니다. 그것도 황제 앞에서 대놓고 말이지요. 곽해의 명성을 시기한 위청은 곽해 같은 유협이 무슨 명망가냐며 황제 앞에서 그의 이주를 강력하게 반대했는데, 이것이 오히려 이주의 명분을 주고 말았습니다. 무제는 위청이 그렇게 반대하고 나서는 걸 보니 곽해가 명망가임에 분명하다며 위청의 주장을 묵살하고 이주를 결정해버린 것이지요.

이렇게 해서 곽해가 무릉으로 이주하게 됩니다. 〈유협열전〉에 따르면 당시 관리들은 곽해의 초법적 지위와 그 명성 때문에 골머리를 앓게 되자 강력하게 이주를 건의했다고 합니다. 이래저래 곽해는 무릉으로 올 수밖에 없는 상황이었습니다.

학 생 | 사마천이 이사하기 전 곽해가 사마천의 고향 근처까지 온 적이 있다는 이야기를 앞에서 잠시 언급했는데요, 사마천 집안도 곽해와 비슷한 시기에 무릉으로 이사하지 않았습니까? 두 사람이 어디에서 만났는지 밝혀진 사실이 있나요?

김영수 | 두 사람이 만난 지점에 대해서는 두 가지 설이 있습니다. 두 집안 다 이주한 다음 무릉에서 만났다는 설과 사마천 고향 근처인 하양에서 만났다는 설이 그것입니다. 저는 두 사람의 조우는 무릉이 아니라 사마천 고향 근처인 하양에서 이루어졌다고 봅니다. 여기에도 사연이 있습니다.

학 생 | 그 이야기를 조금 더 상세히 듣고 싶습니다.

김영수 | 그러자면 먼저 〈유협열전〉에 기록된 곽해의 행적을 살펴보는 게 좋을 것 같군요. 곽해의 집안을 보면 외할머니가 관상을 보는 사람이었고, 아버지가 협객이었습니다. 그런데 아버지가 협객이라는 이유로 문제 때 처형당했습니다. 곽해가 아버지의 영향을 받은 것은 분명해 보입니다. 사마천은 곽해를 직접 만난 적이 있는데 그때의 인상을 다음과 같이 기록했습니다.

"곽해는 체구는 작았지만 매우 용맹했으며 술은 마시지 않았다."
"내가 곽해를 보았는데 그의 모습은 보통 사람에 미치지 못했고, 말솜씨도 본받을 구석이 없었다."

그런데 여기서 한 가지 생각해볼 문제가 있습니다. 바로 사마천의 출생 연도와 관련한 논쟁을 풀 수 있는 실마리가 바로 위 기록에 있다는 사실입니다.

학 생 | 그런데 방금 전 곽해의 집안을 이야기하면서 외할머니가 관상을 보는 사람이라고 하셨는데요, 다른 책에서 외할아버지라고 읽은 기억이 납니다.

김영수 | 네, 그렇습니다. 번역서 대부분이 외할아버지 혹은 그냥 관상가라고 풀이했습니다. 2,000년 전 기록에 '누구의 외손자였다'고 하면 응당 외할아버지겠지요. 그런데 곽해의 경우는 그렇지 않습니다. 외할머니입니다. 이름은 허부許負라 합니다. 《사기》에는 그냥 "관상가 허부의 외손자였다"고만 나와 있습니다. 후대의 다른 기록들을 보면 이분이 대단히 유명한 관상가로 나옵니다. 황제를 비롯해 개국공신들과 관련된 일화를 적지 않게 남겼고, 여성 관상가로서 한 고조 유방劉邦에게 벼슬까지 받은 인물입니다. 84세까지 살았고 《허부상이법許負相耳法》 같은 관상서들을 남겼다고 합니다. 《허부상이법》은 사람의 귀 모양을 보는 책으로 알려져 있지요. 물론 꽤 후대의 기록이라 다 믿을 것은 못 됩니다만 어쨌든 곽해의 외할머니인 것은 사실입니다. 이름자에 '부負'가 들어가면 대개 여성을 가리킵니다. 한 고조 유방이 젊은 날 잘 가던 술집의 주모 이름도 무부武負였지요.

학 생 | 그렇군요. 곽해의 집안에 유명한 관상가 외할머니가 있었다는 대목이 참 인상적입니다. 그건 그렇고, 사마천의 출생 연도를

풀 수 있는 실마리가 뜻밖에 사마천이 곽해를 만난 시점에서 찾아
진다고요?

김영수 ㅣ 그런 셈이지요. 앞에서도 잠시 말씀드렸지만 기원전 135년
설에 따르면 사마천이 곽해를 만났을 때 나이가 아홉 살이어야 합
니다. 앞의 기록을 찬찬히 읽어보세요. 아홉 살짜리의 인상기 같습
니까? 열아홉은 되어야 하지 않을까요? 기원전 145년설이라면 열
아홉 살 때 곽해를 만난 것이 됩니다. 사마천이 무릉으로 이주한
것도 열아홉이고요. 상식적으로 당대 최고의 유협을 직접 만난 젊
은이의 인상기라는 점을 생각한다면 아홉 살이 아닌 열아홉 살이
맞겠지요.

학 생 ㅣ 이야기를 듣다 보니 저도 점점 기원전 145년설 쪽으로 생
각이 기웁니다. 그렇다면 다시 사마천과 곽해가 만난 사연으로 돌
아가 볼까요?

김영수 ㅣ 곽해는 젊은 날 여러 사람에게 원한을 품고 직접 살인을
하는 등 간악한 짓을 많이 저질렀습니다. 그러다 나이가 들면서 과
거를 청산하고 덕을 쌓고 베풀며 살았던 것이지요. 이 때문에 많은
사람에게 대협으로 존경을 받기에 이릅니다. 특히 많은 젊은이가
그를 추종했습니다. 그러던 중 무릉으로의 이주가 결정됩니다. 곽
해를 환송하기 위해 사람들이 모은 돈이 1,000만 전이 넘을 정도
였다고 합니다.

그런데 무릉으로 이주하기 전 곽해가 양계주楊季主라는 자의 집
안과 원한을 맺게 됩니다. 양계주는 곽해의 이주를 강력하게 주장

했던 자인데, 곽해의 조카가 이 양계주의 아들 목을 베는 사건이 벌어진 것입니다. 이렇게 두 집안은 원수지간이 됩니다. 그런데 얼마 뒤 양계주마저 살해당하고 맙니다. 그러자 양씨 집안 전체가 들고일어나 곽해를 조정에 고발했습니다. 일이 걷잡을 수 없이 커져버린 것이지요. 게다가 곽해를 조정에 고발한 자마저 다른 곳도 아닌 궁궐에서 살해당하는 놀라운 일이 벌어졌고, 무제는 곽해를 잡아들이라는 명령을 내리기에 이릅니다.

이주하던 도중에 이 소식을 접한 곽해는 어머니와 처자식을 하양에 두고 자신은 임진臨津으로 도망칩니다. 이 하양이라는 지명이 낯익지요? 곽해가 노모와 식솔들을 데리고 온 하양이 바로 사마천의 고향 부근입니다. 임진도 멀지 않고요. 바로 이때 무릉으로 이주를 준비하고 있던 사마천이 곽해를 만난 것입니다.

학 생 ᅵ 당대 최고의 유협 곽해를 직접 만난 사마천의 심경은 어땠을까요?

김영수 ᅵ 모르긴 해도 아마 대단히 흥분했을 겁니다. 젊은 날 사마천에게 전국시대 유협풍의 기질이 꽤나 흐르고 있었던 것으로 보이거든요.

학 생 ᅵ 점잖은 학자 집안 출신인 사마천에게 유협의 기풍이 흘렀다는 게 잘 상상되지 않습니다. 그걸 확인할 수 있는 증거가 있나요?

김영수 ᅵ 직접적인 증거는 없습니다. 하지만 사마천이 《사기》에 〈유협열전〉과 〈자객열전〉을 남긴 것만 보아도 충분히 짐작할 수 있지요.

또한 친구 임안에게 보낸 〈보임안서〉의 다음 구절을 보면 사마천의 기질을 어느 정도 유추할 수 있습니다.

저는 젊어서 어떤 것에도 얽매이지 않는 정신세계에 자부심을 가졌지만, 고향 마을에서 자라며 어떠한 칭찬도 들은 바 없었습니다.

어디에도 매이지 않는 자유로운 정신세계, 이것이야말로 유협의 정신세계이지요. 그랬기 때문에 고향 사람들에게 칭찬 같은 것은 받아본 적이 없다고 한 것입니다.

학 생 | 요즘 식으로 표현하면 모범생은 아니었다는 말씀이네요.

김영수 | 그렇지요. 그야말로 피가 끓는 혈기왕성한 젊은이였습니다. 게다가 당시 사마천의 나이가 열아홉이었으니 어땠겠어요. 그런데 한 가지 덧붙이고 싶은 말은 위의 인용 대목을 곽해와 연계시키는 학자도 있다는 겁니다. 사마천이 젊어서 고향 사람들에게 어떤 칭찬도 듣지 못한 이유가 바로 다름 아닌 유협 곽해를 만나 교류했기 때문이라는 것이지요.

학 생 | 재미난 추정이네요. 그렇다면 사마천과 곽해의 만남이 범상치 않았다는 의미로군요. 그런데 곽해와의 만남에 대한 기록은 앞서 인용한 짤막한 두 대목이 전부인가요?

김영수 | 만남에 대한 기록은 그 두 대목뿐입니다.

학 생 말씀대로라면 사마천의 일생에 상당히 중요한 영향을 미친 만남 같은데 너무 간략하지 않습니까?

김영수 역사가로서의 사마천을 생각해보세요. 역사책에 개인의 인상기를 많이 넣는다면 역사가로서의 자질을 의심받을 수 있습니다. 대신 사마천은 〈유협열전〉을 마련했는데 그곳에 곽해에 관한 부분을 가장 많이 담았습니다. 그것으로 대신한 거지요. 그리고 〈유협열전〉에 대한 논평 대부분을 곽해에 대한 자신과 세간의 평가에 할애하고 있다는 점도 눈여겨볼 만합니다.

내가 곽해를 보았는데 그의 모습은 보통 사람에 미치지 못했고, 말솜씨도 본받을 구석이 없었다. 그러나 천하에 잘났건 못났건, 그를 알건 모르건 모두 그의 명성을 흠모했다. 협객으로 자처하는 자는 누가 되었든 그의 이름을 내세웠다. 속담에 '사람들이 흠모하는 빛나는 명성이 어찌 다하는 때가 있으랴' 했거늘 곽해는 그 훌륭한 명성을 계속 누리지 못했으니 정말 애석하도다!

학 생 듣고 보니 이해가 됩니다. 두 사람의 만남이 범상치 않았다는 생각이 더욱 굳어지네요. 곽해는 그 후 어떻게 되었습니까?

김영수 노모와 처자를 하양에다 안치하고 자신은 임진으로 갔다고 했지요? 그곳에서 임진의 관리인 적소공籍少公을 만나 가명을 대고 임진관을 나가게 해달라고 요청합니다. 적소공과 곽해는 한 번도 만난 적이 없는 사이였습니다. 하지만 적소공은 곽해의 명성을 익히 들어 알고 있었던 것 같습니다. 적소공은 곽해를 내보내

주었고, 곽해는 방향을 돌려 태원太原으로 들어갑니다. 태원은 춘추시대 자객 예양豫讓의 사당이 남아 있는 곳이지요. 그런데 곽해는 임진으로 와서 적소공을 만나기 전까지 자신이 머문 여관이나 도움을 받은 집주인에게 갈 곳의 행선지를 밝혔습니다. 곽해를 쫓는 관리들이 그의 행적을 추적해 적소공을 찾아냈지요. 이제 적소공을 통해 곽해의 행방을 알아내면 되는 상황이었습니다. 그런데 적소공이 곽해의 행선지를 밝히지 않으려고 스스로 목숨을 끊어버립니다.

학 생 | 잘 이해가 가지 않습니다. 범법자이자 나라에서 수배령을 내린 자를 탈출시켜준 것도 모자라 그의 행방을 밝히지 않으려고 자살까지 하다니요. 그렇다면 곽해는 잡히지 않고 무사히 탈출했겠네요?

김영수 | 그것이 그 당시까지 남아 있던 전국시대의 유풍이었습니다. 자신이 한 언행에 끝까지, 죽음을 불사하면서까지 책임을 지는 것이지요.

곽해의 행적이 임진에서 끊어졌으니 행방을 찾기 어려워졌습니다. 그러다 한참 뒤에 곽해를 체포했지만 증거가 불충분한 데다 곽해가 도주하는 동안 그와 관련된 사건들에 모두 사면령이 내려진 탓에 더 이상 추궁할 수 없게 되었습니다. 그런데 곽해를 추앙하던 어떤 사람이 곽해를 비난하는 정부 쪽 관리를 죽이고 그의 혀를 잘라버리는 일이 벌어집니다. 이 때문에 곽해는 다시 체포되지요. 하지만 이 역시 증거가 없고 범인도 알지 못해 처벌할 수 없었습니다. 또다시 무죄로 풀려날 상황이었지요. 그런데 어사대부御史大夫 공손홍公孫弘이 "곽해는 보통 서민의 신분이면서 협객인 양 권력을 행사하고 사소한 원한으로 사람을 죽였습니다. 비록 본인은 모른다 해도 이 죄는 그가 직접 살인한 것보다 훨씬 더 큽니다. 이는 마땅히 대역무도죄로 다스려져야 할 것입니다!"라고 항의합니다. 그리고 황제가 이를 받아들여 곽해와 그 일족을 모두 죽여버립니다. 그해가 기원전 126년, 사마천의 나이 스무 살 때였습니다.

학 생 ┃ 극적인 반전인데요. 아무래도 어떤 정치적 배경이 있었을 것 같다는 생각이 듭니다.

김영수 ┃ 잘 보셨습니다. 사실 정부의 입장에서 보면 유협은 매우 골치 아픈 존재였습니다. 법을 어기는 것은 물론 법을 무시하고 법위에 군림하기까지 하지요. 게다가 백성의 추앙을 받다 보니 언제 반정부 세력으로 바뀔지 모른다는 불안감이 작용할 수밖에 없었습니다. 무제 당시 한나라는 안팎으로 모든 것이 갖추어진 번듯한 제국이었으므로 이런 초법적 존재를 용인할 수 없었지요. 게다가 상하 위계질서를 강조하는 유가가 국가의 통치이념으로 채택되어 이 계통의 인물들이 조정의 실세를 장악했기에 유협에게 더욱 불리한 상황이었습니다. 곽해를 처단하자고 주장한 공손홍도 사실 유가 쪽의 대변자인 셈이었습니다.

학 생 ┃ 그렇군요. 열아홉 질풍노도의 시기에 사마천은 당대 최고의 유협 곽해를 만나 많은 생각을 한 것 같습니다. 〈유협열전〉을

유협을 제거하는 데 앞장섰던 공손홍은 '곡학아세曲學阿世'하는 지식인이라는 비난을 듣기도 했다.

읽으면 사마천의 의도와 곽해를 만난 당시의 인상에 대해 좀 더 분명한 인식을 얻게 될 것 같네요. 열아홉 살까지 사마천의 삶을 간략하게 정리하고 넘어갔으면 합니다.

김영수 ┃ 지금의 섬서성 한성시 고문촌에서 기원전 145년 한 사내아이가 태어납니다. 바로 사마천이지요. 아버지는 천문과 역법 등을 관장하는 태사령 벼슬을 지내는 사마담이었고 사마천은 외아들이었던 것 같습니다(《보임안서》를 보면 형제가 없다는 대목이 나옴). 열 살 때부터 고문을 배웠다고 하는데, 아마 글은 그전에 깨쳤을 것이고, 열 살 무렵부터 아버지의 프로그램에 따라 본격적인 공부에 들어간 것 같습니다. 그사이 아버지와 함께 타지방을 돌아다니며 지방 자료를 수집하기도 했고요. 그러던 중 아버지가 승진하며 서울 장안 부근의 무릉으로 이주하게 됩니다. 그때가 열아홉 살 무렵이고, 그 무렵 이주 전에 유협 곽해를 만납니다. 그리고 무릉으로 올라와 촌사람 사마천이 서울사람이 된 것입니다.

이듬해인 기원전 126년, 스무 살이 된 사마천에게 그의 인생에 가장 중요한 사건이자 《사기》에 생명을 불어넣는 계기가 된 대장정이 그를 기다리고 있었습니다.

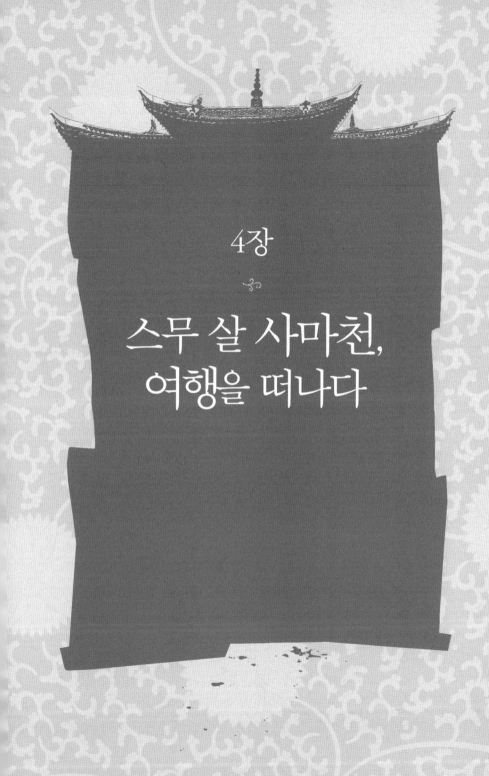

4장

스무 살 사마천,
여행을 떠나다

기원전 126년, 사마천이 스무 살 성년이 되던 해에 아버지 사마담은 아들에게 여행을 권유한다. 인류 역사상 가장 성공한 여행으로 평가받는 사마천의 여행은 그 자신의 일생뿐 아니라 훗날 《사기》 저술에 절대적인 영향을 미쳤다. 그래서 《사기》의 성공은 사마천 여행의 성과와 뗄 수 없는 관계에 있다고 말한다. 바로 오늘날 우리가 읽는 《사기》의 생생한 장면 장면들이 모두 이 여행의 결과물인 것이다.

　스무 살 사마천의 여행은 무엇보다 《사기》의 폭과 넓이를 한껏 넓혀주었다는 점에서 큰 의미를 지닌다. 이는 49세 때 당한 궁형이 《사기》의 깊이를 결정한 점과 비교되며 더 큰 의미를 띤다. 말하자면 스무 살 여행이 《사기》의 폭을 결정했다면 궁형은 《사기》의 깊이를 결정했다.

　당시 한나라 강역 대부분을 직접 발로 확인한 사마천의 여정은 말 그대로 흥분 그 자체였다. 역사상 최초로 현장을 결합한 위대한 역사서는 이렇듯 한나라 대지 곳곳에서 생명의 씨앗을 얻었다.

사마천의 여행법

학 생 | 사마천과 《사기》라고 하면 많은 사람이 '궁형'과 스무 살 때의 천하 여행을 거론합니다. 열아홉 살 때 서울 장안 부근의 무릉이란 신도시로 이주한 사마천이 바로 이듬해에 천하 여행을 떠난 셈인데, '궁형'은 훗날 일이니까 나중에 다시 듣도록 하고 천하 여행 이야기를 들어봤으면 합니다.

김영수 | 저는 《사기》가 다른 책과 구별되는 가장 큰 특징이자 《사기》가 이룬 위대한 성취 중 하나로 주저 없이 현장정신을 꼽습니다. 사마천만큼 철저하게 역사 현장을 자기 발로 탐방한 역사가는 없습니다. 그 시점이 무려 2,100여 년 전이었다는 점을 감안하면 정말 기적과 같은 일이지요.

학 생 | 대체 얼마나 오랫동안 그리고 그 옛날 어떤 방식으로 역사 현장을 탐방했기에 그런 평가를 듣는지 궁금합니다.

김영수 | 사마천의 여행은 우리가 이미 살펴본 대로 아버지를 따라다니던 열세 살 무렵부터 시작되었다고 할 수 있습니다. 그리고 이제 이야기할 스무 살 대장정은 사마천의 일생에서 가장 빛나는 대목입니다. 여행 전반에 관한 상황을 비롯해 사마천의 여행이 갖는 의미에 초점을 두고 이야기를 진행해볼까 합니다.

학 생 | 자, 그럼 지금부터 저희도 스무 살 사마천과 함께 대장정을 떠나볼까요?

김영수 | 먼저 조금 딱딱하긴 하지만 사마천이 〈태사공자서〉에서 언급한 기본적인 기록부터 살펴보도록 하겠습니다.

① 스무 살에는 남쪽으로 장강長江과 회하淮河로 여행하며 회계산會稽山에 올라 우혈禹穴을 탐방한 다음 구의산九疑山을 살피고, 원강沅江과 상강湘江 두 강은 배를 타고 돌았다. 북으로 올라가 문수汶水와 사수泗水를 건너 제나라와 노나라의 수도에서 유가의 학술을 배우며 공자의 유풍을 살폈다. 추鄒와 역嶧 지방에서는 향사를 참관했다. 파鄱·설薛·팽성彭城에서는 곤욕을 치렀고, 양·초를 거쳐 돌아왔다.

② 그리하여 천은 낭중郎中이 되었다. 조정의 명에 따라 서쪽으로는 파巴·촉 이남 방면을, 남쪽으로는 공邛·작笮·곤명昆明을 공략하고 돌아와 보고했다.

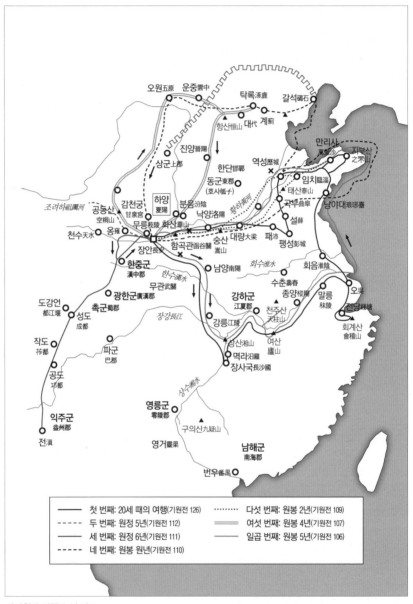

사마천의 여행 노선 지도.

사마천의 여행지와 관련된 기록 비교표

지리 구역	행정 구역	여행지	관련 기록
황하 유역	감숙	공동	1) 권130 〈태사공자서〉 2) 권1 〈오제본기〉 3) 권28 〈봉선서〉, 권29 〈하거서〉 4) 권32 〈제태공세가〉 5) 권44 〈위세가〉 6) 권47 〈공자세가〉 7) 권61 〈백이열전〉 8) 권75 〈맹상군열전〉 9) 권77 〈위공자열전〉 10) 권78 〈춘신군열전〉 11) 권84 〈굴원가생열전〉 12) 권88 〈몽염열전〉 13) 권92 〈회음후열전〉 14) 권95 〈번역등관열전〉
	산서 섬서	삭방, 장성, 용문	
	하남	낙예, 대비, 대량, 기산	
	하북	탁록	
	산동	낭야, 태산, 동해, 제, 노, 설, 문수, 사수, 추, 역, 파	
장강 유역	사천	민산, 이대, 파·촉 이남	
	호남	원수, 상강, 초, 장사, 구의산	
	강서	여산, 구강	
	강소	장강, 회수, 태황, 고소, 오호, 회 음, 패, 풍	
	절강	회계, 우혈	
월강 유역	검진 (운남)	공, 작, 곤명	

학 생 │ 당시 한나라의 강역은 얼마나 넓었습니까? 위 사마천의 진술만으로는 그의 여행 범위가 어느 정도였는지 감이 잘 잡히지 않네요.

김영수 │ 아무래도 그럴 겁니다. 진시황이 천하를 통일할 당시의 강역이 대략 300만 제곱킬로미터 정도였으니까 한나라 때도 그와 비슷하거나 조금 더 넓었을 겁니다. 오늘날 우리의 시각으로 봤을 때도 엄청난 크기지요. 그래서 독자의 이해를 돕기 위해 《사기》의 사마천 여행 관련 기록을 더 찾아봤습니다. 다음 기록을 참고하세요.

그리고 이 기록들을 종합해 보기 쉽게 표로 만들었습니다. 여기에다 사마천의 여행 노선도를 지도로 함께 제시합니다. 지도에는 스무 살 때의 여행뿐 아니라 중요한 일곱 차례의 여행이 모두 다 표시되어 있습니다.

③ 나는 일찍이 서쪽으로는 공동空桐에 이르고, 북쪽으로는 탁록涿鹿을 지났으며, 동쪽으로는 바다까지 가보았고, 남쪽으로는 장강과 회수를 건넌 적이 있다.(권1 〈오제본기〉)

④ 여러 가지 보고 들은 바에 따라 흥폐의 원인을 적어 후대에 군자가 있어 열람할 수 있도록 하고자 한다.(권15 〈육국연표〉)

⑤ 나는 천자를 따라 순행하며 천지의 여러 신과 명산대천에 제사 지내고 봉선을 거행했다.(권28 〈봉선서〉)

⑥ 나는 남쪽으로 여산廬山에 올라 우 임금이 소통시킨 구강九江을 보았고, 회계의 태황太湟에 이르러 고소산姑蘇山에 올라 오호五胡를 바라보았다. 동쪽으로는 낙예洛汭·대비大邳·영하迎河를 살폈고, 회수·사수·제수濟水·탑수漯水·낙수洛水를 순시했다. 서쪽으로는 촉의 민산岷山과 이대離碓를 보았고, 북쪽으로는 용문에서 삭방朔方까지 가보았다.(권29 〈하거서〉)

⑦ 내가 제나라에 가보았는데, 서쪽의 태산에서 동쪽의 낭야산琅琊山까지 이어져 있었고, 북으로는 바다에 이르는 기름진 땅이 2,000리였다.(권32 〈제태공세가〉)

⑧ 내가 일찍이 옛날 대량성大梁城을 찾았는데 그곳 사람들이 말하길 (…) (권44 〈위세가〉)

⑨ 노나라에 가서 공자의 사당·수레·의복·예기를 참관했고, 여러 유생이 수시로 그 집에서 예를 익히는 모습을 보았다. 존경과 사모의 마음이 우러나 머뭇거리며 그곳을 떠날 수 없었다.(권47 〈공자세가〉)

⑩ 내가 기산箕山에 올라가 본 적이 있는데, 그 산 위에 허유의 무덤이 있다는 말을 들었다.(권61 〈백이열전〉)

⑪ 내가 일찍이 설 지방을 지난 적이 있는데 그 마을은 대체로 사나운 젊은이가 많아 추와 노나라와는 달랐다.(권75 〈맹상군열전〉)

⑫ 내가 대량의 옛터를 지나면서 이문夷門이라는 곳을 물어 찾아보았다. 이문은 성의 동문이었다.(권77 〈위공자열전〉)

⑬ 내가 초나라에 가서 춘신군春申君의 옛 성을 구경했는데 궁실이 자못 웅장하고 화려했다.(권78 〈춘신군열전〉)

⑭ 장사長沙에 와서 굴원이 빠져 죽은 깊은 물을 바라보며 눈물 흘리지 않을 수 없었고, 그의 인간됨에 대해 깊이 생각했다.(권84 〈굴원가생열전〉)

⑮ 내가 북쪽 변경에 갔다가 직도를 통해 돌아왔는데, 길을 가면서 몽염蒙恬이 진을 위해 쌓은 장성의 요새를 보니 산을 깎아 내리고 골짜기를 메워 직도를 연결했다. 이는 백성의 노고를 참으로 가볍게 여긴 것이다.(권88 〈몽염열전〉)

⑯ 내가 회음淮陰에 갔더니 그곳 사람들이 나를 보고 말했다. (…) 내가 그 어머니 무덤을 보니 정말 그랬다.(권92 〈회음후열전〉)

⑰ 내가 풍豐과·패沛에 가서 그곳 노인들을 방문하고 소하蕭何·

조참曹參 · 번쾌樊噲 · 등공滕公의 옛집을 보고 그들의 평소 사람 됨에 대해 들으니 무척 기이했다.(권95 〈번역등관열전〉)

⑱ 내가 강남 지역을 유람하면서 그곳 사람들의 점치는 행위를 모두 이해할 수 있었다.(권128 〈구책열전〉)

학 생 | 이렇게 모아놓고 보니 정말 대단합니다. 그렇다면 사마천의 기록을 따라 구체적으로 어디를, 왜 찾아갔는지 설명 부탁드립니다.

김영수 | 스무 살 대상성만 순서대로 살펴보겠습니다. 먼저 기록 ① 을 보면 장강과 회하가 가장 처음에 나오지요. 이 두 강 주위에 회계산, 우혈, 구의산이 있습니다. 회계산과 우혈은 중국 역사상 최초 의 왕조로 기록된 하나라의 시조 우 임금의 유적이 있는 곳입니다. 대우로 불리는 우 임금은 치수 사업을 성공시킨 인물로 잘 알려져

우 임금이 죽었다는 절강성 소흥의 회계산. 아래에 우 임금의 사당인 대우묘大禹廟가 있다. 왼쪽 산 정상에 우뚝 서 있는 것이 대우 상이다.

있지요. 회계산은 우 임금이 제후들을 소집해 공을 심사한 곳입니다. 그래서 이름이 회계會稽인데, 회계會計와 같은 뜻을 가진 지명입니다. 우 임금은 죽은 뒤 이 회계산 동굴에 묻혔다고 전합니다. 그래서 우혈이라 했지요. 다음으로 찾은 구의산은 전설에 따르면 순 임금이 남쪽을 순시하다가 죽자 장사를 지냈다는 장소입니다.

학 생 | 주로 전설시대 제왕들의 유적을 탐방한 셈이네요. 그다음에 나오는 원강과 상강에는 어떤 유적이 있습니까?

김영수 | 원강과 상강은 원수와 상수라고도 합니다. 모두 지금의 호남성 경내에 흐르고 있는 강입니다. 사마천은 배를 타고 이 두 강을 다니면서 굴원이 자신의 몸을 던진 멱라수를 찾았습니다. 굴원은 잘 아시다시피 전국시대 초나라 사람으로 《초사楚辭》, 《이소》,

멱라수 강변에 세워져 있는 굴원의 사당 굴자사屈子祠.

《천문天問》 같은 남방 시가를 남긴 애국 시인이자 정치가, 외교관이었습니다(춘추전국시대 북방을 대표하는 글로는《시경》이 있었습니다. 그래서 '북시경, 남초사'라는 용어가 나왔답니다). 간신배와 무능한 왕에게 박해를 받다가 상강의 한 갈래인 멱라수에 빠져 자결했습니다. 사마천은 지조를 지키기 위해 자결을 택한 굴원을 애도하기 위해 이곳을 찾아 눈물을 흘렸던 것으로 보입니다. 기록 ⑭도 같은 내용입니다.

학 생ㅣ 그리고 문수와 사수가 등장합니다. 문맥으로 보아 춘추시대 제나라와 노나라를 흐른 강 같습니다.

김영수ㅣ 그렇습니다. 두 강 모두 동북쪽에서 흘러나와 남쪽 노나라를 지나갑니다. 공자의 고향 곡부曲阜가 있는 나라지요. 곡부는 노

진시황이 올라 공적비를 남긴 역산의 모습.

나라의 도읍이기도 했습니다. 그곳에서 유가의 학술을 살폈는데 ⑨에 조금 더 구체적으로 기록되어 있습니다. 이어 나오는 추는 추현鄒縣을 말하고, 역은 역산嶧山을 가리킵니다. 역산은 추현 동남쪽 22리 지점에 있는데 곡부와 바로 이웃한 산입니다. 추현은 다름 아닌 맹자의 고향입니다. 지금도 맹자의 고향 마을을 비롯해 맹자 사당, 무덤, 옛집, 맹자 어머니인 맹모의 무덤 등이 남아 있습니다.

참고로 곡부에 남아 있는 공자의 사당, 옛집, 무덤을 각각 공묘孔廟, 공부孔府, 공림孔林이라 합니다. 줄여서 '삼공三孔'이라 부르지요. 맹자의 유적도 맹묘, 맹부, 맹림이 되고 줄여서 '삼맹三孟'이라 할 수 있습니다. 역산은 진시황이 올라 공적비를 남긴 산으로 유명합니다. 그 공적비를 '역산각석비'라 합니다.

지금의 산동성 등주口州에 남아 있는 맹상군 전문田文의 무덤(오른쪽은 맹상군의 아버지 전영田嬰의 무덤이다).

학 생 ┃ 그다음 대목이 흥미를 끕니다. 파·설·팽성에서 곤욕을 치렀다고 했는데 어떤 곤욕을 치른 것인가요?

김영수 ┃ 우선 이 대목은 기록 ⑪에 보이는 설이란 지역과 연관이 있습니다. 전국시대에 식객을 3,000명씩 거느린 4공자 중 한 사람인 맹상군孟嘗君의 봉지였던 곳인데 대체로 그 지역 기풍이 사나웠던 모양입니다. 아마도 사나운 젊은이들에게 붙들려 곤욕을 치른 것 같습니다. 낯선 젊은이가 자기 고장을 이곳저곳 돌아다니며 자신들도 잘 모르는 일들을 물으니 경계심이 발동한 것 같습니다. 파와 팽성 그리고 그 사이에 있는 풍과 패는 모두 한 고조 유방과 그의 적수였던 항우, 유방의 친구로서 훗날 한나라 건국의 일등공신이 되는 소하, 조참, 번쾌, 등공 등의 유적이 있는 곳입니다. 사마천은 설(지금의 산동성 등현滕縣 동남)을 거쳐 팽성(지금의 강소성 동산현)에 이르면서 유방과 그 공신들 및 항우의 사적을 살핀 것으로 보입니다. ⑰이 이와 관련된 기록입니다.

학 생 ┃ 스무 살 대장정의 마지막 대목은 '양·초를 거쳐 돌아왔다'고 되어 있습니다. 이 두 지역은 어디를 가리킵니까?

김영수 ┃ 양은 위魏나라의 수도였던 대량을 가리킵니다. 지금의 하남성 개봉입니다. 기록 ⑧과 ⑫가 그것입니다. 그런 다음 초나라 땅을 거쳐 수도 장안으로 돌아왔습니다. 이렇게 해서 스무 살 대장정이 마무리되었네요. 남은 다른 기록들도 일일이 살펴보면 좋겠지만 너무 번잡해지고 내용도 많아 이 정도로 하는 것이 어떨까 합니다. 표와 지도를 참고해주시기 바랍니다.

학　생ㅣ 그런데 이 정도 여행이면 거리는 얼마나 되고, 시간은 어느 정도 걸렸을까요?

김영수ㅣ 시간에 관해서는 여러 가지 설이 있습니다만 당시 교통 조건 등을 고려하면 대개 2년에서 3년 정도로 봅니다. 거리는 약 3만 리, 즉 지금 단위로 환산하면 1만 2,000킬로미터 정도 됩니다. 하지만 이는 직선거리니까 실제 거리는 이보다 훨씬 더 길었다고 봐야겠지요. 범위는 스무 살 여행만 놓고 봐도 오늘날 중국의 성시로 따져 약 9개 이상의 성에 걸쳐 있습니다(섬서, 호북, 호남, 강소, 절강, 안휘, 산동, 하남, 강서). 훗날 무제를 수행하며 다닌 여행 등을 모두 합하면 15개 성 이상에 걸쳐 있습니다. 제가 '본기'만을 위해 1차 답사한 거리가 2만 5,000킬로미터 정도였으니 모르긴 해도 제 완역 답사가 끝나면 그 거리는 사마천의 수십 배, 아니 수백 배에 이를 겁니다. 하지만 발달된 교통수단을 고려하면 여행 기간은 그에 반비례해 줄어들겠지요. 여기서 재미난 사실은 사마천의 이 여행에 가장 큰 도움을 준 사람이 다름 아닌 진시황이었다는 겁니다.

학　생ㅣ 진시황이 어떻게 도움을 주었다는 말씀입니까?

김영수ㅣ 잘 아시다시피 진시황은 재위한 38년 동안 많은 일을 했습니다. 도량형과 화폐를 통일했고, 여러 가지 도로를 닦은 일도 유명하지요. 진시황이 새로 닦거나 수리한 도로의 종류만 다섯 가지입니다. 요즘 식으로 말하면 고속도로를 비롯해 국도와 지방도, 군사 전용도로와 황제전용도로에 이르기까지 다섯 종류의 도로망을 정비했습니다. 사마천은 진시황이 정비한 도로와 도로망을 이용해 여행을 다녔습니다. 그러니 진시황의 덕을 가장 크게 본 사람이 사마천이지요.

학 생 ㅣ 듣고 보니 그렇군요. 진나라의 멸망을 재촉한 지나친 토목 공사의 주범이 사마천 여행에 도움이 되었다니 참으로 아이러니합니다. 그런데 어떤 글을 보니 스무 살 사마천의 여행 순서에 대해서도 여러 가지 주장이 있다고 하더군요.

김영수 ㅣ 왕국유가 호남성 장사 지역, 사마천의 기록에 보이는 원강과 상강 주변을 가장 먼저 갔을 것이라는 주장을 제기하면서 논쟁이 촉발됐는데 정학성도 이 설에 동참했습니다. 그런데 이장지는 〈태사공자서〉에 기록된 순서대로 봐야 한다며 "〈태사공자서〉와 〈보임안서〉는 1차 사료다. 이 1차 사료에 부합하는가의 여부가 시금석이다"라는 유명한 말을 남겼습니다. 저도 이 주장에 동의합니다.

학 생 ㅣ 스무 살 사마천의 여행 지역을 중심으로 이야기를 들어보았습니다. 〈태사공자서〉에 따르면 사마천의 여행은 조정에 들어가 벼슬을 하면서도 계속된 것 같은데 이에 대해서도 설명을 좀 해주세요.

김영수 ㅣ 스무 살 여행에 관한 기록 바로 다음에 나오는 내용이 그것입니다. 사마천은 입사한 뒤 황제 무제를 수행하며 여러 차례 지방을 순시합니다. 그때마다 각 지방에 관한 자료들을 구하고 때로는 직접 해당 지역을 찾아 탐문했던 것 같습니다. 무제의 지방 순시가 몇 차례 있었는가에 대해서는 설이 많지만 대개 열 차례 안

퓨으로 보는데, 그때마다 수행했다는 주장도 있습니다. 이 문제는
잠시 뒤 다시 거론하지요.

《사기》에 숨을 불어넣다

학 생 이제 여행의 동기와 목적에 관한 문제로 넘어가 볼까요? 저
도 사실 이렇게 힘든 대장정이 꼭 필요했을까라는 생각이 듭니다.
도대체 사마천은 무엇을 위해 이런 무모한 여행을 감행했던 걸까요?
김영수 사마천은 〈태사공자서〉에서 분명히 이렇게 말했습니다.

> 이에 천하에 흩어진 오랜 이야기들을 두루 모아 제왕들이 일
> 어나게 된 자취를 살폈는데, 그 처음과 끝을 탐구하고 흥망성쇠
> 를 보되 사실에 근거해 결론을 지었다.

목적이 분명하게 드러나 있지요. 이를 위해 사마천은 문헌 기록
들을 수집하는 것은 물론 역사 현장을 직접 탐방하는 일도 마다하
지 않았던 겁니다. 이렇게 해서 '지난 일을 서술해 후세 사람들이
자신(사마천)의 뜻을 볼 수 있게 한 것'이고, 나아가 이를 종합해
"하늘과 인간의 관계를 탐구하고(구천인지제究天人之際), 과거와 현
재의 변화를 꿰뚫어(통고금지변通古今之變), 일가의 문장을 이루고자
(성일가지언成一家之言)" 한 것입니다.

학 생 ┃ 그러니까 여행은 궁극적으로 《사기》 저술을 위한 방편이자 방법이었네요.

김영수 ┃ 잘 보셨습니다. 그리고 《사기》 저술에 큰 영향을 주었지요. 역사 현장을 직접 다니면서 역사가 사마천의 안목과 시야가 크게 달라졌기 때문입니다.

학 생 ┃ 스무 살 약관의 사마천이 처음부터 이런 크고 심오한 목적을 인식하고 여행을 계획했던 걸까요?

김영수 ┃ 스무 살 사마천의 여행이 있기까지 아버지 사마담의 역할이 컸다는 것이 중론입니다. 《태평어람》에 인용된 《한구의》와 《서경잡기》 등에 따르면 사마천은 아버지 사마담의 권유로 옛 제후들의 역사 기록을 구하기 위한 여행을 떠났다고 합니다. 어려서부터 아버지를 따라 지방을 답사했던 사마천이고 보면 아버지의 권유를 충분히 긍정하고 받아들였을 겁니다. 외아들 사마천을 역사학자로 만들고자 한 아버지의 강력한 소망도 작용했겠지요. 그런데 이런 일반적인 견해와 달리 아버지 사마담이 천하 여행을 권유한 이유가 유협 곽해의 죽음 때문이라고 주장하는 학자들도 있습니다. 사마천과 곽해의 만남이 그저 평범한 수준이 아니라 상당한 정도의 정신적 교감이 오갈 정도였다는 추정 하에서 아들이 곽해의 죽음과 연루될 것을 걱정한 아버지가 당분간 몸을 숨길 겸 여행을 권유했다는 것이지요.

학 생 ┃ 흥미로운 추측이군요. 선생님께서는 어떻게 생각하십니까?

김영수｜ 글쎄요. 이 견해를 어느 정도 받아들이는 쪽으로 생각한다면 저는 상황이 복합적으로 작용했다고 봅니다. 아들에게 천하 여행을 권유하겠다는 아버지의 계획은 이미 잡혀 있었는데 곽해 사건이 터지자 이래저래 계획을 바로 실행에 옮긴 것은 아닐까, 이렇게 볼 수 있겠지요.

학 생｜ 오늘날에야 역사학자가 현장을 찾는 것을 당연한 일로 보지만, 과거에는 스무 살 사마천의 천하 여행을 어떻게 바라봤을지 궁금합니다.

김영수｜ 사마천의 천하 여행에 대해서는 예로부터 지금까지 그 의의를 인정하지 않은 사람이 없었습니다. 아울러 사마천의 여행이 《사기》의 저술과 창조성의 기초를 닦는 데 절대적인 작용을 했다는 점에서도 이견은 없는 편입니다. 그런데 사마천의 여행을 언급한 학자는 예로부터 있었지만 이 문제를 전면적이고 심각하게 분석하고 논의한 학자는 청나라 이후에 나타났습니다. 여행이 《사기》에 미친 영향력이나 그 중요성에 비해 이에 대한 깊이 있는 연구는 상당히 늦었다는 겁니다.

학 생｜ 왜 그랬을까요?

김영수｜ 사마천의 여행에 대한 관심과 연구가 주로 여행 노선, 횟수, 범위 등에 집중되었고, 역사학에 있어서 현장 탐방이 갖는 중요성이나 의미 등에 대한 인식이 부족했기 때문입니다. 지금도 그런 경향이 있습니다. 역사 현장 확인을 소홀히 하는 사람이 적지 않거든요. 여행은 '글자 없는 책을 읽고 공부하는 것'입니다. 글자가 있는 책을 공부하는 독서가 이성적 지식을 획득하기 위한 것이라면 글자 없는 책을 읽는 여행은 감수성을 기르고 실천적 지식을 얻는 것입니다. 이 둘이 적절하게 조화를 이루어야만 훌륭한 역사가가 될 수 있습니다. 이런 점에서 사마천의 여행은 대단한 것이지요.

일찍이 사마천의 스무 살 장유가 갖는 의미를 발견한 소철의 초상화.

학 생ㅣ 좀 학구적일 것 같기는 합니다만 스무 살 여행이 사마천의 삶과 《사기》에 미친 영향에 대한 인식이나 연구를 좀 더 알았으면 합니다.

김영수ㅣ 일찍이 사마천의 여행에 주목한 인물은 송나라 때의 문장가 소철蘇轍입니다. 소철은 사마천이 스무 살 장유壯遊를 통해 천하를 돌며 명산대천과 강, 바다를 유람하고, 호걸들과 교류함으로써 《사기》의 문장이 한층 나아질 수 있었다고 지적했습니다. 소철보다 조금 늦은 오대십국 시기의 마존馬存은 사마천의 탐방 장소와 관련 문장들을 연계시키며 문장의 웅장함, 심오함, 넘치는 기백, 낭만성 등을 끌어내기도 했습니다. 즉 사마천의 여행을 《사기》의 내용과 연계시킨 것은 송나라 이후라고 보면 되겠습니다.

학 생ㅣ 《사기》가 세상에 나오고 약 1,000년 뒤군요. 또 다른 연구는 어떤 것이 있을까요?

김영수 | 사마천의 여행을 전면적으로 논술한 청 대의 학자 왕명성이 있습니다. 그는 자신의 저술 《십칠사상각》에서 처음으로 '자장(사마천)의 여행'이란 제목 아래 사마천 여행의 정황을 기술했습니다. 왕명성은 몇 차례에 걸친 여행의 대체적인 시간과 범위를 비교적 상세하게 기술하면서 기록의 출처를 지적하는 한편 자신의 견해를 내놓았는데, 훗날 사마천의 여행에 대한 연구가 한 걸음 더 나아가는 데 실마리와 편의를 제공했다는 평가를 받고 있습니다.

왕명성의 뒤를 이어 이 문제를 탐구하고 검토한 사람은 앞에서도 언급한 왕국유입니다. 그는 〈태사공행년고〉에서 자신의 견해를 제기합니다. 왕국유는 몇 차례에 걸친 여행의 출처와 근거를 상세히 조사하는 한편, 각각의 여행 순서를 대체적으로 구분했습니다. 특히 귀중한 것은 스무 살 여행 노선을 시간 순서에 따라 과학적으로 배열한 것인데, 훗날 그 배열의 합리성을 인정받게 됩니다. 이는 사마천 여행에 관한 왕국유의 독창적인 견해라 할 수 있습니다. 여기서 스무 살 여행의 첫 행선지가 호남성 장사였다는 주장이 나왔지요.

앞서 말씀드린 이장지는 《사마천의 인격과 풍격》에서 사마천의 여행은 1차 사료인 〈태사공자서〉와 〈보임안서〉를 기준으로 삼아야 한다는 주장을 내놓았고, 1차 여행과 관련해 '사마천은 왜 갔고, 어떻게 갔는가'라는 문제를 제기했습니다. 그러면서 아버지의 권유였느냐, 아버지와 충돌을 빚고 화가 나서 나섰느냐는 점을 언급하기도 합니다.

학 생 ┃ 이 문제가 다소 딱딱할 줄 알았는데 그렇지 않습니다. 사마천의 여행에 대한 논의가 매우 다양하군요.

김영수 ┃ 그렇습니다. 계속해서 황전악黃展岳은《아주 넓은 지역을 떠돈 사마천》이라는 글에서 여행의 동기를 먼저 언급하는데, 조국의 역사 사업에 헌신할 준비를 하고 있던 사마천이 아버지 사마담의 적극적인 도움을 받아 고대와 근대의 역사 현장을 실지 조사하기에 이르렀다고 지적했습니다. 사명감과 아버지의 도움이 여행을 가능케 했다는 이야기지요.

하세화何世華는《사마천과 그의 사기》라는 글에서 사마천의 여행과 관련해 전에는 없던 다음 몇 가지를 명확하게 지적했습니다.

"첫째, 사마천의 1차 여행은 '학술 여행'이었다. 이 여행을 위해 사마천은 죽간과 목판을 지닌 채 자신이 보고 들을 사적들을 기록할 준비를 갖추었다. 이 여행의 목적은 고대의 사서를 탐문하고, 원로들에게 고대의 이야기를 듣고, 각지의 상황을 조사하고 이해하기 위한 학술 여행이었다. 둘째, 무제의 명령을 받고 내려간 서남이西南夷 출장 노선도를 구체적으로 제시했다. 셋째, 기원전 107년 사마천은 무제를 수행해 하북 탁록에 갔고, 그곳의 부로들과 고대 황제, 요, 순의 전설에 관한 이야기를 나누었다(이 견해는 일반적으로 언급되지 않고 있는데 상당히 의미 있는 지적입니다)."

저빈걸褚斌杰은《2000년 전의 만 리 여행》이란 글에서 세 차례에 걸친 여행을 언급했는데 짧은 문장이지만 독특한 견해를 내놓고 있습니다. 그는 "사마천은 고대의 걸출한 사학가이자 문학가였다. 또한 여행을 잘하기로 이름난 여행가이기도 했다"라고 했습니다. 그가 사마천을 두고 여행을 잘한 사람이었다고 말한 이유에 대해서는 "사마천은 명승지를 떠돌고 경관을 감상한 것을 자신의 일과 긴밀하게 연계시키는 것을 잘했으며" "살피고(관觀), 연구하고(탐探), 찾고(방訪), 묻는(문問) 여러 방법을 잘 활용해 듣지 못한 사료들을 얻고, 각지의 생활 습속을 체험하고, 민간의 생동감 넘치는 언어를 파악했기 때문이다"라고 했습니다.

'관'이란 산천, 강하, 호수, 바다, 지형 형세를 실지 관찰하는 것이고, '탐'은 각지의 경제산물, 풍속민정, 사회 각층의 생활을 연구하는 것이며, '방'은 고적유물을 찾는 것이고, '문'은 각지의 유로, 유생, 과거 유적지의 사람들에게 가르침을 청해 구두사료, 민간가요 등을 수집하는 것을 말합니다. 저자는 "사마천부터 서하객에 이르기까지 저명한 여행가들은 여행을 '의지를 넓히고(광지廣志)', '듣는 것을 늘리고(증문增聞)', '배움을 더하는(익학益學)' 방법으로 삼아 과학문화에 불후의 공헌을 남겼다. 여행업이 발달한 오늘날에도 사마천의 여행은 우리가 본받을 만한 가치가 충분하다"고 결론 내립니다.

원백성袁伯誠은 《사마천 여행의 외적 환경이 사기 창작에 미친 중요한 의의》라는 글에서 사마천의 여행이 《사기》 창작에 미친 중요한 의의를 주로 논술했는데 여행과 관련해 신선하고 독특한 견해가 일부 눈에 띕니다. 그는 "시대는 사마천의 여행을 위한 조건을 제공했고, 사마천의 여행은 시대의식을 반영했다. 그의 여행은 '하늘과 인간의 관계를 탐구하고 고금의 변화를 관통하려는' 목적에서 비롯되었고, 사마천이 장강 남북, 황하 남북, 장강 안팎, 오악사독을 여행한 것은 남북 문화의 교류와 융합을 촉진하는 데 거대한 추동 작용을 했다"고 지적합니다.

시정施丁은《사마천 여행고》에서 사마천은 20세에서 50세에 이르는 30년 동안의 3분의 1의 시간, 즉 10여 년을 여행, 사절, 순시 수행으로 보냈다고 지적하며 "고금의 역사가를 통틀어 흔치 않은 매우 주목할 만한 가치가 있다"고 말했습니다. 시정은 원봉 3년 태사령이 된 이후 천한 4년 궁형을 당할 때까지 10년 동안 무제가 봉선 활동을 10여 차례 진행했는데 사마천은 이때마다 무제를 수행했다고 주장하며 사마천의 여행이 거둔 수확은 주로 다음 네 가지 방면으로 나타난다고 요약했습니다.

"첫째, 안목과 시야를 넓혔다. 둘째, 학식을 넓히고 높였다. 셋째, 사회를 이해하게 되었다. 넷째, 정조를 도야하게 되었다."

이 네 가지 수확은 종합적으로 말해 인품과 인격, 학술 수양을 높이는 것이었습니다. 사마천의 10년 여행은 결코 '주마간산'이 아니었습니다.《사기》라는 불후의 작품을 아로새길 꽃봉오리를 하나하나 따는 과정이었습니다. 사마천의 여행은 풍부한 물질적, 정신적 양분을 흡수해《사기》를 독특한 격을 갖춘 일가의 설로 만들었습니다. 대체로 시정은 이렇게 결론 내리고 있습니다.

자, 사마천 여행에 대한 연구 소개는 이 정도면 충분하겠지요?

학 생 | 충분하긴 합니다만 가장 중요한 한 가지가 빠졌습니다. 다름 아닌 선생님께서 생각하시는 사마천 여행의 의미와 의의를 말씀해주셔야 하지 않을까요? 오랫동안《사기》를 연구해오셨고, 누구

보다 현장을 많이 다닌 분으로서 생각이 남다를 것 같습니다.

김영수 제 견해는 크게 두 가지로 요약해서 말씀드릴 수 있습니다. 첫째, 저는 사마천의 여행, 특히 스무 살 장유는 《사기》의 넓이를 결정했다, 이렇게 말하고 싶습니다. 나중에 다시 이야기하겠지만 사마천이 마흔아홉 살 때 당한 궁형과 비교해 그렇게 생각해본 것입니다. 즉 궁형이라는 지독한 치욕이 《사기》의 깊이를 결정했다면, 젊은 날의 여행은 《사기》의 넓이를 결정했다는 것이지요. 《사기》의 외연과 내면을 이렇게 비유한 것입니다.

둘째는 이것 역시 《사기》와 관계된 것인데, 그중에서도 《사기》 서술 체제와 서술 방식 결정에 여행이 결정적인 작용을 했다는 생각입니다.

학 생 당연한 일 아닐까요? 아버지 사마담이 아들 사마천에게 여행을 권유한 이유도 역사가로서의 자질을 길러 역사서를 쓰게 하기 위함이었으니까요.

김영수 물론입니다. 하지만 그렇게 단순하게 보고 넘길 사안이 아닙니다. 역사서의 체제는 대단히 어려운 문제입니다. 사마천 이전에 나온 책 중 소위 역사서의 범주에 넣을 수 있는 것이라고는 《춘추》와 《전국책》, 《국어》 정도뿐이었습니다. 사료라면 제자백가의 서적들과 족보류도 포함할 수 있지요. 사마천은 이런 자료들에 대해 일찍부터 알고 있었고, 또 그중 상당수 내지 대부분을 읽었을 것입니다. 아버지 사마담이 오래전부터 수집하기도 했고, 또 황가 도서관을 충분히 이용할 수 있는 여건이었기 때문이지요 《사기》에 인용된 서적이 모두 102종이라는 통계가 있습니다. 2,100여 년 전임을 감안하면 대단한 수와 양이 아닐 수 없습니다). 아버지 사마담에게도, 사마천에게도 이런 자료들을 충분히 흡수해 어떤 방식으로 역사서를 저술할 것인가가 가장 크고 골치 아픈 문제였습니다. 《춘추》처럼 연대순으로 통치자의 통치 행위를 기술할 것인가, 《전국책》이나 《국어》처럼 나라별로 기술할 것인가, 아니면 다른 방식을 택할 것인가, 이것이 문제였습니다.

학 생 | 듣고 보니 심각한 문제네요. 제가 학교에서 배운 편년체編年體, 기전체紀傳體, 기사본말체紀事本末體 같은 것이 바로 이런 형식을 말하는 것이었군요.

김영수 | 그렇습니다. 연대순으로 기록한 역사 서술 체제를 편년체, 사건의 전후 과정을 기술하는 체제를 기사본말체라고 합니다. 기전체는 2권에서 자세하게 설명해드리지요. 그리고 방금 말씀드린 대로 나라별로 기술한 《전국책》의 경우 국별사이긴 하지만 전국시대 각국 전략가들의 책략이 주로 담겨 있습니다. 《국어》도 여덟 나라의 정치사를 주로 기록한 국별사인데 다른 말로 하면 '열국지' 같은 것입니다. 모두 역사 기록이지만 서술 체제라 할 만한 것은 없다고 보아도 무방합니다. 사실 사마담이나 사마천도 이런 역사 기록물들의 방식으로 역사서를 쓸 생각은 하지 않았던 것 같습니다. 그렇다고 딱히 다른 방안이 있었던 것도 아니었지요. 그런 점에서 스무 살 여행이 대단히 중요한 작용을 했다고 보는 것입니다.

학 생 │ 어떤 점이 그렇다는 말인가요? 여행이 《사기》의 서술 체제 형성에 큰 작용을 했다, 이런 말씀 같은데 선뜻 이해가 가지 않습니다.

김영수 │ 《사기》는 3,000년이란 긴 시간을 다룬 통사입니다. 이렇게 긴 시간을 역사로 정리하려 할 때 가장 쉬운 방식은 왕조별로 정리하는 것입니다. 이 부분은 별문제가 없었을 것입니다. 《사기》의 다섯 체제 중 본기가 바로 이런 형식이지요. 또한 이 부분은 자료도 상대적으로 풍부한 편이었을 겁니다. 왕조와 정권이 각자의 역사를 기록으로 남겨두었기 때문입니다. 그래서 사마천은 전설 속 다섯 제왕의 행적을 기록한 〈오제본기〉를 필두로 하 왕조의 기록인 〈하본기〉, 은 왕조의 기록인 〈은본기〉 이런 식으로 기술한 다음 천하를 통일한 진시황, 대세의 흐름을 주도한 항우를 각각 별도의 본기에 편입해서 이들이 갖는 역사적 위상과 의미를 부각시켰습니다. 그러고는 자신이 속한 서한 왕조의 황제들을 차례로 기술해 12권의 본기를 마무리합니다. 기록의 많고 적음, 역사에서의 위상과 역할 등을 참작해 이렇게 구성한 것입니다.

그리고 사마천은 그 당시로서는 누구도 생각하지 못한 표를 창안해냅니다. 지금은 역사서에 연표가 기본으로 들어가지만 그 당시에는 정말 기발한 구상이었습니다. 문제는 사마천이 역사를 추동하는 주체로서 수많은 보통 사람에게 방점을 찍은 사실입니다. 이들을 어떤 식으로 역사서에 편입시킬 것인가 골몰했을 것입니다. 이것이 열전인데, 《사기》에서 그 양이 가장 많을 뿐 아니라 가장 빛나는 체제이자 내용이지요. 열전이야말로 《사기》의 꽃이자 백미白眉입니다.

제 이야기의 요점은 사마천의 여행이 바로 이 열전 구상에 결정적인 역할을 했다는 것입니다. 수많은 보통 사람의 행적을 현장과 기록을 통해 확인해가면서 사마천은 이 사람들의 이야기를 역사서에 반드시 넣어야겠다고 결심했고, 그 방식을 열전으로 택한 것입니다. 열전에 대한 구상이 해결됨으로써 다른 체제는 상대적으로 쉽게 풀린 셈입니다. 왕조나 나라별로 기술할 경우 소홀해질 수 있는 수많은 인간의 작용을 이렇게 열전으로 해결함으로써 다른 것들이 한꺼번에 해결된 것이지요. 이런 점에서 사마천의 여행이 《사기》의 출로를 찾는 데 결정적인 역할을 했다고 본 것입니다.

학 생 ㅣ 하지만 사마천의 여행은 스무 살 때였고 《사기》의 완성은 한참 뒤 아닙니까? 스무 살 때 벌써 《사기》의 체제, 특히 열전을 구상했을까요?

김영수 ㅣ 물론 그건 아닙니다. 하지만 이렇게 생각해보지요. 이때의 여행이 없었다면 과연 기전체라는 서술 체제가 가능했을까요? 여행과 여행을 통한 성과들이 축적되어 있었기 때문에 열전이 가능했고, 열전이 설정됨으로써 나머지 체제들도 쉽게 풀린 것이지요.

학 생 ㅣ 그렇겠군요. 《사기》를 좋아하는 많은 사람이 이구동성으로 《사기》에서 가장 재미난 부분은 열전이라고 하는 이유가 거기에 있었군요. 그런데 그런 분들이 열전이 재밌는 이유로 현장성을 꼽고는 합니다. 이 점은 선생님의 강의나 책에서도 거듭 강조되어 있고, 선생님께서는 현장을 가장 많이 찾은 분 아니십니까? 《사기》의

유방의 고향인 풍패읍 중앙리 광장에 조성된 유방의 상.

현장성 역시 여행 덕분에 얻을 수 있었던 것이라고 보면 이 부분에
대해 조금 더 이야기를 듣고 싶습니다.

김영수 《사기》의 현장성 부분은 2권에서 상세하게 소개할 예정이므
로 지금은 간단하게 한 가지만 이야기하고 넘어가겠습니다. 한나라
를 개국한 고조 유방 이야기를 해보죠. 잘 아시다시피 유방은 젊은
날 건달 생활을 오래 했습니다. 사마천은 대놓고 〈고조본기〉에서 당
시 유방의 생활 모습을 '호주색好酒色'이라고 표현했을 정도니까요.

학 생 정말 그렇게 표현했습니까? 황제, 그것도 사마천이 살던 한
왕조의 개국 황제 전기에 그런 표현을 썼단 말이지요?

김영수 네, 정확하게 '호주색'이라고 했습니다. 대단하지요. 그런데
근거가 있어야 할 것 아닙니까? 그래서 사마천은 유방이 젊은 날

잘 가던 술집 주모 두 사람의 이름을 기록합니다. 무부와 왕온王媼이란 두 여성이었습니다. 얼마나 철저한 안배입니까? 즉 사마천이 유방의 고향 마을을 직접 찾아 관련된 유적지를 살펴보고, 그때까지 전해오는 유방에 관한 각종 설화와 고사들을 탐문한 결과 이런 표현이 나왔다고 봐야겠지요.

학 생 | 이 이야기를 듣고 나니 다른 일화가 더 궁금해집니다만 잠시 미뤄두기로 하지요. 스무 살 때의 대여행이 《사기》의 출로를 보색하는 중요한 여행이었다는 말씀이 인상적이었습니다. 그런데 앞에서도 언급이 되었지만 사마천의 여행을 다룬 책이나 글들을 보면 아버지 사마담이 이 여행을 권유했다고 하는데, 이는 사마천이 직접 이야기한 것입니까?

김영수 | 사마천 본인이 아버지가 여행을 주선했다고 언급한 바는 없습니다. 다만 우리가 이미 살펴본 바와 같이 아버지가 사마천이 열세 살 되던 무렵부터 역사 현장에 데리고 다녔다는 점 등을 고려했을 때 스무 살 때의 여행에도 많은 도움을 주었을 것이라 보는 것이지요. 이에 대해서는 연구자들의 의견이 대체로 일치합니다. 그리고 일본 학자 하야시다 신노스케가 《인간 사마천》에서 "이 대여행에서 아버지는 아들을 유혹한 아름다운 공범자였다"라는 표현을 남김으로써 아버지의 역할이 더욱 부각되기도 했습니다.

학 생 | 스무 살 청년 사마천의 천하 여행을 상세히 들어보았습니다. 전체적으로 다시 한 번 정리하고 다음 이야기로 넘어갈까요?

김영수 ┃ 사마천의 스무 살 여행은 결코 충동적으로 엉성하게 짜인 것이 아니었습니다. 그것은 인간과 지역을 시대에 따라 안배한 철저한 역사 탐방이었습니다. 달리 말하면 시간과 공간 속에서 이루어지는 인간의 활동상, 즉 역사에 대한 확고한 인식 없이는 나올 수 없는 그런 여정이었지요. 그래서 정학성 선생은 이렇게 말했습니다.

사마천 여행의 성공은 곧 《사기》의 성공이었다. 《사기》가 그토록 탁월할 수 있었던 것이 어찌 우연이겠는가?

청나라 때의 고염무顧炎武 등 많은 학자가 "만 권의 책을 읽고, 만 리 길을 다닌다(독만권서讀萬卷書, 행만리로行萬里路)"는 말을 했습니다. 서적을 통한 논리적 지식과 현장 탐방을 통한 실용적 지식을 겸비한다는 뜻이지요. 사마천은 이 말 그대로 '만 리 길'을 다녔습니다. 그리고 여행에서 돌아와 '만 권의 책'을 마저 읽기 시작했을 것입니다.

무엇을 위한 여행이었나? '아름다운 공범자' 아버지 사마담은 무슨 생각에서 아들에게 이 '만 리 길'을 권유했는가? 사마담은 자신이 꿈꾸어온 역사 서술의 방향을 진즉에 준비해놓은 상태에서 아들을 유도했던 것은 아닐까? 그리고 아들 역시 아버지의 의도를 일찍부터 알고 있었던 것은 아닐까? 이런 생각을 해보았습니다.

사마천의 스무 살 여행을 가만히 되짚어보면 사전에 치밀하게 조사하고 준비한 흔적이 역력합니다. 이는 여행을 떠나기 전에 이미 답사할 자료들을 충분히 그리고 면밀하게 검토했다는 뜻이지요. 특히 사마천이 살던 당대와 얼마 떨어져 있지 않은 인물들에 대한 탐방은 아주 구체적이고 생동감이 넘쳤습니다. 이런 사실은 사마천의 역사관을 이해하는 데 중요한 자료를 제공하는데, 앞서 지적한 대로 시대를 변혁한 인물들과 그 원동력에 깊은 관심을 가졌기 때문일 것입니다.

스무 살 때의 여행은 사마천에게 방대한 사회적 지식을 안겨주었고, 숨겨진 옛이야기와 문서들을 찾게 해주었습니다. 이로써 사마천의 시야와 가슴은 넓어지고, 식견과 재능도 성장했습니다. 이 모든 것이 《사기》가 성공할 수 있는 중대한 조건으로 작용했습니다. 사마천은 이 긴 여행을 통해 주관적 견해와 의식을 심화하고, 그것을 다시 한 차원 끌어올려 객관화할 수 있는 귀중한 기회를 가졌던 것이지요.

무엇보다 사마천은 이 여행을 통해 역사를 움직이는 주체이자 원동력으로서의 인간을 발견했고, 이는 곧 새로운 자신의 발견이기도 했습니다. 현장 확인을 통해 기록으로 확보한 기본 지식과 역사적 사실의 인상을 강화함으로써 역사의 현장감을 생생하게 전달하는 살아 있는 역사서 《사기》가 탄생할 수 있었던 것입니다. 이렇게 약 2년간의 여행이 끝난 뒤 그는 '아름다운 공범자' 아버지의 곁으로 돌아왔습니다.

5장

세상 속으로
나아가다

만 리를 다녀온 사마천은 이제 만 권의 책을 읽기 시작했다. 공부 과
정에서 의문 나는 것들에 대해 당대 최고의 지성들을 찾아가 질문하고
배웠다. 그리고 생각했다. 사마천은 크게 의심했고, 그런 만큼 크게 진보
했다. 스무 살을 막 넘어선 사마천은 공부에 빠져들었다.

　사마천의 일생 동안 공부와 학문적 성숙에 영향을 미친 인물은 적지
않았을 것이다. 하지만 진정한 학문적 조언자라 부를 만한 사람은 셋이
었다. 첫째가 혈육이자 스승과 같은 존재였던 아버지 사마담이고, 둘째
가 대학자 공안국孔安國, 셋째가 대사상가 동중서董仲舒였다. 아버지 사
마담과의 관계에 대해서는 별도로 검토하기로 하고, 여기서는 사마천의
학문에 큰 영향을 미친 두 대가와의 관계, 그 의미 등을 살펴보겠다. 아
울러 사마천의 입사 시점과 관직 생활에 대해서도 알아본다. 사마천의
나이 23세부터 36세 무렵까지, 약 13년에 걸친 시간이었다.

사마천의 두 스승

학 생 | 대장정을 끝낸 사마천이 드디어 아버지 곁으로 돌아왔습니다. 20대 초반 사마천의 삶은 어떤 모습이었습니까?

김영수 | 무제 원삭 5년인 기원전 124년, 약 2년간에 걸친 대여행에서 돌아온 사마천은 그 이후의 상황에 대해 별다른 기록을 남기지 않고 그저 '그리하여 (사마)천은 낭중이 되었다'고만 한 뒤 이어서 '조정의 명에 따라 서쪽으로는 파·촉 이남 방면을, 남쪽으로는 공·작·곤명을 공략하고 돌아와 보고했다'고 나옵니다. 모두 〈태사공자서〉의 기록입니다.

학 생 | 낭중이 되었다고 했는데, 낭중이 무엇인지 설명을 부탁드립니다.

김영수 | 그 전에 먼저 낭중 앞의 '그리하여'란 대목부터 설명하고 넘어갈 필요가 있을 것 같습니다. 그냥 별다른 표현이 없어 '그리하여'라고 했지만 원문은 다음과 같이 되어 있습니다. "于是遷仕爲郎中." 밑줄 친 부분의 '于是'는 '그리하여', '그리고', '이윽고', '그런 다음' 등으로 번역할 수 있는데, 어떻게 번역하든 일정한 시간이 흘렀음을 나타내는 표현입니다. 위 문장의 해석에 대한 요점은 여행에서 돌아온 다음 일정한 시간이 흐른 뒤 낭중이 되었다는 데 있습니다. 그 기간이 어느 정도였는지는 꼬집어 말할 수 없지만 상당한 시간이었던 것 같습니다. 따라서 그사이에 사마천은 무엇을 했는가 그리고 낭중이 된 건 언제쯤일까 하는 문제가 생겨나지요.

낭중이란 쉽게 말해 예비 관료로 보시면 됩니다. 추천 등을 통해 일단 젊은 인재들을 궁중에 모아놓고 일정한 녹봉을 주며 관리합니다. 그러다 결원이 생기거나 새로운 자리가 마련되면 적절한 인재를 뽑아다 쓰는 것이지요. 정식 관리가 되기 전에는 주로 궁궐 문 지키는 일을 관장하거나 황제가 외출 나갈 때 시위로서 황제의 수레를 따릅니다. 낭중이라고 다 같은 낭중이 아닙니다. 의랑議郎·중랑中郎·시랑侍郎·낭중郎中 이렇게 네 등급이 있는데 낭중이 가장 낮은 자리였습니다.

학 생 | 그렇군요. 사마천이 예비 관료인 낭중이 된 것은 몇 살 때입니까? 아버지의 위치로 보나 학문의 성취도 면에서 보나 당시 상당히 주목받는 인재였을 것 같습니다.

김영수 | 사마천이 당시 어느 정도로 주목받는 인재였는지는 알 수

서한 시대 경전 연구에 큰 영향을 미쳤을 뿐 아니라 사마천의 학문에도 적지 않은 영향을 준 공안국.

없습니다. 사마천의 입사 시기를 두고도 많은 주장이 있습니다만 간단하게 정리하고 넘어가겠습니다. 이 문제는 사마천이 공안국이라는 당대 최고의 유학자에게 학문을 배운 시점과도 연결되는데, 공안국의 경력을 바탕으로 추측해보면 사마천이 열아홉 살에서 스물여덟 살 사이에 공부를 한 것 같습니다. 이 때문에 혹자는 사마천이 여행을 떠나기 전부터 공안국에게 학문을 배웠다고 주장하기도 하고, 혹자는 사마천이 '열 살 때부터 고문을 배웠다'고 한 기록을 근거로 열 살 때부터 공안국에게 학문을 배웠다고 주장하기도 합니다. 그러나 열 살 때 배울 공부의 수준이란 그저 글자나 문장 정도지 공안국 같은 대가에게 심오한 학문 체계를 배운 건 아니었을 것이며, 더욱이 사마천이 수도 장안 근처로 이사한 시점도 이미 살펴본 대로 열 살이 아닌 열아홉 살 무렵이었으므로 사마천이 공안국에게 학문을 배운 시점은 열아홉 살 이후라고 보는 것이 자연스럽습니다.

그렇다면 스무 살 때 여행을 떠나기 전인가 아니면 여행에서 돌아온 뒤인가 하는 시점 선택의 문제만 남게 되지요. 아무래도 여행에서 돌아와 나름대로 자료와 생각을 정리한 다음이 아닐까 합니다. 학문은 연속성과 집중성을 가져야 효과가 나타나니까요. 따라서 여행에서 돌아온 뒤 스물두 살 내지 스물세 살부터 본격적으로 학문을 시작했을 가능성이 크다고 봐야 할 것 같습니다. 마침 공안국도 박사라는 직위로 장안에 머물고 있었기 때문에 간대부諫大夫가 되기 전까지 4, 5년간 충분한 기회를 가졌을 것으로 보면 크게 무리가 없을 것입니다. 여기서 또 한 가지 주목되는 사실은 사마천이 스물두 살이 된 기원전 124년(원삭 5) 6월 승상으로 막 승진한 공손홍이 요청해 무제의 인가를 얻은 다음 조치입니다.

박사 직책 아래로 50인의 제자를 두고 그들의 요역을 면제시켜주십시오. (…) 그 가운데 낭중이 될 만한 뛰어난 자가 있으면 태상이 명부를 작성해 보고하게 합니다. 또 남다른 수재가 있으면 그때마다 그의 이름을 보고토록 합니다.(권121 〈유림열전〉)

이렇게 본다면 사마천은 여행에서 돌아온 스물두 살 무렵부터 박사 공안국 밑에서 제자가 되어 공부하다 어느 시점에 가서 낭중으로 입사했을 가능성이 크다고 하겠습니다.

학 생 | 그렇다면 당대 최고의 지식인이었다는 동중서와 공안국은 어떤 인물들이며 사마천은 그들에게 무엇을 배웠나요?

김영수 | 먼저 공안국은 서한의 경학자經學者로 나고 죽은 해는 확실치 않습니다(최근의 중국 자료를 보면 기원전 156년에 태어나 기원전 74년에 사망했다고 합니다. 그렇다면 사마천보다 11년 연상이고, 사마천이 죽고 17년 뒤에 사망한 셈이 됩니다). 경학자란 경전을 공부하고 연

구하는 학자를 말하는데, 이때의 경전이란 대부분 유가 경전입니다. 공안국의 자는 자국子國입니다. 노나라 사람으로 공자의 11대 손이자 문제 때 임회臨淮(지금의 강소성 사홍泗洪) 태수를 지낸 공무孔武의 아들입니다. 신공申公 신배申培에게 《노시魯詩》(《시경》의 한 유파)를 배웠고, 복생伏生에게는 《상서》를 배웠습니다. 무제 때 박사·간대부·임회 태수 등의 관직을 거쳤습니다.

그런데 무제 때 재미난 일이 하나 일어납니다. 노 지역의 공왕恭王이 저택을 확충하다가 옛날 공자가 살던 집의 벽을 허물었는데, 뜻밖에도 그 안에서 진나라 이전 문자로 쓰인 고문古文 경서 《상서》,《논어》,《효경孝經》 등이 쏟아져 나왔던 것입니다. 그 당시에는 고문을 아는 사람이 없어 공안국이 정리하고 금문今文으로 번역

고문 경서들이 쏟아져 나온 공자의 집 벽, 즉 '노벽魯壁'의 지금 모습이다. 산동성 곡부 공부 내에 있다.

하는 일을 맡았습니다. 그 후 공안국은 무제에게 이 고문《상서》를 올려 56편으로 확정 짓고, 자신이 직접 고문 경서들을 해석함으로써 고문 경서가 퍼져나가는 계기를 마련했습니다.《고문효경전古文孝經傳》,《논어훈해論語訓解》등을 저술했고, 현재《상서공씨전尚書孔氏傳》이 그의 저술로 남아 있긴 하지만 이는 후대 사람들이 그의 이름을 빌린 것으로 보고 있습니다.

다음으로 동중서는 광천廣川(지금의 하북성 조강 동북) 출신의 사상가입니다. 대략 기원전 179년에 태어나 기원전 104년 76세로 세상을 떠났으니 사마천보다 34년 연상이고, 사마천의 아버지 사마담보다도 나이가 많습니다. 어려서부터《춘추》를 공부해 경제 때 박사가 되었고, 공자의 학설을 깊이 연구해 현량賢良으로 추천을 받아 관직 생활을 시작했습니다.

기원전 140년(사마천 6세), 한 무제가 천하의 뛰어난 현량과 문학 인재들을 불러들일 때, 현량이었던 그는 대책對策을 올려 '하늘과 인간이 함께하며' '군주의 권력은 신이 부여한' 것이라는 학설을 제기합니다. 이를 통해 그는 "큰 도는 하늘에서 나오고 하늘은 불변이므로 도 역시 불변"이라는 이데올로기를 널리 주장합니다. 또한 '삼강三綱', '오상五常' 체계를 처음으로 창안해 한 무제에게 백가를 축출하고 오로지 유술儒術(유가술)만을 떠받들 것을 요청했습니다. 무제 역시 통치권의 확립이라는 점을 고려해 이를 받아들입니다. 이로써 2,000년 넘게 유학이 중국 사상의 정통으로 행세하게 되었습니다.

그는 강도왕과 교서왕의 상相에 임명되기도 했고, 후에 병을 핑

계로 퇴직해 학문과 저술 활동에 전념했지만 조정에 큰일이 있으면 늘 그의 집으로 사신을 보내 상의할 정도로 조정에서 큰 대접을 받았습니다. 《춘추번로春秋繁露》, 《거현량대책擧賢良對策》이 현존하고, 원래 문집이 한 권 있었다 하나 전하지 않습니다.

동중서가 무제의 아버지인 경제 때 박사에 임명된 것을 보면 공

동중서는 한 무제가 '파출백가罷黜百家'를 시행하고 유가를 통치 이데올로기로 확정하는 데 큰 영향을 준 학자이자 사상가였다.

안국보다 약간 연상으로 추측됩니다. 사마천이 본격적으로 학문의 길로 들어설 무렵 동중서는 50대 중반, 공안국은 40대로 접어들었지요. 이 나이라면 두 사람 모두 학문적으로 성숙한 단계에 이르렀다고 해야 할 것입니다.

사마천이 이 두 사람에게 사상과 학문을 배웠다는 사실은 대단히 의미심장합니다. 동중서는 한 무제에게 절대적 통치권을 담보할 수 있는 사상적 이데올로기를 제안해 다른 사상을 모두 배척하고 유가의 법술만을 받드는 이른바 '유가독존'을 선언케 한 장본인으로서 당시 정치와 사상계에서 큰 비중을 차지한 인물이었습니다. 공안국은 금문경학今文經學이 독주하던 당시 학계에서 고문경학古文經學을 들고 나와 '금고今古 논쟁'의 단서를 마련한 인물로 동중서와는 또 다른 면에서 상당한 비중을 차지하는 인물이었지요. 이런 대학자들에게 사사받았다는 사실은 사마천의 학문을 더욱 성숙하

게 만드는 계기로 작용했을 겁니다.

학 생│ 그러니까 사마천의 사상적 배경을 탐색하는 것이군요.

김영수│ 바로 그렇습니다. 우선 사마천은 아버지 사마담에게 '황로 黃老사상'을 배웠습니다. 그리고 공안국, 동중서에게 유가사상을 배 웠지요. 사마천의 사상이 반영된 《사기》를 이해함에 있어 이 점은 매우 중요합니다. 따라서 진이 중국을 통일한 이후 무제에 이르기 까지 사상계의 동향과 주요 사상들을 참고로 살펴보겠습니다.

유학과 황로학의 대립

학 생│ 학구적인 이야기가 나올 듯하니 긴장해야겠습니다. 최대한 쉽게 이야기해주시면 감사하겠습니다.

김영수│ 노력해보지요. 말하자면 중국 철학사를 간략하게 훑어보 는 것인데, 중국 철학사에서는 진과 한을 한데 묶어 '진·한 철학'이 라 합니다. 중국에 통일된 봉건제도가 들어서고 발전을 이룬 시기 의 철학을 말합니다. 이 시기는 전체적으로 통일 이전 춘추전국시 대 백가쟁명百家爭鳴의 국면이 마무리되고 유가 철학을 중심으로 한 봉건 통치사상의 체계가 점차 틀을 잡아간 때였습니다. 먼저 그 역사적 배경을 살펴보면 다음과 같습니다.

기원전 221년 진이 6국을 차례로 멸망시키고 중국 역사상 최초 로 통일된 전제주의 중앙집권 국가를 세웁니다. 새로운 봉건 정권을 단단히 다지기 위해 진시황은 일련의 경제·정치·문화적 조치를 단행하지요.

　백성에게 토지 소유를 허가해 직접 자신의 땅에서 농사를 짓고 세금을 내도록 했으며, 봉국封國을 폐지하고 군현郡縣을 두어 중앙에서 직접 관리를 파견했습니다. 황제의 권력이 그만큼 강해진 것이지요. 이어 빠른 시일 내에 정치적 통일을 이루기 위해 전국의 경제 유통망을 확충합니다. 가장 중요한 것이 도로를 정비하는 일이었습니다. 진시황은 수레바퀴의 크기를 통일하고 문자도 통일했습니다. 화폐, 도량형 통일도 같은 목적을 이루기 위한 수단이자 방법이었지요. 이러한 조치들은 사회 생산력을 발전시키는 힘이 되었습니다. 그러나 무거운 세금과 노역, 잔혹한 형벌에 의한 통치는 봉건 통치자와 백성 사이의 모순을 빠른 속도로 심화시켰고, 그 결과 진 왕조는 15년을 버티지 못하고 농민봉기로 무너졌습니다. 너무 급하고, 너무 폭력적인 이런 정책을 추진하는 데 절대적인 카리스마를 발휘했던 진시황이 갑작스럽게 죽었기 때문입니다.

　이후 약 7년에 걸친 초한쟁패 결과 유방에 의해 한나라가 건국됩니다. 한나라 통치자들은 급격하게 무너진 진나라를 거울삼아 사회 모순을 누그러뜨리는 일련의 조치들을 취할 수밖에 없었습니다. 그 결과 사회경제가 점차 회복되고 발전해 문제와 경제 시기에 이른바 '문경지치文景之治'를 맞이하게 됩니다. 이어 무제 때 봉건적 경제와 문화가 최고 번영기를 누립니다. 그러나 그 배후에는 심각한 사회적 위기가 도사리고 있었습니다. 서한과 동한, 양한 시대 동안 권세가들의 토지 침탈이 끊임없이 이어졌고, 관료 귀족들의 교묘한 약탈이 계속돼 농민과 지주, 중소 봉건 지주계급과 강력한 지주계급 사이의 모순이 갈수록 심각해져 갔습니다. 농민혁명의 폭발을 비롯한 각종 사회 모순의 심화는 사회 발전을 추진하는 동시에 철학사상의 발전에도 큰 영향을 미쳤습니다.

진·한 철학은 새로운 역사적 조건과 선진 시대 제자백가의 철학을 바탕으로 발전했습니다. 이 시기에는 유가와 법가, 유가와 도가가 서로 대립·투쟁하는 국면이 여러 차례 나타났습니다. 그러나 통치계급 쪽에서 보면 '황로를 숭상하든', '유술 하나만을 떠받들든' 실제로는 각 학파의 학설을 종합해 이른바 '패왕도覇王道로 다른 모든 것을 섞는다'는 기본 원칙을 취하는 것이 가장 유리했지요. 실용을 추구한 것입니다. 유가 학파 내부에서는 금문경학과 고문경학의 논쟁이 양한 시대 철학사상의 발전에 중요한 영향을 미쳤습니다.

학 생 과거나 현재나 가진 자와 못 가진 자, 가진 자와 덜 가진 자의 갈등은 끊임이 없는 것 같습니다. 나라가 혼란에 처하면 사상은 더욱 꽃핀다는 이야기를 들은 기억이 납니다.

김영수 그렇습니다. 사회 모순이 심각해지면 그것을 해결하고자 새로운 사상이 나타나고는 했지요. 그럼 이제 사상과 철학의 발전 상황을 살펴볼까요? 대체로 다음과 같이 정리해볼 수 있습니다. 진·한 시기는 각종 철학사조가 서로 뒤섞여 격렬하게 자극을 주고받는 과도기적 성격을 띠었습니다. 사상과 학설에 대한 통치자들의 선택 또한 과도기를 거쳐 점차 안정되는 과정을 밟았지요. 진나라를 통치했던 진시황과 진시황의 충실한 전도사 이사 등은 법가만을 떠받들고 사학私學을 폐지했으며, 군주의 의지와 권세를 지나치게 과장하고 법제를 편파적으로 강조했습니다.

한나라의 초기 통치자들은 백성을 쉬게 하는 정책을 취해 황로학의 무위사상無爲思想을 내세웁니다. 억지로 일을 만들지 않는 것이 주된 기조였지요. 그 사상을 대표하는 인물로는 개공蓋公·사마담 등이 있습니다. 황로학의 경전은 《황제서黃帝書》와 《노자老子》였습니다. 고증에 따르면 1973년 호남성 장사 마왕퇴馬王堆 3호 무덤에서 나온 《경법經法》 등 네 편의 고서가 당시 유행하던 《황제서》의 주요 부분들이라고 합니다. 도가사상을 중심으로 명가와 법가의 요지를 융합하고 여기에 유가·묵가·음양사상을 아울러 채용하고 있습니다. 유물주의 경향을 갖추고 있으면서도 동시에 풍부한 변증법 사상을 포함하고 있다는 것이 중국 학계의 소개입니다. 서한 중기에 나타난 《회남자淮南子》는 대체로 이 사상의 노선을 이어받고 있다고 볼 수 있습니다.

그러다 한 무제 때에 와서 '백가를 내치고 오로지 유술만을 떠받들면서' 동중서는 중앙집권을 다지는 데 필요한 수요에 적응하기 위해 천인감응天人感應사상을 핵심으로 하는 철학 체계를 수립합니다. 이로써 유가는 독점적 통치 지위를 누리는 어용 철학으로 자리를 굳히고, 동중서의 학설은 법가를 받아들이고 음양가의 이론과도 결합해 점차 참위학讖緯學으로 발전해갑니다(참위학 또는 참위설은 '참'과 '위'가 결합한 단어입니다. 대체로 서한 말에서 동한 시대에 걸쳐 유행한 정치적 혼란과 왕조 교체에 대한 미신적 예언을 '참'이라 하고, '위'는 신비사상으로 유교 경전을 해석한 《위서緯書》를 말합니다. 서한의 오행설이나 하늘과 인간이 서로 관계되어 있다는 '천인상관설天人相關說'에 기초한 것으로, 사람이나 왕조의 운명, 즉 인간의 모든 일이 하늘의 운과 명에 의해 결정될 수밖에 없다는 논리입니다. 이를 천인감응설이라 합니다. 이런 주장은 사실 미신적 요소가 강하며, 왕왕 정치적 야심을 품은 자들에게 선동의 수단으로 이용되기도 했습니다).

학 생 | '진·한 시기는 중국을 하나로 통일한 뒤 그 통일된 나라를 다스릴 유일한 사상 체계를 설정하기 위해서 그동안 존재해온 다양한 학문을 통합해 새로운 통치사상을 만들어가던 시기였다'로 이해하면 되겠지요?

김영수 | 네. 맞습니다. 진·한 시기는 봉건 통치계급이 새로운 통치사상을 만든 중요한 시기였습니다. 이 시기의 철학은 여러 학설을 두루 종합했다는 특징을 보입니다. 우주의 구성, 형체와 정신의 관계, 과거와 현재의 변화, 인성의 선악 같은 문제에 대해 선진 시대보다 더 깊은 탐구가 이루어집니다. 동중서가 세운 "왕도의 세 가지 벼리는 하늘에서 구할 수 있으며" "하늘은 변하지 않고 도도 변하지 않는다"는 신학적 철학 이론은 봉건 종법사상宗法思想과 봉건 제도 확립을 위한 이론적 기초가 되었습니다.

　요약하자면 사마천 당시의 사상계는 유가를 중심으로 새로운 질서 체제를 잡아가는 과도기였고, 그 중심에 최고 통치자인 무제와 이론 제공자인 동중서가 있었습니다. 그리고 이 과정에서 황로사상을 신봉하는 인물들과 살벌한 투쟁을 벌이기도 합니다. 사마천은 훗날 《사기》를 통해 이런 사상 투쟁의 전모를 신랄하게 폭로합니다. 어쨌든 무제는 전제적 군주권을 확보하는 사상적 논리적 근거로 동중서의 이론을 채택했고, 이로써 유가는 모든 사상을 물리치고 배타적 독주 체제를 확립할 수 있었습니다. 그리고 유가 내부에서는 금문경학과 고문경학의 논쟁이 표출되었는데, 그 단서는 아까 말씀드린 대로 공안국이 마련했다고 할 수 있습니다.

학 생 ㅣ 쉽게 설명해주신 것 같기는 한데 그럼에도 이해하기가 조금 벅찹니다. 황로학과 유가에 대해 그리고 유가와 황로학이 벌였다는 살벌한 투쟁에 대해 조금 더 설명을 부탁드립니다.

김영수 ㅣ 좋습니다. 먼저 황로학부터 살펴보지요. 황로사상 또는 황로학은 중국 전국시대에 일어난 철학·정치사상의 유파입니다. '黃'은 전설 속의 황제黃帝를, '老'는 노자를 가리킵니다. 황제는 중국 고대 전설 속에 등장하는 '인간과 신이 섞인' 인물인데, 전국시대 중·후기 제자백가들이 고대의 황제에 관한 자료를 많이 모으기 시작합니다. 이때 황제는 상고시대의 성제명왕聖帝明王으로 대발명가이자 대사상가, 화하華夏민족의 시조로까지 떠받들어지게 됩니다.

황로학은 전국시대에 일어나 서한 시대에 성행합니다. 사마천은 《사기》에서 여러 차례 황로를 거론하는데, 권80 〈악의열전〉에서 사마천이 꼽은 황로학자들을 보면 하상장인河上丈人·안기생安期生·낙하공樂瑕公·낙신공樂臣公·선공善公이 있고, 한나라 때의 조참曹參·진평陳平·사마계주司馬季主·두태후竇太后·안구생安丘生·왕생王生·황생黃生 등도 이름난 황로사상의 신봉자였습니다. 《한서》〈예문지〉에는 황제의 이름을 빌린 책이 21종이나 나오는데, 《황제내경黃帝內

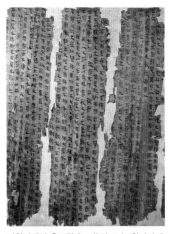

마왕퇴에서 출토된 《노자》의 모습. 한나라 초기 황로사상을 대변하는 대표적인 저작이다.

經》외에는 모두 없어졌습니다. 앞에서 소개해드린 장사 마왕퇴 한나라 시대 무덤에서는 비단에 쓴 책, 즉 백서帛書《노자》와 함께 옛날에 없어진 것으로 알려진《경법》·《십육경十六經》·《칭稱》·《도원道原》네 편이 발견되었는데, 이것들이 모두 황로 학파의 중요한 저작입니다.

그럼 황로학의 특징을 말씀드리겠습니다. 먼저 도道와 법法을 결합해 '도가 법을 낳는다'는 '도생법道生法'의 관점을 제기한 데서 찾을 수 있습니다. 또한 황로학은 형덕刑德관념을 앞세워 은혜와 위엄을 동시에 베풀며 정권을 다지라고 주장합니다. 도와 법을 위주로 하는 동시에 음양가, 유가, 묵가, 명가의 사상도 아울러 채용하고 있는 상당히 실용적인 사상입니다.

황로학은《노자》의 '도'를 개조해, 그것을 객관적 존재인 천지만물의 총체적 규율로 봅니다. 도란 "사람이라면 누구나 쓰지만 그 형체를 볼 수 없다"면서 도의 객관적 필연성을 강조하고, "도의 움직임에 어쩔 수 없이 따르게 된다"고 생각합니다. 또 사회생활에서의 객관적 규율성도 지적했는데, "극에 달하면 되돌아오고, 번성하면 쇠퇴하는 것이 하늘의 도이자 인간의 이치다" 같은 대목이 대표적입니다.

황로학은 노자사상을 사회와 국가의 다스림에 운용하면서 법치와 상벌의 신뢰성, 명분과 실질의 책임성을 주장합니다. "잘잘못을 가려 법으로 판단하고, 허정虛靜한 마음으로 삼가 의견에 귀를 기울여 법으로 알맞게 한다"라든가 "다툼이 없으면 성공이 없다"면서 전쟁으로라도 통일을 완성해 전국시대의 분열된 상황을 끝내자고 주장했습니다.

한편 황로학은 포용을 내세우며 "청정을 귀하게 여기면 백성이 스스로 자리를 찾는다"고도 했습니다. 이는 군주의 다스림이란 '억지로 일삼지 않고 다스리는' 이른바 '무위이치無爲而治'로, 군주는 정치의 요점만 파악하면 되고 지나치게 간섭해서는 안 된다는 통치 논리로 전개됩니다. 또한 "번거롭고 가혹한 일은 줄이고 세금을 가볍게 하고 백성의 시간(농번기)을 빼앗지 말 것"을 주장해 한나라 초기 통치자들에 의해 적극 수용되었습니다. 한나라 초기의 소하, 조참, 진평 같은 대신들이 "황로학을 즐겨해" "무위의 정치를 펼치니" 봉건 경제가 회복되어 '문경지치'와 같은 번영기가 나타나게 됩니다.

학 생 │ 설명을 듣고 보니 황로학이 굉장히 매력적인 사상으로 느껴집니다. 그동안은 학문이라기보다는 약간 신비주의적인 색채를 띤 종교 쪽에 더 가깝다고 생각했거든요.

김영수 │ 전국시대에서 서한 시대에 이르기까지 본래 황로학은 '세상을 다스리는' 경세經世의 학문이었습니다. 그런데 동한 시대에 이르러 '자연장생의 도'로 변질되기 시작했습니다. 일부 방사方士들이 황로학을 신선장생神仙長生, 귀신제도鬼神祭禱, 참위부록讖緯符籙 같은 방술과 한데 섞어 황제와 노자를 신선이라 칭하는 등 원시 도교를 형성하기에 이르렀지요. 신비주의적인 종교라고 느낀 이유가 아마 여기에 있을 겁니다.

학 생 그렇군요. 그럼 이제 황로학과 유학의 대립에 대해 살펴볼까요?

김영수 무제 집권기 때 황로학은 유학과 극심하게 대립합니다. 정권 초기의 통치사상과 정권이 안정된 후 안팎으로 적극적인 정책을 시행하던 시기의 통치사상이 같을 수 없었기 때문입니다. 몇 차례 말씀드린 대로 기원전 140년 동중서의 건의에 따라 무제는 유가를 독존으로 내세우는 사상 통일 정책을 표방했습니다. 그런데

황로학 신봉자였던 두태후는 한나라 초기 정권이 안정되는 데 큰 영향을 미친 인물이다. 사진은 두태후의 무덤이다.

바로 이듬해인 기원전 139년 황로학을 신봉하던 무제의 할머니 두태후의 반격으로 유가파의 어사대부 조관趙綰과 낭중령 왕장王臧이 옥에 갇히고 급기야 자살하는 사건이 발생합니다. 이 사건으로 유학은 정치·사상적으로 큰 타격을 입게 됩니다. 황로학 신봉자들의 승리였지요.

무제가 실질적으로 황제권을 행사한 건 기원전 135년 두태후가 세상을 떠난 뒤였습니다(무제 22세, 사마천 11세). 이러한 정치·사상 투쟁은 무제의 아버지 경제 때부터 시작되어 무제 대에 이르러 본격화되었는데, 그 잔혹함과 격렬함이 분서갱유焚書坑儒 못지않았다고 평가하는 사람이 적지 않습니다. 사마천은 훗날 권107 〈위기무안후열전〉에서 갖가지 복선과 암시를 통해 이 일련의 치열한 정치·사상 투쟁의 이면을 절묘하게 묘사했습니다.

학 생 | 정치적으로 어떤 세력이 권력을 잡느냐에 따라 통치사상도 변화했던 것이군요. 이런 표현이 적절한지 모르겠습니다만 한나라의 1세대 정치인들이 물러나고 2세대 정치인들이 등장하면서 치열하게 전개된 권력 교체가 사상의 탄압과 투쟁으로 나타났다는 생각이 듭니다. 선생님께서 말씀해주신 사실을 염두에 두고 〈위기무안후열전〉을 읽어봐야겠습니다.

김영수 | 《사기》는 모든 편이 유기적으로 연결되어 있습니다. 한 권만 읽어서는 전체 그림을 볼 수 없지요. 제가 《사기》를 두고 'one for all, all for one(하나는 전체를 위하여, 전체는 하나를 위하여)'이라고 말하는 이유가 여기에 있습니다. 진나라의 멸망 과정에 대해 자

세히 알고 싶다면 〈진본기〉, 〈진시황본기〉와 더불어 〈항우본기〉, 〈고조본기〉, 〈진섭세가〉를 함께 읽어야 하지요. 더구나 《사기》는 복선과 암시가 많아 읽으면 읽을수록 새로운 느낌이 드는 역사서입니다. 〈위기무안후열전〉을 다시 읽어보시면 또 다른 느낌이 들 겁니다. 그럼 본론으로 돌아와 이제 유가에 대해 설명해볼까요?

학 생 │ 네. 유가는 많이 알려진 사상이라 어느 정도 알고 있다고 생각하는데요, 선생님께 설명을 들으면 제가 몰랐거나 혹은 오해하고 있던 유가에 대해 알게 될 것 같습니다.

김영수 │ 유가는 공자 이후 그 제자들에 의해 끊임없이 외연이 확장돼왔고, 학문 연구도 계속 발전해 이른바 '경학'으로 자리 잡았습니다.

공자는 만년에 유가 경전들을 종합적으로 정리했다. 이것이 훗날 유가사상의 심화와 정치적 외연 확대에 결정적인 작용을 했다. 자료 정리의 중요성을 공자가 여실히 보여준 셈이다.

다. 경학은 풍부한 철학적 내용을 포함한 중국의 오랜 학문으로, 유가 경전인 《역易》, 《시詩》, 《서書》, 《예禮》, 《악樂》, 《춘추》의 6경을 연구 대상으로 삼았는데, 《악》은 소리는 있지만 책이 없으므로 실제로는 5경이 됩니다.

이상의 유가 경전들은 '선왕이 남긴 자취'로 춘추 말기 공자가 정리했다고 합니다. 훗날 사마천은 《사기》에서 《역》의 〈역전易傳〉, 즉 〈단전彖傳〉, 〈상전象傳〉, 〈계사

繫辭〉, 〈문언文言〉, 〈설괘說卦〉 등은 공자가 지었으며, 《시》 3,000편을 공자가 300편으로 정리해 모두 곡을 붙여 악기로 연주하며 노래를 불렀다고 했습니다. 《상서》 3,000편 역시 공자가 100편으로 줄여 정리했으며, 《사례士禮》 17편도 공자가 정했고, 《춘추》는 공자가 지은 것이라 전합니다. 이 이야기가 믿을 만한 것이냐에 대해서는 후대 학자들 사이에서 아직도 논쟁거리로 남아 있긴 합니다.

유가 경전은 공자의 제자들에 의해 전수되었습니다. 《시》, 《서》, 《예》, 《춘추》는 복상卜商(자하子夏)이 전수했고, 《역》은 상구商瞿(자목子木)가 전수했습니다. 전국시대에도 전수는 끊어지지 않았지만 《악》은 일찌감치 잃어버려 찾을 길이 없어졌습니다.

진시황의 혹독한 분서 조치에도 《역》은 점치는 책이라 하여 살아남았고, 《시》는 노래로도 남았기 때문에 분서와는 상관없이 대가 끊이지 않았습니다. 분서의 명령이 내려졌음에도 일부 유학자가 경서를 산속 절벽이나 자기 집 벽 안에 숨겼습니다. 앞에서 말씀드린 '노벽' 사건처럼 한나라 초기에 이르러 이런 것들이 잇달아 발견되었지만 흩어지고 찢어져 부분만 남는 등 온전치 못한 것이 대부분이었습니다.

한 무제가 동중서의 건의를 받아들여 백가를 내치고 오로지 유술만을 떠받드는 '파출백가'를 시행했다는 것에 대해서는 앞서 여러 차례 말씀드렸지요. 이 사상 독재화 정책에 따라 유가 경전의 지위도 올라가 '경經'으로 대접받기에 이릅니다. 한나라는 5경박사五經博士 제도를 만들어서 경전 하나에 박사와 제자들을 두었습니다. 박사와 제자들은 경서를 읽고 토론했으며, 이를 통해 '경학'이란 학문이 모습을 갖추어갔던 것이지요.

학 생 | 유가가 오늘날까지도 중국을 넘어 동아시아 전체에 영향을 미칠 수 있었던, 그 화려한 출발점이 바로 한나라 때였다는 사실을 처음으로 알게 되었습니다. 책을 벽 속에, 산속에, 동굴 속에 숨긴 학자들의 열정이 정말 대단하다는 생각도 들고요. 계속해서 금문경학과 고문경학의 논쟁에 대해 설명해주시지요.

김영수 | 무제 당시에 경학은 동중서를 대표로 하는 금문경학이 학계와 사상계를 주도하고 있었습니다. 금문경학이란 한나라 시대에 유행하던 글자, 즉 '예서隷書'로 쓴 유가 경서인 '금문경'을 해석·연구하는 학문을 말합니다.

한나라 초기에 절벽이나 집 벽 속에 숨겨놓았던 유가 경서들이 하나둘 모습을 드러내자 한 무제는 이런 단편적인 경서를 보관하게 하는 동시에 흩어진 경서들을 한데 모아 기록하는 관리를 둡니다. 그 후 성제成帝(재위 기원전 33~7년)는 천하에 남아 있는 책들을 구했고, 유향劉向과 같은 학자들이 이런 책들을 모아 교정을 보고 해제를 달았습니다. 이렇게 해서 점점 책이 늘어나고 이와 함께 학문 분야에 따라 서적을 분류·정리하는 목록학의 실마리가 열렸던 것입니다. 물론 이는 사마천 후대의 일입니다.

한나라 때는 《역》, 《시》, 《서》, 《예》, 《춘추》의 유가 경전을 5경으로 분류했습니다. 무제 때는 국립대학이라 할 수 있는 태학太學을 세우고 5경박사를 두어 제자를 가르치게 하며 이를 '관학官學'이라 불렀습니다. 그리고 박사들이 가르치는 경서는 모두 금문경이었습니다. 앞서 말씀드린 대로 한나라 초기에 금문경학을 대표한 인물은 동중서로서 그가 전수한 경서는 《춘추공양전春秋公羊傳》이었습니다. 《춘추》에는 《곡량전穀梁傳》, 《공양전公羊傳》, 《좌씨전左氏傳》의 이른바 '3전'이 있습니다. 이 중 《공양전》과 《곡량전》이 금문경학에 속합니다. 동중서는 《춘추공양전》에 의거해 "하늘의 법을 오래 받들고" "하늘과 인간이 서로 감응한다"는 신비주의 사상을 펼쳤는데, 이것이 금문경학의 주요한 특징으로 자리 잡았습니다.

《춘추》 외에도 서한 시대에 《역》을 강론한 시수施讎, 맹희孟喜, 양구하梁丘賀 3가 및 경방京房, 《시》를 강론한 제, 노, 한 3가가 모두 금문에 속합니다. 고당생高堂生이 전한 《사례》 17편도 금문이었습니다. 이들 금문은 모두 음양과 천재지변, 천인감응을 이야기하고 있으며, 《제시齊詩》처럼 대단히 신비로운 음양 '오제五際' 등을 거론한 것도 있었습니다.

요컨대 사마천 당시의 금문경학은 학계와 사상계는 물론 정치 사상에도 절대적인 영향을 발휘하고 있었습니다. 황제권의 신성성을 '천인감응' 같은 신비주의적 색채를 띤 논리로 포장해 대대적으로 선전하고 있었으며, 야심만만한 무제는 이를 통치 수단으로 활용하는 노련함을 발휘했습니다.

학 생 | 네. 전문적인 이야기를 계속 듣고 있으니 슬슬 머리에 과부하가 걸리려는 것 같습니다.

김영수 | 이제 거의 다 왔습니다. 고문경학에 대해서만 짧게 설명하고 다음으로 넘어가지요. 선진 시대의 고문자인 '전서篆書'로 쓰인

유가의 경서를 고문경이라 부르며, 이 경전을 풀이하고 주석을 달고 연구하는 학문을 고문경학이라 했습니다.

진시황이 '분서' 조치를 단행했을 때 6경과 제자백가서는 모두 불에 타버렸습니다. 한나라 학자들이 전해 받은 경서는 대부분 '예서'로 쓴 '금문경'이라는 것이었지요. 그러나 그 뒤 절벽이나 깊은 동굴 벽 사이에 숨겨져 있던 유가 경서들이 잇달아 나타나기 시작합니다. 앞에서 말씀드린 것처럼 경제 때 노 공왕 유여劉餘가 공자 고택의 벽 속에서 고문 경전을 발견해 《상서》, 《예기》, 《논어》, 《효경》 수십 편을 얻을 수 있었으며, 하간헌왕河間獻王 유덕劉德은 옛날 것을 배우는 것을 좋아해 민간에서 고문으로 된 선진 시대 책들을 적지 않게 입수했는데, 그중에는 《주관周官》, 《상서》, 《예》, 《예기》, 《맹자》 등이 있었습니다. 그는 또 자신의 왕국에 《모시毛詩》, 《춘추좌전》를 연구하는 박사를 두기까지 했습니다. 《모시》나 《춘추좌전》도 고문에 속합니다. 공안국은 공자의 11대 후손으로 이런 고문 경전을 정리하는 일을 했고, 이후 이를 보급시키기 위해 많은 노력을 기울였습니다. 이로부터 고문 경전의 존재가 알려졌고, 이를 연구하는 사람들이 나타나기 시작합니다. 사마천 이후 선제宣帝 때(재위 기원전 74~49년)도 하내河內의 한 여인이 옛날 집에서 《역》, 《예》, 《상서》를 각각 한 편씩 발견했는데 모두 고문이었습니다. 이 고문 경전들은 전부 한 왕조의 비부秘府에 간직된 채 관학이 아닌 민간 학자들에 의해 개인적으로 전해지고 학습되었습니다.

서한 말기에 유흠劉歆은 《춘추좌전》, 《모시》, 잃어버린 《예》, 고문 《상서》 등 여러 고문경을 알리고 책을 옮긴 다음 정부기관에 태상

박사太常博士를 설치하려다가 금문경 박사들의 반대에 부딪쳤고, 이로써 최초의 금·고문경학 논쟁이 벌어졌습니다.

그 후로도 '금고 논쟁'은 몇 차례 더 일어났고, 동한 시대의 대학자 마융馬融을 거쳐 정현鄭玄에 이르러 여러 학설을 한데 모으고 많은 경전에 두루 주석을 달아 금문경학과 고문경학의 경계를 없앱니다. 이렇게 해서 '정학鄭學'이 유행하게 되고 금문경학은 자취를 감추었습니다.

금문경학의 특징은 다분히 정치적입니다. 여기에 미신적인 내용과 자연과학적인 내용이 포함되어 있습니다. 이에 비해 고문경학은 문자의 뜻을 풀이하는 훈고를 강의하고 전장제도를 밝히며 경문 자체의 내용을 연구했습니다. '그 뜻이 의심스럽고 대단히 괴이한 이론'이나 '음양재앙'은 거론하지 않았습니다. 물론 무제 당시에는 이러한 차이가 뚜렷하게 드러나지는 않았지만요.

무제 당시의 정치·사상적 상황에서 보면 공안국은 고문 경서의 존재를 알리고 그것을 초보적으로 연구한 고문경학의 선구자였습니다. 공안국은 고문《상서》에 정통했고 그것을 관학으로 편입시키려고 노력했습니다. 하지만 죽을 때까지 그 소원은 이루어지지 않았고, 박사로서 그는《노시》만 전수할 수 있었을 뿐입니다. 그러나 개인으로서 그는 고문으로 쓴 유가 경전을 전수했는데, 그의 학문을 전수받거나 그에게 영향을 받은 인물 가운데 가장 뛰어난 사람이 바로 사마천이었습니다. 그리고 사마천 외에 아관兒寬이란 인물이 있었지요. 반고가《한서》〈유림열전·공안국전〉에 특별히 사마천이 공안국에게 '문고問故'했다고 기록한 것도 이런 이유 때문이었습

니다. 그리고 '문고'의 내용은 당연히 고문으로 기록된 유가 경전이
었을 것입니다.

우리가 위에서 장황하게 살펴본 무제 당시의 학계와 사상계의
상황을 고려해볼 때, 사마천이 당대 최고의 명성을 자랑하며 통
치자의 논리를 대변하던 동중서와 새로운 학문의 영역을 개척하
기 위해 애쓰던 공안국 이 두 학자에게 유가의 주요 경전인 《춘추》
《춘추공양전》와 《상서》(금문으로 번역된 고문 《상서》)를 중심으로 하
는 학문과 사상을 배우고 조언을 받았다는 사실은 그의 일생에 있
어서 대단히 중요한 사건이자 계기였습니다.

학 생 │ 그러니까 즉 '사마천은 무제 당대의 지배이념이었던 유가의
동향에 관심을 기울일 수밖에 없었고, 이를 위해 금문경학과 고문
경학을 대표하는 동중서, 공안국 두 대가를 찾아 공부하고, 질문
하고, 토론했다'고 보면 되겠지요?
김영수 │ 바로 그렇습니다.

세기의 로맨스

학 생 │ 스물여덟 살 무렵 사마천은 예비 관료인 낭중이 되었다고
했습니다. 여행에서 돌아온 후 입사할 때까지 사마천은 당시 사상
계의 두 거목인 동중서와 공안국에게 사사했습니다. 그럼 입사한
후에는 이 두 사상가와 교류가 없었습니까?

김영수 ｜ 기록에는 이렇다 할 내용이 남아 있지 않습니다만 아무래도 입사 후에는 만날 기회가 줄어들었겠지요. 하지만 조정에서 만날 수 있었고, 필요하면 수시로 찾아가 대화를 나누지 않았을까요?

학 생 ｜ 입사 이후 사마천은 어떤 활동을 했나요?

김영수 ｜ 사마천이 예비 관료인 낭중이 되어 입사한 해는 기원전 118년입니다. 당시 무제의 나이는 39세로 즉위한 지 24년째 되던 해였습니다. 가장 의욕적이고 왕성할 나이였지요. 이해에는 많은 사건이 일어났습니다. 한나라를 대표하는 문장가 사마상여가 세상을 떠났습니다. 사마천에게는 중요한 의미를 갖는 사건이었지요. 사마천이 사마상여의 열전에 그의 문장을 여러 편 수록한 것으로 보아 오래전부터 사마상여를 흠모해온 것 같습니다. 그리고 이해에 임안이 사마천과 함께 입사하지요.

학 생 ｜ 사마천이 〈보임안서〉를 써서 보낸 그 친구 임안을 말씀하시는 거군요.

김영수 ｜ 그렇습니다.

학 생 ｜ 또 어떤 사건이 있었나요? 사마상여에 관해서는 1장에서 '견자' 이야기를 한 것이 기억납니다.

김영수 ｜ 네. 사마상여에 관한 이야기는 나중에 또 언급할 기회가 없을 것 같으니 여기서 마저 하고 넘어가도록 하겠습니다.

학 생 | 사마상여는 문장가에다 탁문군이라는 부잣집 딸과의 로맨스로 유명하다는 말씀을 하셨습니다. 그리고 전국시대의 유명한 유세가 인상여를 흠모해 자신의 이름을 상여로 지었다는 이야기도 하셨지요.

김영수 | 그렇습니다. 〈사마상여열전〉은 70권이나 되는 열전 중에서도 장편에 속합니다. 사마상여의 문장이 여러 편 들어 있기 때문입니다. 그런데 그와는 별도로 사마상여의 어린 시절 일화와 사랑 이야기가 실려 있어 역대로 많은 사람에게 관심을 받은 편이기도 합니다. 다소 중복되지만 조금 더 상세히 이야기해보지요.

사마상여는 어릴 때부터 책 읽기를 좋아했고 검과 격투기를 배웠다고 합니다. 부모는 이런 상여를 '견자'라 부르며 귀여워했는데, 견자란 말 그대로 '강아지'란 뜻입니다. 과거 우리도 어린아이를 '개똥이' 따위의 별명으로 불렀지요. 천한 이름이 오래 산다는 속설 때문이었습니다. 중국 농촌에는 지금도 아이를 "고양아", "강아지야" 등으로 부르는 습속이 남아 있다고 합니다. 기록상으로만 보면 그 원조는 사마상여가 될 성싶습니다. 어린 시절부터 공부와 무예를 좋아했던 상여는 문무를 겸비한 준수한 청년으로 성장했고, 사마천은 이런 사마상여를 풍채가 좋은 사람이라고 기록했습니다.

어느 정도 공부를 마친 사마상여는 스스로 자신의 이름을 '상여'로 바꿉니다. 전국시대 말기 조나라의 유명한 외교관이자 유세가인 인상여의 인품을 흠모했기 때문인데, 여기서 바로 '인상여를 사모한다'는 '모인상여' 또는 '모인慕藺'이라는 흥미로운 단어가 나왔습니다. 당시 인상여는 막강한 진나라의 압박에 시달리던 조나

사마상여가 사모했던 전국시대의 명인 인상여의 무덤.

라의 사신으로서 진나라에 가서도 당당함을 잃지 않은 한편 진나라가 빼앗으려던 귀중한 벽옥을 무사히 가져오는 등 외교적으로 큰 공을 세웠습니다. 이 과정에서 우리가 익히 알고 있는 '완벽귀조完璧歸趙'라는 고사성어가 탄생했지요. 또한 무장 염파廉頗와는 목숨을 내놓아도 아깝지 않은 우정을 나누어 '문경지교刎頸之交'라는 미담을 후대에 전하기도 했습니다.

사마상여가 이름을 상여로 바꾼 진정한 이유는 알 수 없습니다. 다만 상여가 "말이 어눌했다"는 기록으로 보아 언변술이 뛰어나고 인품이 훌륭한 인상여를 따르고 싶은 마음에서 그랬던 것은 아닐까 추측해볼 뿐입니다.

이후 사마상여는 많은 돈을 들여 예비 관료직인 낭郎이 되었으나 오래 붙어 있지 못하고 유세객을 따라 양나라 등 여러 지역을

사마상여와 탁문군의 로맨스는 지금도 읽는 이의 마음을 설레게 할 정도로 참신하고 파격적이다.

떠돌았습니다. 그러던 중 학문과 학자를 우대한 양나라 효왕孝王이 상여를 학자들과 같은 집에 머물도록 했고, 그 덕에 사마상여는 몇 년 동안 학자, 유세객들과 함께 지낼 수 있었습니다. 그 무렵 상여는 그의 대표적 문장인 〈자허부子虛賦〉를 지었습니다.

양 효왕이 죽자 사마상여는 고향인 사천성 성도成都로 돌아왔습니다. 성도 부근 임공臨邛의 현령 왕길王吉이 상여를 잘 보아 그를 공경했는데, 상여는 그런 왕길을 귀찮아했지만 그럴수록 그를 더 깍듯이 대했다고 합니다. 그 무렵 임공의 최고 부자인 탁왕손卓王孫과 정정程鄭 두 사람이 큰 연회를 베풀어 왕길을 초대합니다. 왕길이 사마상여에게 사람을 보내 초대했으나 처음에 상여는 사양합니다. 왕길은 연회 음식에는 손도 대지 않고 직접 상여를 찾아갔고, 상여는 마지못해 연회에 동석하게 됩니다. 분위기가 무르익자 왕길은 상여에게 거문고 연주를 청합니다. 상여는 극구 사양하지만 강권에 못 이겨 두 곡 정도를 연주했지요. 사마천은 이때 사마상여의 언행이 차분하고 의젓하며 아름답고 품위가 있었다고 기록하고 있습니다.

그런데 탁왕손에게는 젊어서 과부가 된 탁문군이라는 딸이 있었습니다. 그녀가 잔치에 온 손님들을 살피다가 그만 상여에게 마음을 빼앗기고 맙니다. 상여 역시 현령과의 관계를 짐짓 과시하며 거문고 연주로 탁문군의 마음을 사로잡으려 했는데, 공교롭게도 두 사람의 마음이 통했던 것이지요. 이렇게 눈이 맞은 두 사람은 그날 밤으로 야반도주를 해버립니다. 여기서 '거문고 연주로 문군을 유혹하다'는 뜻의 '금도문군琴挑文君'이란 고사성어가 나왔습니다. 그리고 훗날 사람들이 '봉새가 황새를 구하다', 즉 '남녀가 짝을 구한다'는 뜻의 '봉구황鳳求凰'이란 단어를 만들어냅니다. 참으로 기가 막힌 로맨스지요?

학 생 ㅣ 네, 정말 로미오와 줄리엣에 버금가는 로맨스네요. 사마상여가 풍채도 좋고 인물도 매우 잘생겼다는 이야기를 들었습니다.

김영수 ㅣ 사마천은 상여와 문군의 러브 스토리 장면을 참 재미있게 묘사했습니다. 거문고 연주로 문군의 마음을 설레게 한 것 외에도 말이지요. 상여가 잔치에 나타나자 '자리에 있던 모든 사람이 감탄했다'는 '일좌진경一坐盡傾', 상여가 문군에게 수작 걸 때의 모습을 묘사한 '은근殷勤(慇懃)', 문군이 상여를 따라 그의 집에 가보니 '집에 있는 것이라곤 네 벽밖에 없었다'는 '가도사벽家徒四壁', 상여의 온화하고 우아한 자태를 묘사한 '옹용한아雍容閑雅' 등 신기하고 재미난 고사성어와 단어가 줄줄이 등장합니다. 그중에서도 가장 의미심장한 단어가 '심도甚都'라는 것인데, '옹용한아' 바로 뒤에 나오지요.

학 생 | 무슨 뜻입니까? 글자만 봐서는 전혀 감이 안 잡힙니다.

김영수 | 그렇지요? 글자만으로는 해석도 안 되고, 뜻도 오리무중입니다. 역대로 해석을 두고 말이 많았습니다. 보통 'very beautiful' 정도로 해석합니다. 남자라면 '아주 잘생겼다', '대단히 멋있다' 정도가 되겠지요. 부잣집에 손님이 가득 찬 잔치 분위기를 염두에 두고 상여의 모습을 묘사하면 이 정도가 될 겁니다. 현령 왕길이 사람까지 보냈지만 오지 않던 상여를 왕길이 직접 가서 모셔 옵니다. 상여가 올 때까지 사람들은 잔뜩 호기심을 갖고 기다렸겠지요. 그런 상황에서 등장한 상여를 본 손님들은 그의 자태에 깜짝 놀랍니다. 아주 멋진 남자였던 것이지요. 기대 이상이라고나 할까요. 분위기가 들뜨고, 이참에 왕길은 상여에게 거문고 연주와 노래까지 청합니다. 거듭 빼던 상여, 마지못한 듯 거문고를 잡고는 연주를 하는데 사람들은 또 한 번 놀랍니다. 그의 연주와 노래 솜씨에 말이지요. 이미 상여에게 관심을 갖고 있던 청상과부 문군은 완전히 넋이 나갑니다. 이렇게 해서 눈이 맞은 두 사람, 그날 밤으로 사랑의 도피행각을 감행합니다. 참 멋진 장면 아닙니까? 역사책에 이런 로맨스를 기록한 사마천 또한 감탄을 금할 수 없는 멋진 역사가입니다.

학 생 | 듣고 보니 정말 그렇습니다. 정통 역사서에다 남녀 간의 애정 이야기를 이렇게 흥미진진하게 기록하다니 나중에 비판을 많이 받았을 것 같습니다.

김영수 | 맞습니다. 정말 엄청나게 많은 비난에 시달렸지요. 사마상여와 탁문군의 러브 스토리뿐 아니라 《사기》 130권이 거의 모두 시비와 근거 없는 비방의 대상이 되었지요. 정말이지 저주받은 명작이 아닐 수 없습니다.

황제를 수행하다

학 생 | 저는 이런 이야기가 훨씬 재미있는데, 아쉽게도 저희는 다시 사마천의 일생으로 넘어가야 할 것 같습니다. 사마천이 입사한 28세 때 사마상여가 세상을 떴다는 이야기를 하다 여기까지 왔습니다.

김영수 | 28세를 전후로 관직 생활에 접어든 사마천은 그 당시 벌써 이론과 경험을 두루 갖춘 보기 드문 인재로 성장해 있었을 겁니다. 2, 3년에 걸친 천하 주유와 4, 5년에 걸친 본격적인 학문 연마는 그의 의식 수준과 안목을 크게 높여 놓았음에 틀림없습니다. 사마천은 가장 낮은 낭중에 임명되었지만 등급관념이 엄격했던 봉건제도에서 녹봉 600석의 사관 아들이 낭중이 된 것 자체가 파격이었습니다. 사마천이 남다른 능력을 갖추고 있지 않았더라면 근본적으로 불가능한 입사였지요. 사마천의 자질을 알아본 무제가 파격적

사마천 입장에서 보면 한 무제와의 인연은 악연 아닌 악연이었을 것이다. 아버지 사마담을 제외하고 무제만큼 사마천의 삶과 《사기》의 내용에 질적인 영향을 미친 사람은 없었다. 사진은 유가를 지배 이데올로기로 확정하는 '독존유술獨尊儒術'을 나타낸 석조물이다.

으로 그를 낭중에 발탁했다고 봐야 할 겁니다.

그리고 기원전 118년, 28세의 젊은 청년 사마천은 마침내 자신의 일생에 가장 중요하고 심각한 영향을 미치는 혈기왕성하고 야심 찬 제왕 무제 유철을 정식으로 만나게 됩니다. 그때 무제의 나이가 39세였습니다. 당시 무제는 이 세상 누구도 무엇으로도 막을 수 없는 절대 권력을 휘두르는 막강한 권력자였고, 젊은 사마천의 눈에 무제라는 존재는 경이로움과 숭배의 대상이었습니다. 그리고 두 사람은 이때부터 약 30년 동안 시간과 공간을 함께하며 애증을 반복합니다.

학 생 ㅣ 무제와의 인연을 말씀하셨는데, 이 무렵 사마천과 무제의 관계는 어땠으며 사마천이 주로 한 일은 무엇이었나요?

김영수 | 28세 이후부터 36세 때 아버지 사마담이 세상을 뜨기 전까지 사마천의 생애는 '경험의 확대, 깊어지는 열정'으로 정리할 수 있습니다. 약관의 나이에 경험한 천하와 천자를 수행하며 바라본 천하의 모습은 다를 수밖에 없었을 것입니다. 또한 30세가 넘으면서 역사서에 대한 구상에 들어간 것으로 보이며, 이와 함께 역사서 서술에 대한 열정이 더욱 깊어졌을 겁니다.

낭중으로 입사한 사마천의 관직 생활 초반기에서 주목할 만한 사건은 33세부터 무제를 수행해 지방 순시를 시작한 것입니다. 입사한 지 5년 만이었지요. 무제는 기원전 116년 산서성 분수汾水에서 보정寶鼎이라는 세발솥을 얻은 뒤 연호를 원정元鼎으로 고치고, 기원전 113년(원정 4)부터 본격적인 지방 순시에 나섭니다. 사마천이 이 순시를 수행했는데, 이는 사마천에 대한 무제의 신임이 상당했다는 것을 뜻합니다. 또한 이는 아버지 사마담이 관장하고 있던 일과도 무관하지 않았습니다. 사마담은 천자의 제사 활동 같은 행사를 주관하고 있었으니 아들 사마천에게 실제 현장을 수행할 기회를 준 것으로도 볼 수 있지요.

무제는 재위한 54년 동안 약 30차례 이상 지방 순시에 나섰습니다. 사냥 등 가벼운 출행을 합친다면 횟수는 훨씬 많아지지요. 지방 순시 때에는 대개 명산대천과 귀신에 대한 제사 및 신선을 구하는 행위 등이 함께 이루어졌는데, 역대 중국 제왕들 중 진시황과 한 문제가 이 방면에 가장 열을 올렸습니다. 무제를 수행하며 이런 행위를 지켜본 사마천은 훗날 《사기》를 저술할 때 〈봉선서〉편을 따

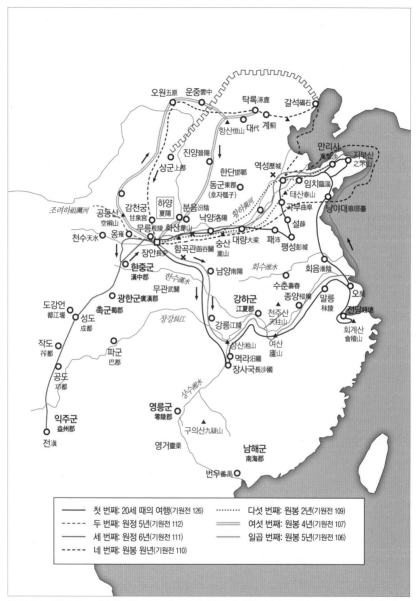

오원五原　운중雲中
탁록涿鹿　갈석碣石

항산恒山　대代　계薊

진양晉陽
상군上郡
한단邯鄲　역성歷城
동군東郡
(호자瓠子)　만리사萬里沙　지부산之罘山
임치臨淄
조려하徂瀝河
감천궁甘泉宮
공동산空桐山
천수天水　무릉茂陵　화산華山
옹雍
장안長安　함곡관函谷關
한중군漢中郡
무관武關
도강언都江堰
성도成都
광한군廣漢郡
작도莋都
파군巴郡
공도邛都
익주군益州郡
전滇

하양夏陽
분음汾陰　낙양洛陽
황하黃河
태산泰山
곡부曲阜　낭야대琅邪臺
설薛
대량大梁　패沛
숭산嵩山　팽성彭城
남양南陽　회수淮水
회음淮陰
수춘壽春
강하군江夏郡　종양樅陽　오吳
천주산天柱山　말릉秣陵　전당錢塘
강릉江陵　여산廬山　회계산會稽山
상산湘山
멱라汨羅
장사국長沙國

영릉군零陵郡
구의산九疑山
영거靈渠
남해군南海郡
번우番禺

한수漢水
회수淮水
장강長江
상수湘水

첫 번째: 20세 때의 여행(기원전 126)	다섯 번째: 원봉 2년(기원전 109)
두 번째: 원정 5년(기원전 112)	여섯 번째: 원봉 4년(기원전 107)
세 번째: 원정 6년(기원전 111)	일곱 번째: 원봉 5년(기원전 106)
네 번째: 원봉 원년(기원전 110)	

한 무제의 지방 순시도. 사마천 여행도 중 1차 20세 대여행을 제외한 노선이 무제의 지방 순시도에 해당한다.

로 마련해 역대 제왕들의 제사 행위의 실체를 비판적으로 기술합니다. 다음은 이와 관련한 《사기》 〈봉선서〉의 기록입니다.

나는 천자를 따라 순행하며 천지의 여러 신과 명산대천에 제사 지내고 봉선을 거행했다. 수궁에 들어가서 제사에 참여해 신께 올리는 축문도 들었다. 나는 방사와 사관의 의도를 세밀히 관찰한 다음 물러나와 예로부터 귀신에게 제사 지낸 역사적 사실을 순서대로 기록했고, 제사에 관한 형식과 내부 정황을 여기에 전부 기록했다. 후대 군자들은 이 기록을 통해 그 상황을 살펴볼 수 있을 것이다. 제사 지낼 때 사용되는 제기, 옥, 비단 등의 상세한 내용과 헌수의 제례의식에 대해서는 담당 관리들이 보존하고 있다.(권28 〈봉선서〉 중 '태사공 왈')

학 생 | 그런데 제가 읽은 바로는 역대 제왕들의 제사 활동을 기록한 〈봉선서〉의 내용과 한 무제의 기록인 〈효무본기〉의 내용이 똑같다고 하던데 그건 왜 그렇습니까? 무제에 대한 기록이 훗날 없어진 겁니까? 아니면 무제에 대한 비판적인 내용이 많아 폐기된 겁니까?

김영수 | 중요하고 좋은 질문입니다. 말씀하신 것이 사실입니다. 〈봉선서〉와 〈효무본기〉의 내용은 앞부분 몇 줄을 제외하고 완벽하게 일치합니다. 그대로 갖다 옮겨놓은 것이지요. 이 때문에 역대로 논란이 많았습니다. 말씀하신 것처럼 무제에 대한 불경스러운 내용이 많아 폐기되었다는 주장부터 사마천이 고의로 그렇게 안배했다는 설까지 다양합니다.

봉선대제가 행해진 태산은 역대 제왕들이 동경해 마지않던 명산名山이자 신산神山이었다.

학 생 | 선생님께서는 이 문제를 어떻게 보십니까?

김영수 | 저는 사마천이 의도적으로 〈봉선서〉의 기록을 〈효무본기〉에 그대로 실었다는 주장에 동의합니다. 무제는 54년 동안 재위했습니다. 그동안 얼마나 많은 일이 있었겠습니까? 잘못한 점도 있지만 업적도 대단했습니다. 기록할 내용이 많지요. 그런데 그런 건 다 빼놓고 미신적인 제사 활동, 신선과 불로장생에 대한 집착 등 부정적인 모습으로만 채워져 있습니다. 이것이 원래《사기》의 기록이 맞다면 그것은 무제에 대한 엄청난 조롱이자 야유입니다. 우리가 앞으로 이야기할 사마천의 궁형에 무제가 결정적으로 개입되어 있다는 점, 궁형을 자청하기까지 사마천이 보낸 죽음보다 치욕스러운 시간, 이런 것들을 생각한다면 〈효무본기〉는 무제에 대한 사마천의 원한 표출이자 복수라 할 수 있습니다. 저는 그렇게 봅니다.

학 생 | 역사책에 개인의 사사로운 원한과 복수심을 개입시킬 수 있을까요?

김영수 | 그렇기 때문에 《사기》가 특별한 역사서이고, 사마천도 아주 특별한 역사가인 것이지요. 하지만 사마천은 어디서도 노골적으로 자신의 원한과 복수심을 드러내지 않았습니다. 절묘한 장치들을 통해 자신의 복수관을 투영하고 있지요. 그래서 《사기》가 역사서인 동시에 문학서가 되는 겁니다. 이 문제는 나중에 다시 이야기하도록 하겠습니다.

학 생 | 무제를 수행해 지방 순시를 다닌 낭중 사마천의 삶에 대해 계속 이야기해주시지요.

김영수 | 지방 순시도 마찬가지지만 봉선을 비롯한 각종 제사는 일종의 정치적 목적에서 거행된 것이었으며, 이와 함께 신비성과 종교성이 따르는 활동이었습니다. 제사 활동들을 대표하는 봉선의 의미에 관해 조금 더 자세하게 알아봄으로써 이러한 활동을 수행하던 사마천이 받았을 인상과 감회 등을 생각해보겠습니다.

'봉선'은 '봉封'과 '선禪' 두 행위를 합친 단어로, 중국 역대 통치자들이 하늘과 땅에 지낸 제사의식입니다. 사마천의 기록에 따르면 전설 속 제왕들로부터 당대 한 무제에 이르기까지 많은 제왕이 이 의식을 거행했거나 거행하고 싶어 했습니다. '봉'은 흙으로 제단을 쌓아 하늘에 제사 지내는 의식인데, 예로부터 태산이 가장 신성하고 높다고 여겨 태산에 올라 상제에게 제사를 드리면서 '하늘'로부터 명을 받든다는 의사를 나타냈습니다. '선'은 땅에 드리는 제사

진시황은 태산에서 봉선을 거행하고 내려오다 비를 만난다. 그때 한 소나무가 진시황 머리 위로 가지를 뻗어 비를 막아주었고, 진시황은 이 소나무에 '오대부'라는 벼슬을 내린다. 그 후 이 소나무는 '오대부송'이라 불렸다.

로 대개 태산 아래 작은 산에서 거행했지요. 운운산雲雲山, 정정산亭亭山, 양보산梁父山, 사수산社首山, 숙연산肅然山 등이 그런 봉우리였습니다.

전설시대와 하·상·주 3대에도 봉선이 있었다는 설이 있고, 춘추시대 제나라의 재상 관중도 태산에 제사 지낸 전설 속 제왕이 72명이었다며 그 숫자와 구체적인 제왕 12명을 거론한 적이 있습니다. 이들이 봉선을 지낼 때 좋은 곡물이 나고 봉황이 날아드는 등 상서로운 현상이 절로 나타났다고도 했습니다. 하지만 진나라 이전 봉선 의례에 대한 구체적인 상황은 사료가 없어 알 수 없습니다.

봉선은 진시황의 중국 통일을 계기로 새로운 국면으로 접어듭니다. 통일 후 진시황은 각지를 순행하며 문무대신 및 유생박사 70인을 거느리고 태산에서 봉선의식을 거행했습니다. 봉선에 앞서 유생들은 그 방식과 절차 등에 관해 한바탕 논쟁을 벌였고, 참다못한 진시황은 이들을 모두 물리치고 자기 방식대로 의식을 거행해버리지요. 그는 수레를 타고 태산의 남쪽에서 정상에 올라 돌에다 진의 공덕을 새기고 신성한 '봉' 의례를 거행한 다음 산 북쪽에서 아래로 양보산에 내려와 '선' 의례를 치렀습니다. 대체로 과거 진나라가 상제에게 제사 드리던 의례를 근거로 이를 약간 바꾸어 거행했다고 합니다.

진시황 다음으로 봉선에 열을 올린 사람이 바로 무제였습니다. '문경지치'를 거치며 국가 기반이 안정을 찾고 국력이 강해지자 무제는 적극적으로 봉선 활동을 펼치기 시작합니다. 여기에 자기과시욕이 크고 큰일 벌이기 좋아하던 무제의 성격이 더해져 봉선을 비롯한 각종 제사 활동이 끊임없이 진행되었습니다. 무제는 우선 유생들에게 봉선 의례의 절차와 방식 등을 만들게 했습니다. 그러나 이에 대한 문헌 자료가 없었기 때문에 논의만 분분한 채 몇 년이 지나도록 두서를 찾지 못합니다. 과거 사용한 제기 등을 보여주며 직접 의례 절차를 챙기려 했으나 그마저 되지 않자 무제도 진시황처럼 자신이 절차와 방식을 정해버립니다. 그렇게 해서 기원전 110년에 거행된 '봉선'이 가장 대표적인 의식이었습니다. 이때 사마천의 나이는 36세였습니다. 이 장엄한 의식에 참석하지 못한 아버지 사마담은 울화병으로 쓰러져 세상을 떠납니다. 아버지의 장례를 치른 사마천은 부랴부랴 태산으로 달려가 이 의식을 참관했고, 그때의 상황을 〈봉선서〉에 남겼던 것이지요.

학 생 무제가 마음대로 정해버렸다는 봉선의 절차와 방식은 어떠했나요?

김영수 이 당시 무제는 양보산에서 '선' 제사를 먼저 지낸 다음 태산의 동방에다 단을 만들고 '봉' 제사를 지냈습니다. 단은 넓이가 1장 2척, 높이가 9척이었고, 아래에다 '옥첩서玉牒書'를 묻었다고 합니다. 그런 다음 일부 대신들과 태산 정상에 올라 2차 '봉' 의례를 올리고, 이튿날에는 다시 산 북쪽에서 내려와 숙연산에서 2차 '선' 제사를 올렸습니다.

무제 때 거행된 봉선의 상황을 보면 이렇습니다. 하늘에 제사 드리는 제천에는 천신 태일泰一에 드리는 의례를 활용해 3층의 단을 쌓고 주위에 청, 적, 백, 흑, 황의 다섯 제단을 두릅니다. 제사의 희생으로는 얼룩소·흰 사슴·돼지 등이 있었고, 제관은 수를 놓은 자색 옷을 입었습니다. 땅의 신 후토后土에 드리는 제사 의례에는 강회 일대에서 나는 일모삼척초一茅三脊草를 사용했는데 오색토를 섞었습니다. 그리고 먼 지방에서 자라는 진귀한 금수들을 산 전체에 풀어 상서로움을 표시했습니다. 장엄하게 울려 퍼지는 음악 소리와 함께 무제 자신은 황색 의복을 입고 몸소 무릎을 꿇고 절을 올렸습니다. 그리고 이 봉선 활동을 기념하기 위해 궁으로 돌아온 다음 연호를 원봉元封으로 바꾸었습니다.

학 생 황제들이, 특히 진시황과 무제가 봉선에 그토록 목을 맨 이유는 무엇입니까? 절차가 까다롭고 복잡해 번거롭기만 할 것 같다는 생각이 드는데요.

태산 정상에 있는 '무자비無字碑'는 무제가 자신의 공덕은 글로 다 새길 수 없어 공백으로 남긴다는 의미로 세웠다고 한다.

김영수 | 봉건 제왕들이 거행한 봉선은 종교와 정치라는 이중적 의미를 갖는 행위였습니다. 봉선은 우선 봉건 제왕의 통치 지위를 강화시켜주었습니다. 봉선의 주요 내용은 왕조가 바뀌었음을 하늘에 아룀으로써 새로운 군주가 천명을 받았음을 표명하는 것이었으니까요. 그런 다음 하늘의 보살핌과 은혜 그리고 복을 기원합니다. 이렇게 봉선 활동을 통해 제왕들은 자신에게 '군주의 권한은 신이 내린다'는 '군권신수君權神授'의 겉옷을 입힘으로써 군권과 신권을 결합시켰습니다. 그들의 모든 행위는 하늘의 의지가 되고, 하늘을 대리해 통치권을 행사하는 것이 되며, 아울러 피통치자들에게 하늘을 숭배하듯 자신을 숭배하라고 요구하는 것입니다. 그렇지 않으면 '천명'을 어기는 것이 된다고 선전하지요. 봉선은 봉건 통치를 수호하고 전제주의를 강화하는 데는 분명 효과적이었지만 실은 백성을 기만하는 행위에 지나지 않았습니다.

다음으로 봉선은 태평성세를 가장해 덕정을 선전하는 수단이 되었습니다. 역대로 봉선은 '태평성세'의 큰일로 인식되어왔습니다. 공과 덕이 있는 황제라야만 봉선을 거행할 자격이 있다는 것이었지요. 이 때문에 제왕들은 대규모의 봉선 제례 과정을 이용해 왕조의 태평스러운 모습을 선전하고 자신의 공덕을 찬양하게 했습니다. 진시황과 무제는 모두 태산에 자신들의 공덕을 새긴 비석을 세웠습니다. 대신이나 관리들도 자신들이 태평성세에 동참하는 행운을 누린다고 생각해 이 제사에 참가하는 것을 영광으로 여겼습니다.

봉선은 봉건 통치계급의 허영심을 만족시켜주었지만 그에 따른 비용은 상상을 초월했습니다. 황제의 행렬이 지나는 마을의 백성은 도로를 새로 닦고, 산해진미와 각종 사치품을 바쳐야만 했습니다. 봉선 행차는 마치 메뚜기 떼가 곡식을 습격하는 것처럼 주변을 완전히 초토화시키며 백성에게 막대한 피해를 입혔습니다. 백성이 입는 피해가 황가에서 거행하는 어떤 행사 때보다 커서 차라리 재앙이라 해야 할 정도였습니다. 물론 전국적으로 사면령이 내려지고 세금을 감면해주는 등 일부 혜택이 따르긴 했지만 피해에 비한다면 아무것도 아니었습니다.

태산에서 봉선의식을 거행할 당시 모든 준비가 이루어졌던 태산 아래의 대묘.

이외에도 봉선은 봉건 제왕이 신선이 되고 싶어 한 환상과도 연결됩니다. 봉건 제왕들은 속세에서 온갖 부귀영화를 다 누린 것으로도 모자라 불로장생을 꿈꾸며 인간 세상에서의 환락을 영원히 누리고 싶어 했습니다. 그래서 봉선은 하늘을 통해 신선이 되고자 한 그들의 욕구를 충족시키는 수단이 되었습니다. 사마천은 방사 공손경公孫卿이란 자가 죽고 없는 또 다른 방사 신공申功의 입을 빌려 전설 속 황제가 용의 등에 올라타고 승천했다는 이야기를 들려주자 무제가 "오! 내가 황제처럼 될 수만 있다면 해진 짚신 버리듯이 처자를 버리리라"라고 탄식했다며 비웃고 있습니다. 그 미신적 요소가 어느 정도였는지 충분히 짐작할 수 있는 대목입니다.

학 생 | 사마천이 〈봉선서〉와 〈효무본기〉를 통해 무제를 비꼰 데에는 다 이유가 있었군요.

김영수 | 그렇습니다. 무제는 기원전 138년 19세의 혈기왕성한 나이에 종남산終南山(지금의 섬서성 서안 동남) 아래에서 사냥을 하다가 농민들의 농토를 망쳐 욕을 먹는 등 봉변을 당한 것을 시작으로 재위 기간 내내 쉬지 않고 지방 순시와 각종 제사 활동을 벌였습니다. 특히 기원전 110년에 거행한 봉선 의례는 가장 장엄하게 치른 의식이었지요. 그리고 이 봉선 이래 무제는 "12년 동안 오악사독을 일주하며 제사 지낼" 정도로 봉선의식에 열을 올렸습니다.

입사하기 전인 24세 무렵 아버지와 함께 무제를 수행하며 옹의 오치五畤에서 전설 속 제왕들에게 제사 드리는 행사를 참관한 바 있는 사마천은 입사한 이후 33세 때인 기원전 113년 본격적으로 무제의 지방 순시를 수행하기 시작합니다. 사마천은 그 후 무제의 순시를 거의 모두 수행하며 민정을 살피는 한편 최고 통치자의 허와 실을 깊이 인식하게 되지요.

학 생 | 그렇다면 그 이후 사마천의 행적에 대해 조금 더 자세히 설명해주시지요.

김영수 | 기원전 112년, 34세의 사마천은 다시 무제를 수행하며 서쪽 지방에 대한 정보를 수집하고 민정을 살폈습니다. 이어 이듬해 무제의 명령을 받고 파·촉 이남, 즉 서남이 지방에 파견되어 실질적으로 지방을 관찰할 기회를 얻기에 이릅니다. 이에 대해 사마천은 〈태사공자서〉에 다음과 같이 기록했습니다.

> 조정의 명에 따라 서쪽으로는 파·촉 이남 방면을, 남쪽으로는 공·작·곤명을 공략하고 돌아와 보고했다.

오늘날의 사천성, 귀주성, 운남성에 해당하는 이 지역을 그 당시에는 서남이라 불렀으며, 역사적으로는 진나라 때 중앙 정부의 통치를 받았으나 진이 망한 뒤 통치가 중단되었다가 서한 고후(여태후) 6년인 기원전 182년 일부 지역에서 시장을 열어 무역을 관리하기 시작했습니다.

한나라 초기 서남이 지구에는 전滇, 야랑夜郎, 공도邛都, 수嶲, 곤명昆明, 백마白馬 같은 많은 부락이 흩어져 있었는데 그중에서도 야랑이 가장 컸습니다. 한 정부는 이들의 상황을 제대로 파악하지 못하고 있다가 무제 건원 6년인 기원전 135년(사마천 11세) 당몽唐蒙의 건의에 따라 야랑을 이용해 남월을 정복한 다음 야랑의 우두머리를 복속시키고 한나라 제도에 따라 관리를 두고는 그 아들을 현령으로 삼기로 약속했습니다. 그리고 한 왕조는 야랑 지구에 건위군犍爲郡을 두는 한편 병사들을 보내 북도僰道에서 장가강牂牁江에 이르는 '남이도'를 개통하기에 이르렀습니다.

그런데 이 과정에서 당몽이 촉의 병사를 많이 징발하고 일부 부락의 수령을 법대로 죽이는 사건을 일으켜 파·촉 지역민의 원성을 샀습니다. 이런 상황을 보고받은 무제는 촉군 성도 출신의 사마상여를 그곳으로 보내 지역민을 다독이게 했습니다. 서한 정부는 서남이 지구 문제에 신중을 기했고, 건위군이 설치됨으로써 서남이의 역사가 새로운 단계로 접어들었습니다. 사마상여의 보고를 받은 무제는 서남이의 군장들을 우대해 이들을 복속시키는 등 적지않은 신경을 썼지만 흉노에 역량을 집중하고 있는 상황에서 서남이에 대한 대규모 개발은 이루어지기 어려웠습니다.

한편 조정 대신들 사이에서도 서남이 개발에 대한 의견이 일치하지 않았습니다. 흉노 문제에 힘을 집중하고 있는 마당에 서남이까지 신경 쓰기란 무리라는 의견이 적지 않았고, 당몽의 무리한 법집행이 부작용을 낳았기 때문에 서남이에 대한 개발은 무용하다는 주장도 나왔습니다. 그 대표적 인물이 공손홍이었습니다. 그는 서남이를 쓸모없는 땅이라고까지 말하며 서남이 포기를 건의할 정도였습니다. 공손홍은 주매신朱買臣 등이 제기한 열 개 조항의 질문에 막혀 자신의 무지를 인정하기는 했지만 주장을 굽히지는 않

서역 개척에 지대한 공을 세운 장건은 인도에서 본 서남이 지역 산물을 무제에게 보고함으로써 서남이 개척을 재개하도록 만들었다. 사진은 장건 무덤 옆 전시관 내에 걸려 있는 '서역출사도'이다.

았습니다. 이 밖에 수구 세력과 촉 지역의 지방 세력들도 서남이 개발에 반대했습니다. 결국 서남이 지역에 대한 논쟁은 민족 문제에 대한 한나라 지배계급 내부의 견해가 갈라졌음을 반영하는 것이었지요. 무제와 사마상여는 통일을 지향했고, 반대 세력은 수구적 관점에서 현상을 유지하려 했습니다.

흉노 정벌 전쟁이 가속화되고 수구 세력들의 반대에 부딪친 데다 사마상여까지 조정으로 돌아오자 서남이에 대한 개발 과정은 침체를 면치 못합니다. 그러다 원수 원년인 기원전 122년 장건張騫이 서역에서 장안으로 돌아오면서 서남이에 대한 무제의 관심을 또 한 번 촉발시킵니다. 흉노를 탈출해 서쪽 신독身毒(인도)까지 간 장건은 그곳에서 서남이 지역에서 생산되는 물품(대나무와 옷감)을 목격합니다. 귀국한 장건은 무제에게 흉노의 방해를 받지 않고 서남이 지역을 통해 대하大夏(박트리아 왕국이라고도 불리며, 지금의 아프가니스탄 북부에 있다)를 거쳐 서역 여러 나라 및 신독과 교역할 수 있는 가능성을 제기했던 것입니다. 무제는 즉시 길을 나누어 사신들을 보내 서남이 지구 깊숙이 들어가게 했습니다. 사신들은 새로운 길을 찾지 못했고 신독에도 가보지 못했지만 서남이 지구에 대한 새로운 정보는 얻을 수 있었습니다. 기원전 120년에는 장안 서남에다 곤명지를 만들어 수전水戰을 연습하면서 곤명에 대한 공격을 준비하기까지 했습니다.

흉노와의 전쟁에서 유리한 고지를 차지하면서 서한 정부는 서남이 방면에 대한 고삐를 죄기 시작합니다. 기원전 111년, 바로 사마천이 서남이에 파견된 그해에 서한은 남월을 격파한 다음 남이를 평정하고 장가군牂牁郡을 설치했던 것입니다. 여세를 몰아 서이의 수령들을 반란 명목으로 제거하고 월수군越巂郡과 심려군沈黎郡, 무도군武都郡을 설치해 내지와 마찬가지로 군현제를 실행하기에 이릅니다.

학 생│ 무제는 봉선에만 열을 올린 것이 아니라 대외 확장 정책에도 매우 많은 관심을 기울인, 그야말로 야심만만한 황제였다는 생각이 듭니다. 그렇다면 서남이 파견이 사마천에게 갖는 의미는 무엇이었을까요?

김영수│ 사마천은 서남이에 대한 서한의 통제가 거의 마무리되어 가던 기원전 111년에 사마상여나 소무蘇武 등이 그랬던 것처럼 관례대로 중랑장中郎將에 임명되어 서남이 지역에 파견되었습니다. 무제가 35세 한창 나이의 사마천을 서남이에 파견한 의도는 사마천이 제국의 위용을 직접 눈으로 보고 그에 대한 상황 및 서남이 소수민족에 대한 정보를 수집해오길 바랐기 때문일 것입니다. 무제의 의도대로 사마천은 서남이에 대한 많은 정보와 심도 있는 인식을 확보했습니다. 이는 훗날 그가 남긴 〈서남이열전〉 한 편으로도 충분히 입증됩니다. 이에 대해 사마천이 서남이 정벌과 평정의 전체 과정에 참가했다는 주장도 있는데, 어느 경우가 되었건 사마천의 역할은 서남이 상황에 대한 정확한 기록과 정보 수집이었을 것입니다. 당시 사마천의 시찰 경로는 다음과 같습니다.

장안 → 한중(지금의 섬서성 한중시 남쪽) → 파군(사천성 중경시重慶市 북쪽) → 건위군(사천성 의빈현宜賓縣) → 장가군(귀주성 황평현黃平縣 서쪽) → 촉군(사천성 성도시) → 영관도零關道(사천성 노산현蘆山縣 동남) → 손수孫水(안녕하安寧河) → 월수군(사천성 서창현西昌縣 동남) → 심려군(사천성 한원현漢源縣 동남) → 귀경

위 경로에서 보시다시피 사마천의 시찰지는 한이 새로 개척한 서남이 지구 거의 전역에 걸쳐 있어 그를 특별히 이 지구에 파견한 의도를 또 한 번 짐작케 합니다. 사마천은 이 시찰을 통해 한 제국의 위용에 무한한 자부심을 느꼈을 것이고, 무제에 대한 경외감도 더욱 심화되었을 것입니다. 그러면서 소수민족과의 교통 과정에서 발생한 무리수와 독선적 방식 등에 대해서는 깊은 회의를 품습니다. 이렇게 사마천은 서남이 지역을 직접 발로 시찰해 그 상황에

대해 손바닥 들여다보듯 환하게 파악했습니다. 그리고 그것을 훗날 《사기》에 생생하게 반영했지요.

그런데 후대 기록이긴 하지만 명나라 만력 연간에 편찬된《운남통지雲南通志》와《전운역년전滇雲歷年傳》이란 지방지에 보면 사마천의 발걸음은 위 경로도에 보이는 지역뿐 아니라 지금의 운남성 곤명과 대리에까지 미쳤던 것으로 나옵니다.《운남통지》(권2 〈대리부 왕안산조〉)에서는 사마천이 곤명에 와서 서이하西洱河를 보았다고 했고,《전운역년전》에서는 사마천이 대리에 강당을 세움으로써 이 지역에서 처음으로 강학이 시작되었다고 했습니다. 그의 시찰이 단순한 시찰에만 머물지 않고 지역의 정보 수집은 물론 지역민 교화에까지 미쳤음을 보여주는 기록들이라 할 수 있습니다.

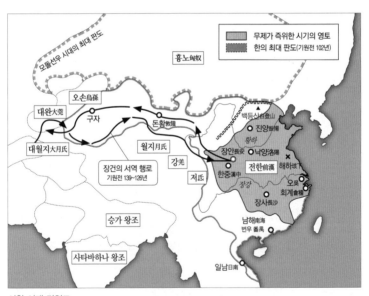

서한 시대 강역도.

학 생 | 여기서 잠깐 한숨 돌리고 지금까지의 내용을 제가 한번 정리해보겠습니다. 그러니까 28세를 전후로 관직 생활을 시작한 사마천은 33세부터 무제의 지방 순시를 수행하며 여러 지역을 직접 눈으로 살피고, 각종 정보를 수집하기 시작합니다. 20세 때의 대여행에서 얻은 현지 경험을 바탕으로 더욱 효율적인 정보 수집을 벌였겠지요. 더욱이 정부 관리로서 황제를 수행하는 입장이었기 때문에 지방 관청이나 민간에 보관된 각종 자료들을 조금 더 쉽게 확보할 수 있었을 겁니다. 이러한 경험의 확대는 역사 서술에 대한 열정을 확고하게 다지도록 자극했고, 이를 위해 사마천은 관련 정보들을 더욱 적극적으로 수집하고 정리했을 것입니다. 그런 점에서 서남이 시찰은 그에게 매우 큰 기회였고, 그것이 훗날 〈서남이열전〉으로 결실을 맺었습니다. 〈서남이열전〉은 오늘날에도 파악하기가 쉽지 않은 사천성, 운남성, 귀주성 일대 소수민족의 상황에 대한 가장 상세하고 요령 있는 기록으로 평가받고 있습니다. 이 정도면 될까요?

김영수 | 아주 훌륭합니다.

학 생 | 그런데 아까 서남이 시찰을 통해 사마천이 회의를 품기도 했다고 말씀하셨는데 어떤 의미인지 좀 더 설명해주시지요.

김영수 | 사마천은 서남이 시찰에서 적지 않은 공을 세운 것으로 보입니다. 그러나 동시에 이 경험은 사마천에게 떨칠 수 없는 회의를 남긴 것 같습니다. 현실 상황을 목격하고, 그에 따른 인식 수준이 깊어질수록 통치자와 그 행태에 대한 회의도 함께 커졌습니다. 훗

날 그는 친구 임안에게 보낸 편지에서 자신의 관직 생활의 한 단면
을 다음과 같이 회고한 바 있습니다.

대야를 머리에 인 채 하늘을 볼 수 없기에 빈객과의 사귐도 끊
고 집안일도 돌보지 않고 밤낮없이 미미한 재능이나마 오로지
한마음으로 직무에 최선을 다해 주상의 눈에 들고자 했습니다.
그러나 일은 저의 뜻과는 달리 크게 잘못되고 말았습니다.

하지만 당시 사마천에게는 이러한 이면의 문제까지 깊이 생각할
겨를이 없었습니다. 그때까지만 해도 그는 제국의 위용과 무제의
위엄에 압도되어 있었고, 언제든 그 위용과 위엄을 찬양할 만반의
준비를 갖춘 충실한 관리에 지나지 않았으니까요.

그럼에도 30대로 접어든 사마천의 현실 인식과 의식 수준은 더
욱 확대되고 심화될 수밖에 없었을 것입니다. 현지를 직접 눈으로
보고 살필 수 있었기 때문에 그의 인식은 남다른 것이 될 가능성
을 담보하고 있었고, 여기에 탄탄한 학문과 열정, 뛰어난 역사의식
이 뒷받침되면서 《사기》의 구상은 점점 무르익어갔습니다.

지금까지 스무 살 대여행에서 돌아와 공부를 심화하고, 낭중으
로 입사해 무제를 수행하며 안목을 넓혀간 23세부터 36세까지의
사마천의 행적을 살펴보았습니다. 그런데 사마천의 나이가 중년으
로 접어들 무렵 그에게 큰일이 닥쳐옵니다. 그것은 바로 아버지 사
마담의 죽음이었습니다. 이 부분은 다음 장에서 자세히 알아보기
로 하겠습니다.

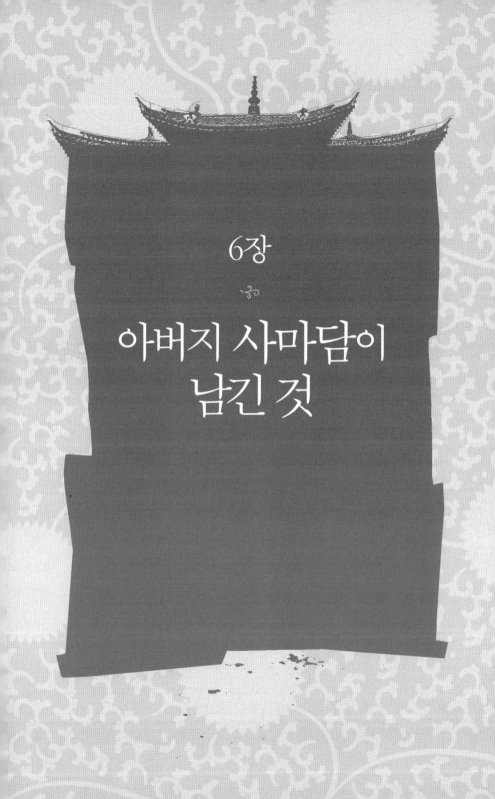

6장

아버지 사마담이
남긴 것

아버지의 죽음은 사마천에게 큰 충격이었다. 사마천의 삶에 아버지가 미친 영향이 컸던 만큼 충격도 컸을 것이다. 하지만 이와 함께 아버지의 죽음은 사마천의 삶에 새로운 전기를 마련해주었다. 아버지가 담당하던 태사령 자리를 이어받아 필생의 업인 역사서 저술을 본격적으로 준비하고, 실제 저술에 박차를 가할 수 있는 계기가 되었기 때문이다.

　아버지 사마담은 죽는 순간까지도 아들 사마천에게 자신이 미처 이루지 못한 역사서 저술의 꿈을 이루라 당부하고 눈을 감았다. 황제 곁에서 허드렛일이나 하는 태사령이 아닌 사관의 본분으로 돌아가 당당하게 역사서를 남기는 것만이 사마 집안의 자부심을 회복하는 길이라 여겼던 것이리라.

　사마천은 아버지의 유언을 몸과 마음 곳곳에 깊이 새겼다. 그리고 자신에게 주어진 시대적 책임감을 무겁게 느꼈다. 《사기》가 그 모습을 드러낼 날이 점점 다가오고 있었다.

하늘이 무너지다

학 생 ┃ 사마천의 나이 36세에 아버지 사마담이 세상을 떠났다고 하셨습니다. 사마담이 사마천에게 미친 영향을 생각해보면 사마천에게는 엄청난 충격이자 슬픔이었을 것 같습니다. 사마담의 죽음을 살펴보기에 앞서 인간 사마담에 대해 좀 더 알아보면 좋겠습니다.

김영수 ┃ 그게 좋겠군요. 사마담의 일생은 '사관으로서 가업을 회복'하겠다는 염원으로 집약됩니다. 이런 사마담을 이해하기 위해 우리는 앞서 살펴본 바 있는 기원전 110년 태산에서의 봉선대제로 시간을 돌려보겠습니다. 그때 무제의 나이가 47세였고, 사마천의 나이는 36세였습니다. 앞에서 우리가 추정한 대로라면 사마담의 나이는 56세가 됩니다. 이 봉선대제는 무제가 즉위한 뒤 처음 거행되는 것이어서 조정 안팎으로 커다란 관심을 불러일으켰습니다. 대내외적으로 안정 기반을 구축한 무제로서는 자신의 위업을 세상에 알리고 싶다는 강한 욕망에 사로잡혀 있었고, 이러한 과시욕을 가장 잘 드러낼 수 있는 수단이 바로 봉선의식이었습니다. 그런데 정작 이 봉선의식에 당연히 참석해야 할 태사령 사마담이 참석하지 못하는 의외의 일이 발생합니다.

학 생 │ 봉선대제를 주관해야 할 사람이 빠질 만한 무슨 곡절이 있었던 건가요? 앞에서 봉선의식의 순서와 절차를 정하는 문제를 두고 합의점을 찾지 못하자 화가 난 무제가 직접 절차와 방식을 정해버렸다는 이야기는 나누었는데요.

김영수 │ 그렇습니다. 이와 관련해 사마천은 〈태사공자서〉에서 다음과 같이 기록하고 있습니다.

이해(기원전 110년)에 천자가 처음으로 한 황실의 봉선의식을 거행했는데 주남周南(낙양)에 머무르고 있던 태사공은 이 행사를 수행할 수 없게 되자 화병이 나서 그만 쓰러져 일어나지 못하게 되었다.

태사령 사마담이 봉선에 참여하지 못한 까닭을 두고 역대로 많은 논란이 있었습니다. 병으로 몸져누웠기 때문에 어쩔 수 없이 참석지 못했다고 보면 그만이지만 사마천이 위 기록에서 '화병'이라고 표현한 대목이나 사마담이 유언을 남기면서 "지금의 천자께서 1,000년 동안 끊어졌던 대통을 이어받아 태산에서 봉선의식을 거행하시는데 내가 수행하지 못하다니 운명이로다, 운명이로다!"라고 한 대목 그리고 사마담의 전체 유언 내용 등을 보면 다른 곡절이 있었을 것이라는 의문이 일찍부터 제기되었습니다.

학 생 | 선생님 말씀을 듣고 있자니 한 가지 의문이 생깁니다. 사관이라고 하면 역사 기록을 담당하는 관리라고 생각했고, 앞에서 선생님의 설명을 들으며 옛날에는 봉선과 같은 제사 일까지 맡아 보았구나 알게 되었습니다. 그런데 봉선에 참석하지 못한 것이 화병이 나 죽을 정도로 큰일이었는지는 잘 이해가 되지 않습니다.

김영수 | 그렇다면 이 문제에 대한 실마리를 찾기 위해 먼저 역대 사관이라는 직책의 변천사에 대해 살펴볼까요?

사관은 일찍이 하나라 때부터 설치되었던 것 같습니다. 《여씨춘추呂氏春秋》의 기록에 따르면 하나라에는 '태사령'이란 사관이 있어 하걸夏桀의 무도함에 대해 충고했으나 듣지 않자 상商으로 도망갔다고 합니다. 상나라 때의 사관은 작책作冊, 작책내사作冊內史, 사史, 태사太史, 내사內史, 윤尹 등으로 불렸는데, 이는 선진 시대 고적이나 갑골문 및 서주 시대 금문에서도 확인할 수 있습니다.

주나라 때 왕실의 사관으로는 태사太史, 소사小史, 내사內史, 외사外史, 어사御史 등 다섯 자리가 있었고, 사관들은 내부적으로 업무가 나누어져 있었습니다. 평소 조정에서 기록을 할 때 내사는 왼쪽에 자리 잡고 태사는 오른쪽에 자리 잡았습니다. 그래서 "좌사(내사)는 말(言)을 기록하고, 우사(태사)는 일(事)을 기록했다"고 한 것이지요. 말을 기록한다는 것은 국왕을 위해 문서를 기초해 법령

춘추시대 진晉나라의 권세가 조돈趙盾과 조천趙穿 형제가 영공靈公을 시해하자 사관 동호가 그 사실을 있는 그대로 기록했다는 '동호직필董狐直筆'의 사례에서 당시 제후국에도 사관제도가 있었음을 알 수 있다. 그림은 이를 나타낸 《동주열국지》의 삽화다.

이나 포고문 등을 발표하는 걸 가리키고, 일을 기록한다는 것은 평소 국왕과 관련된 일을 기록하는 것으로 사람의 활동과 자연계의 중대한 변화를 포함하고 있습니다. 한편 주나라 때부터는 왕실뿐만 아니라 제후국에서도 사관을 두었습니다. 노나라에는 태사가 있었고, 제나라에는 태사와 남사南史가 있었으며, 초나라에는 좌사左史가, 진秦·조趙 두 나라에는 어사御史가 있었습니다.

하·상·주 3대의 사관은 그 직책이 후대 정부 내의 문관직과 같아 전적을 보관하고, 시사를 기록하고, 문서를 기초하고, 왕명을 전달하고, 왕을 위해 역사적 사건을 해설하는 일을 맡았습니다. 이와 함께 기도, 제사, 점복 같은 제사 활동도 책임지고 있었지요.

한나라 때로 오면 사학史學이 크게 진보함으로써 사관은 점점 전문적인 직책으로 변화해 주로 역사 전적과 역사 저작을 관장하는 일을 맡기에 이릅니다. 사관의 명칭은 중승中丞(중승이 궁정의 난대蘭臺에 머무르며 도서와 비밀 문서 등을 관장했기 때문에 동한 때가 되면 난대령사蘭臺令史라는 이름으로 바뀝니다), 태사령 등이었습니다. 사마담과 사마천 부자는 한 무제 때 대를 이어 태사령을 맡았고, 반표班彪·반고 부자는 동한 시대에 난대령사를 맡았습니다. 그들의 임무는 국가의 도서, 사건 기록, 기초한 문서 등을 보관·정리하고 사서를 편찬하는 일이었지만 전문적으로 역사 저술에 종사하는 사관 직책은 한나라 이후에 가서 설치되었습니다.

《한서》〈백관공경표百官公卿表〉에 따르면 무제 당시의 태사령은 녹봉 600석의 하급 관리로 현령 정도에 해당했습니다. 하지만 지위는 상당히 높았는데, 황제를 측근에서 보좌하며 천문, 역법 등 중요한 일을 관장했기 때문입니다. 태사령의 직무에는 국가의 제사와 혼인, 장례 등이 포함되어 있었고, 그 밖에 황제 가까이에서 역사 문제와 중요한 제도의 변화, 각종 의례에 대해 자문 역할을 하기도 했습니다.

학 생 | 사관이 제가 짐작했던 것보다 훨씬 더 중요한 직책이었다는 생각이 듭니다. 태사령으로서 사마담은 어떤 행보를 보였나요?

김영수 | 사마담은 사마천이 여덟 살 때인 기원전 138년(무제 건원 3) 태사령에 임명된 것으로 추정하고 있습니다. 이는 《무릉중서茂陵中書》라는 기록에 보이는데, 기록에 따르면 이해에 "사마담이 태사승太史丞에서 태사령이 되었다"고 합니다. 그런데 이 짧막한 대목에서 눈길을 끄는 것이 바로 '태사승'이란 직책입니다. 태사승이란 직책에 대해서는 별다른 기록이 남아 있지 않아 직무와 직위 등을 알 수 없지만, 태사승이란 명칭과 맡은 일 등으로 미루어볼 때 태사령

이전 단계로 태사령과 대동소이한 직무를 수행했던 것으로 추측됩니다.

최근 연구에 따르면 사마담은 태사승으로 입사했고 그 연대는 기원전 139년(무제 건원 2)이라고 합니다. 그때 사마천의 나이는 일곱 살이었고, 이해에 한나라 조정에서는 큰 사건이 터집니다. 앞에서도 말한 바와 같이 유가 학술을 존중하며 유가 인물을 기용하려던 무제에게 두태후가 대반격을 가해 유가 인물들을 자살하게 만들고 승상 등을 파면시킴으로써 무제의 '1차 존유尊儒' 시도를 좌절시킨 사건입니다. 당시 무제는 18세였고 즉위한 지 2년이 지난 시점이었는데, 이때의 상황을 사마천은 〈봉선서〉에서 다음과 같이 증언하고 있습니다.

효무황제는 즉위하자마자 더욱 귀신에게 공경스럽게 제사를 드렸다. 원년(기원전 140), 한이 일어난 지 60년이 넘으면서 천하는 평안했다. 사대부들이 모두 천자가 봉선을 행하고 달력과 복색 등 제도를 바꾸길 희망했다. 주상이 유가 학술을 좋아해 현량들을 초빙하자 조관과 왕장 등이 문학으로 공경이 되어 옛날처럼 성 남쪽에 명당을 세우고 제후들의 조회를 받자는 논의를 했다. 순수와 봉선, 역법과 복식의 개정 같은 일을 초안했으나 이루어지지 못했다. 두태후는 황로 학설을 좋아하고 유가 학술을 좋아하지 않아 몰래 사람을 시켜 조관 등이 불법으로 이익을 취한 일을 가지고 조관과 왕장을 불러 심문했다. 조관과 왕장은 자살했고 하려던 일들은 모두 폐기되었다. 건원 6년(기원전 135), 두태후가 세상을 떴다. 그 이듬해 주상은 문학을 하는 선비 공손홍 등을 불러들였다.

그런데 또 한 가지 우리의 눈길을 끄는 것은 역시 사마천이 남긴 〈태사공자서〉의 다음과 같은 기록입니다.

태사공(사마담)은 건원에서 원봉에 이르는 기간 동안 벼슬을 했다. 그는 학자들이 각파 학설의 진정한 뜻을 이해하지 못하고 엉뚱하고 그릇된 것만 배우는 것을 걱정해 6가의 요지를 다음과 같이 논평했다.

사마담은 건원에서 원봉에 이르는 동안(기원전 140~105년), 정확하게는 세상을 떠난 원봉 원년인 기원전 110년까지 약 30년 동안 관직 생활을 했고 〈논육가요지論六家要旨〉라는 논문을 써서 주요 학파의 학설이 갖는 요지를 파악했다는 내용입니다.

여기서 문제가 되는 것은 사마담이 정확하게 언제 입사했으며, 〈논육가요지〉는 언제 그리고 왜 썼는가 하는 것입니다. 사마천은 학자들이 여러 학파의 학설을 제대로 이해하지 못했기 때문에 아버지가 이를 안타깝게 여겨 썼다고 했지만 이 정도로는 충분치 않습니다. 이런 점에서 사마담이 기원전 139년 태사승으로 입사한 이듬해(기원전 138년) 태사령으로 승진했다는 《무릉중서》라는 기록과 그 무렵 두태후가 무제에게 가한 대대적인 반격에 주목할 수밖에 없습니다. 그리고 그 와중에 〈논육가요지〉라는 논문이 있었지요.

이 논문의 내용과 의미에 대해서는 잠시 뒤 다시 살펴보겠습니다.

사마담이 태사승에서 태사령으로 승진한 것은 불과 1년 만, 그것도 입사한 지 1년 만이었습니다. 파격이라면 파격이랄 수 있는 이 인사 조치의 이면에는 두태후와 〈논육가요지〉라는 논문이 있습니다. 이와 관련해 사마천의 일생을 상세히 연구한 길춘 선생의 견해를 소개합니다.

사마담은 이 뛰어난 문장(〈논육가요지〉)으로 두태후의 눈에 들었고, 두태후는 무제에게 새로 태사승이란 관직을 만들어 그곳에 사마담을 임명하도록 하고, 무릉에서 황제릉 조성 일을 감독하게 했을 것이다. (…) 사마천은 〈태사공자서〉에서 '태사공(아버지 사마담을 가리킴)은 건원에서 원봉에 이르는 동안 관직에 있었다. 그리고 학자들이 각파 학설의 본의를 제대로 이해하지 못해 스승의 뜻과 어긋나는 것이 걱정이 되어 여섯 학파의 주요 학설을 논한 〈논육가요지〉라는 논문을 썼'고 했다. 《한서》를 조사해보면 두태후가 건원 6년에 세상을 떠난 뒤 무제는 다시 '존유'를 시도해 황로를 비롯한 백가의 주장을 내쳤음을 알 수 있다. 만약 〈논육가요지〉를 이해(기원전 139년) 이후에 썼다면 '존유'라는 기세와 서로 맞지 않기 때문에 무제가 동의하지 않았을 것이다. 따라서 사마담이 입사한 해를 기원전 139년으로 비정하는 것이 두태후의 사상과도 맞는다. 또한 '스승의 뜻과 어긋난다'는 '사패師悖'라는 대목을 분석해볼 때, 사마담은 황로를 버리고 유학을 존중하는 사람들에게 제 길을 가라고 경고한 것으로 보인다. 다시 말해 사마담에게 이 뛰어난 글이 없었더라면 그의 건원 연간 입사는 불가능했을 것이다.(《사마천 연보 신편》, 1989년, 삼진 출판사, 22쪽)

요컨대 사마담은 건원 2년인 기원전 139년 다른 학파의 사상을 왜곡하고 독주하려는 유가사상에 맞서 황로사상을 변호하고 다른 학파의 요지를 설파한 〈논육가요지〉라는 논문으로 황로사상의 신봉자 두태후의 눈에 들어 당시에는 없던 '태사승'이란 직책에 임명되었고, 이듬해에 바로 '태사령'으로 승진했다고 보는 것입니다. 이렇게 해서 사마담은 꿈에 그리던 조상들의 가업을 회복할 수 있었고, 자신의 자랑스러운 직무에 혼신의 힘을 다하리라는 열정에 불타 있었습니다. 그때 사마천의 나이가 일곱, 사마담은 스물일곱이었습니다.

하지만 여기서 또 한 가지 짚고 넘어가야 할 문제가 있습니다. 사마담이 두태후의 신임은 얻었을지 몰라도 무제와의 관계에서는 사정이 달랐을 것입니다. 유가를 적극적으로 지지하던 무제는 황로사상 편에 있는 사마담을 탐탁지 않게 생각했을 가능성이 다분했기 때문이지요. 입사 이후 30년 가까이 관직 생활을 한 사마담의 행적이 아들이 남긴 〈태사공자서〉와 무제를 수행했다는 몇몇 단편적인 기록을 제외하곤 거의 남아 있지 않은 것도 사마담이 무제에게 별다른 신임을 얻지 못했을 것이라는 추측을 뒷받침합니다. 특히 죽기 전 아들에게 남긴 유언은 사마담이 생전에 자신의 소망과 역할에 상당히 많은 회한을 품고 있었음을 보여줍니다. 게

다가 무제는 사마담을 아주 보잘것없는 존재로 취급한 듯한 뉘앙스마저 풍기니까요. 사마천의 다음과 같은 증언이 이를 어느 정도 뒷받침합니다.

> 저의 선친께서는 조정으로부터 '부부단서' 같은 표창을 받는 특별한 공적을 남기지 못했습니다. 천문과 역법에 관한 일을 관장했지만 점쟁이나 무당에 가까웠습니다. 주상께서는 악사나 배우처럼 희롱의 대상으로 여기셨고, 세상 사람들도 깔보기는 마찬가지였습니다.《보임안서》

학 생 사마담이 봉선대제에 참석하지 못한 데에는 유학과 황로학의 대립, 이 두 사상을 둘러싼 권력 집단의 갈등이 하나의 원인으로 작용했던 것이군요. 요즘 식으로 이야기하면 줄을 잘못 선 사마담이 무제에게 '팽'당했다는 것으로도 볼 수 있을 것 같습니다. 그래서 사마담의 마지막은 어떠했나요?

김영수 재밌는 표현이네요. 사마담의 죽음을 살펴보기 위해 다시 봉선대제 당시로 돌아가 보지요. 그러니까 기원전 110년 당시 무제는 북방의 삭방을 순시하고 돌아오는 길에 황제릉黃帝陵에서 제사를 지낸 다음 감천甘泉으로 옵니다. 이때 서남이에서 귀경하던 사마천도 삭방에서 무제와 합류해 서남이에서의 활동 상황을 복명하지요. 그러고 나서 무제를 수행해 교산橋山 황제릉에 제사하고 무제와 함께 감천으로 돌아옵니다. 그런데 직책으로 보나 직무로 보나 당연히 봉선대제에 참석해야 할 태사령 사마담은 주남에서 봉

지금의 섬서성 황릉현에 있는 교산 황제릉. 사마천은 아버지 사마담이 죽기 전 이곳 황제릉을 찾아 무제와 함께 제사를 드렸다. 이 경험은 훗날 〈오제본기〉의 구상과 저술에 큰 도움이 되었다.

선을 위한 준비를 하고 있다가 돌연 봉선에 참석하지 말라는 무제의 통보를 받은 것으로 보입니다. 그 이유에 대해서는 추측할 만한 자료가 없어 뭐라고 단정 지을 수는 없지만 이미 지적한 대로 황로사상 쪽에 서 있던 사마담에 대한 무제의 무관심과 봉선 준비 과정에서의 의견 충돌 등을 생각해볼 수 있겠지요. 여기에 봉선 과정에서 나타난 갈등도 한 원인으로 작용했을 것입니다.

또 〈봉선서〉에 따르면 무제는 봉선대제를 위한 의례 때문에 유생들에게 봉선에 관한 보고서를 준비시켰는데 유생들이 그 일을 제대로 수행하지 못합니다. 그 과정에서 주패周覇라는 자가 봉선과 관련해 모종의 계략을 꾸미는 일까지 발생합니다. 급기야 무제는 박사 서언徐偃과 주패를 몰아내고 관련 유생들을 모조리 파면시켜 버립니다. 이 과정에서 사마담까지 덩달아 배제되었을 가능성이 있다는 것이지요. 어쨌든 봉선에서 배제된 사마담은 그 충격으로 쓰러져 누워버렸습니다. 이때 사마천은 무제를 수행하며 주남의 코앞인 구지緱氏라는 곳에 있다가 아버지 소식을 접하고는 바로 주남으로 달려가 아버지의 임종을 지켜봅니다. 무제는 계속 일정을 재촉해 태산으로 향했고요.

아버지가 위독하다는 소식을 접한 사마천은 부랴부랴 주남으로 와서 아버지를 만났습니다. 당시 상황을 사마천은 〈태사공자서〉에서 이렇게 쓰고 있습니다. 앞서 인용한 대목을 조금 더 길게 다시 인용합니다.

이해에 천자가 처음으로 한 황실의 봉선의식을 거행했는데 주남에 머무르고 있던 태사공은 이 행사를 수행할 수 없게 되자 화병이 나서 그만 쓰러져 일어나지 못하게 되었다. 당시 아들 천은 출장을 갔다 돌아오는 중이었는데 마침 황하와 낙수 사이에서 아버지를 볼 수 있었다. 태사공은 아들 천의 손을 잡고 눈물을 흘리며 이렇게 당부했다.

아버지 사마담은 많은 회한은 품은 채 그렇게 아들 곁을 떠났습니다. 아들은 태산이 무너지는 듯한 충격을 받았습니다. 사마담은 생전에 자신이 품었던 회한을 다음과 같은 유언으로 표출했습니다.

우리 선조는 주나라 왕실의 **태사**를 지냈다. 그 윗세대는 일찍이 하나라 때 천문에 관한 일을 맡아 공업을 크게 떨쳤다. 그 뒤로 쇠퇴했는데, 내 세대에 와서 끊어지는 것은 아닌지 모르겠다. 하지만 네가 다시 **태사**가 된다면 우리 선조의 유업을 이을 수 있을 것이다. 지금의 천자께서 1,000년 동안 끊어졌던 대통을 이어받아 태산에서 봉선의식을 거행하시는데 내가 수행하지 못하다니 운명이로다, 운명이로다! 내가 죽더라도 너는 틀림없이 **태사**가 되어야 한다. **태사**가 되거든 내가 하고자 했던 논저를 잊지 않도록 해라.

효도란 어버이를 섬기는 것에서 시작해 군주를 섬기는 것을 거쳐 입신양명하는 것으로 끝난다. 후세에 이름을 날려 부모를 드러내는 것이야말로 가장 큰 효도니라. 세상이 주공周公을 칭송하는 것은 그가 문왕과 무왕武王의 덕을 노래하고, 자신과 소공召公의 기풍을 선양하고, 태왕太王과 왕계王季의 사상을 드러냄으로써 공유公劉에 미치고 나아가서는 후직后稷까지 받들었기 때문이다.

유왕幽王과 여왕厲王 이후 왕도가 사라지고 예악이 쇠퇴하자 공자께서 예로부터 전해 내려오던 전적을 정리하고 폐기되었던 예악을 다시 일으켜 《시》와 《서》를 논술하고 《춘추》를 엮으니 학자들이 지금까지도 준칙으로 삼고 있다.

획린(기원전 481년) 이래 지금까지 400년이 넘는 시간 동안 제후들이 서로를 집어삼키려는 싸움에만 몰두해온 탓에 역사 기록은 끊어지고 말았다. 이제 한나라가 일어나니 천하는 통일되었다. 그동안 역사적으로 많은 명군, 현군, 충신, 지사가 있었다. 그런데 내가 태사령이란 자리에 있으면서도 그것을 기록으로 남기

아버지 사마담의 유언을 나타낸 기록화.

지 못해 천하의 역사를 폐기
하기에 이르렀구나. 나는 이것
이 너무나 두렵다. 그러니 너
는 이런 내 심정을 잘 헤아리
도록 해라!

아버지는 아들이 사관이란
가업을 자랑스럽게 여기고 그
가업을 계속 이어가길 간절히
바라는 한편, 아들에게 자신
이 그렇게도 완성하고 싶었던
역사서를 계속 써주길 당부합니다. 사마담의 바람이 얼마나 간절
했는지는 '태사'라는 말을 네 번 반복한 데서 잘 드러납니다. 이에
사마천은 고개를 떨구고 눈물을 흘리며 "소자가 비록 못났지만 아
버지께서 정리하고 보존해온 중요한 기록들을 빠짐없이 다 편찬하
도록 하겠습니다"라고 대답했습니다.

〈논육가요지〉가 드리운 명과 암

학 생 | 사마담의 죽음이 다소 허망하게 느껴지긴 합니다만, 반대
로 태사라는 직업에 대한 그의 애정, 역사서 저술에 대한 간절함이
더욱 강하게 다가오는 것 같습니다. 사마담의 이런 생각, 태도, 사

상, 열정, 바람, 죽음 등이 사마천에게 미친 영향력이 정말 대단했을 것이라는 생각이 듭니다.

김영수 | 그렇습니다. 아들 사마천은 든든한 버팀목을 잃었습니다. 이제 스스로 버팀목을 다듬어야 했지요. 아버지가 드리운 그림자는 넓고 여운도 컸습니다. 서른여섯 중년으로 접어든 사마천은 이제 모든 것을 혼자 헤쳐나가야 했습니다. 무엇보다 먼저 아버지의 유업을 정리하고 사관 직책인 태사령도 되어야만 했지요.

떠나간 아버지 사마담은 당대 최고의 학자 대열에 들 만큼 학식이 대단했습니다. 그의 사상은 아들 사마천에게 절대적인 영향을 미쳤습니다. 특히 기원전 139년 무렵 발표한 〈논육가요지〉는 사마담이라는 이름을 단숨에 조정 안팎에 알리는 계기가 되었습니다. 그만큼 뛰어난 문장으로 평가받았지요. 유언에 잘 드러나 있듯이 사마담의 첫 번째 소원은 가업인 사관이 되는 것이었고, 두 번째 소원은 역사서를 쓰는 것이었습니다. 이를 위해 스스로 당대 최고의 학자들을 스승으로 모시고 학문을 닦았습니다. 사마천의 〈태사공자서〉에 따르면 아버지 사마담은 당도唐都에게 천문을 배우고, 양하楊何에게 《역》을 전수받았으며, 황자黃子에게 도가의 이론을 익혔다고 합니다. 이들은 모두 당대의 대학자들로 사마담이 지닌 깊은 학식과 사학가, 사상가로서의 면모는 이들과 무관하지 않았습니다.

당도는 문제 때부터 무제 때까지 활동한 인물로, 28수宿라는 28개 별자리의 거리와 각도를 새롭게 나누고 측정한 천문학 전문가였습니다. 기원전 104년 사마천이 주도해 새로운 달력인 태초력을 만들

때도 참여해 사마담과 사마천 부자를 가르치고 돕는 특이한 인연을 남겼습니다. 아버지의 스승을 아들이 모셔와 태초력 제정에 대한 자문을 구했던 것이지요.(《사기》 권26 〈역서〉)

양하는 유생으로 자는 숙원叔元이고 치천菑川(지금의 산동성 수광 동남) 출신입니다. 동무東武 출신의 왕동王同이란 사람에게 《역》을 배운 다음 전문적으로 《역》을 연구해 전문가가 됩니다. 무제 원광 원년인 기원전 134년 동중서의 건의에 따라 전국적으로 유능한 인재들을 추천할 때 기용되었고, 원삭 연간(기원전 128~123년)에 중대부로 승진했습니다.(《사기》 권121 〈유림열전〉) 지금은 남아 있지 않지만 《한서》 〈예문지〉에 그의 저서 《양씨楊氏》 《역전양씨易傳楊氏》 두 편)의 이름이 보입니다.

황자는 황생黃生이라고도 하는 황로 도가의 전문가입니다. 경제 때 박사에 임명되었고, 유생 원고생轅固生과 경제 앞에서 논쟁을 벌인 적도 있습니다. 그는 이 논쟁에서 상나라 탕湯 임금과 주나라 무왕이 걸桀과 주紂를 죽인 것은 천명을 받은 것이 아니라 그냥 죽인 것이라고 주장했습니다.(《사기》 권121 〈유림열전〉)

이렇듯 사마담은 각 방면의 전문가들에게 최고 수준의 학문을 전수받아 자신의 학식을 키우는 한편, 입사한 뒤로는 사관의 신분을 이용해 잘 알려지지 않은 옛날이야기와 자료들을 집중적으로 수집했습니다. 그러면서 선진 시대 제자백가의 학술과 역사를 연구해 역사 저술을 위한 준비 작업을 착실히 진행해나갑니다. 아울러 역사서 저술의 어려움과 장기성을 인식하고 아들 교육에 일찍부터 관심을 기울여 자신의 작업을 계승시킬 만반의 준비를 갖추었습니다. 스무 살 아들에게 장기 여행을 권유한 것이나 자신이 황로사상 가임에도 유학자 동중서와 공안국을 스승으로 모시고 학문을 체계적으로 배워 학문적 균형감각을 갖추게 한 것 등은 그의 긴 안목에서 나온 배려라 할 수 있겠습니다.

사마담은 역사서를 서술하기 위한 준비를 착실하게 갖추어나갔습니다. 현재 《사기》의 체제나 내용을 보면 사마담이 생전에 서술한 부분이 적지 않다는 것이 전문가들의 일치된 견해이기도 합니다. 그중에서도 〈논육가요지〉는 중국 학술사에 중요한 문헌으로 사마담의 학술사상뿐 아니라 사학사상과 정치사상도 반영하고 있습니다. 《사기》가 불후의 명저로 남을 수 있었던 것은 사마담의 다방면에 걸친 노력과 무관하지 않다는 주장이지요. 사마천이 《사기》에 아버지의 논문 전문을 특별히 수록한 것도 이 논문이 갖는 값어치를 충분히 인식했기 때문이며, 이를 통해 사마천 자신의 사상적 계보도 드러내려 한 것입니다.

학 생 │ 사마담이 봉선대제에 참석하지 못한 상황을 이야기하다가 사관의 내력 그리고 그의 죽음에 이르기까지 이야기가 길어졌습니다. 사마천이 아버지의 사상적 계보를 드러내기 위해 〈논육가요지〉를 《사기》에 그대로 인용했다는 이야기도 하셨지요. 사마담의 사상적 계보가 도가 계통의 황로학이고, 사마천이 이런 사상적 경향을 가진 아버지의 글을 그대로 실었다는 것은 사마천의 사상적 계보 또한 황로학에 있다는 뜻으로 받아들이면 될까요?

김영수 │ 그렇게 볼 수 있지요. 하지만 이 문제는 매우 미묘하고 조심스럽습니다. 사마천은 유가의 창시자인 공자를 대단히 존경했고, 당시 사상계의 주류는 누가 뭐라 해도 유가였습니다. 이것을 무제가 국가 공식 이데올로기로 확정해 대못을 박아버렸지요. 사마천으로서는 이런 사상계의 흐름에 마냥 역행할 수만은 없었습니다. 따라서 유가를 추종하는 것처럼 보이다가도 유가에 대한 강한 비판적 경향을 드러냈던 것입니다. 어쨌든 아버지의 글을 수록했다는 것은 은연중에 자기 집안의 사상적 성향을 드러내려 했다고 보아야 할 것입니다.

학 생 │ 그렇다면 〈논육가요지〉에 대해 조금 더 자세한 설명을 들을 필요가 있겠네요.

김영수 │ 그렇겠지요? 선진 시대부터 사마담 당대에 이르기까지 여러 학술사상의 상황을 전문적으로 논한 〈논육가요지〉는 궁극적인 목표였던 역사서 저술을 위한 준비 작업의 하나로 볼 수 있습니다. 아들에게 남긴 유언에서 짐작할 수 있듯 사마담은 공명심이 강한 사학자였습니다. 그는 뛰어난 무공으로 이름을 남긴 사마조나 사마근 같은 선조보다 사관직에 있었던 먼 조상들을 더 자랑스러워했습니다. 그래서 아들 사마천에게 태사라는 직책을 계승해 가업을 빛내길 당부했던 것이지요. 이렇게 해서 자신이 그렇게도 갈망한 '사서'《사기》를 완성시키려 했던 것입니다.

사마담이 보기에 주공이 후대에까지 이름을 남긴 까닭은 문왕과 무왕의 덕을 칭송했기 때문이고, 공자가 이름을 길이 남길 수 있었던 이유는 과거의 전적들을 정리하고 예악을 부흥시키고《춘추》를 지었기 때문이었습니다. 그에게 있어서 역사서 저술은 공명을 세우는 위대한 사업이었습니다. 이는 사학가로서의 자각에서 비롯된 것이었고, 그것은 곧 책임감이기도 했습니다. 유언을 되새겨보면, 대통일을 이룬 뒤 전성기를 구가하고 있던 서한 시대의 태사령으로서 약 400년 동안 끊어진 역사를 기록하지 못한 것은 물론 자기 당대의 정치 및 군주, 충신, 지사의 공적을 기록으로 남기지 못하는 것은 명백한 직무유기라고 생각했습니다. 사마담은 역사 저술의 필요성과 긴박성을 깊게 인식하고 있었던 것이지요.

〈논육가요지〉는 이러한 인식의 바탕 위에서 나왔습니다. 사마담에 앞서 《장자莊子》(〈천하〉), 《순자荀子》(〈비십이자〉 외), 《한비자韓非子》(〈현학〉), 《여씨춘추》(〈불이〉), 《회남자》(〈요략〉) 등도 선진 시대 학술사상을 분류하고 비평했습니다. 하지만 전체적으로 보면 이 문헌들은 각 학파의 본질적 특징을 제대로 파악하지 못한 채 그저 한 사람 또는 학풍이 같은 몇몇만을 분류하고 평가하는 선에 머물렀습니다. 이에 비해 사마담은 이러한 연구 성과 위에서 진지하게 종합하고 체계적으로 비평하는 수준 높은 인식을 보여주고 있습니다. 먼저 〈태사공자서〉에 인용되어 있는 〈논육가요지〉의 내용을 읽어보고 넘어가도록 하겠습니다. 좀 길지만 제자백가를 대표하는 학술사상을 이렇게 간명하게 정리한 글도 없다는 점을 생각하며 읽으시면 좋을 것 같습니다.

《역》의 〈대전大傳〉에 "천하는 하나인데 생각은 각양각색이고, 귀착점은 같은데 가는 길은 다 다르다"고 했듯이 음양가, 유가,

묵가, 명가, 법가, 도덕가는 다 같이 세상을 잘 다스리는 일에 힘을 쓰지만 그들이 따르는 논리는 길이 달라 이해가 되는 것도 있고 그렇지 않은 것도 있다.

일찍이 음양가의 학술을 가만히 살펴본 적이 있는데, 길흉의 징조에 너무 집착해 금하고 피하라는 것이 많기 때문에 사람을 구속하고 겁을 먹게 하는 일이 많았다. 그러나 사계절의 변화에 맞추어 일해야 한다는 것은 놓칠 수 없는 점이다.

유가의 학설은 너무 넓어 요점을 파악하기 힘들다. 애는 쓰지만 얻는 것이 적기 때문에 학설을 다 추종하기란 어렵다. 그러나 군주와 신하 사이의 예를 세우고, 부부와 장유의 구별을 가지런히 한 점은 바꾸어서는 안 된다.

묵가의 지나친 근검절약은 따르기가 어렵다. 그것을 일일이 그대로 할 수는 없지만 생산의 근본을 강조하고 비용을 절약해야 한다는 주장은 없애서는 안 된다.

법가는 너무 근엄하고 각박하지만 군주와 신하의 상하 구분을 명확하게 한 것은 바꿀 수 없다.

명가는 명분에 얽매여 진실성을 잃기는 하지만 명분과 실질의 관계를 바로잡은 것은 눈여겨보지 않을 수 없다.

도가는 정신을 하나로 모아 인간의 모든 활동의 보이지 않는 객관적 규율에 합치하게 하고 만물을 만족시킨다. 그 학술은 음양가의 사계절의 큰 운행이란 순서를 흡수하고, 유가와 묵가의 좋은 점을 취하고, 명가와 법가의 요점을 모아 시대의 변화에 맞추어 변화하고, 사물의 변화에 따라 변하고, 풍속을 세워 일을 시행하니 적절하지 않은 것이 없다. 따라서 그 이치는 간명하면서 파악하기가 쉽고, 힘은 적게 들지만 효과는 크다.

유가는 그렇지 않다. 군주를 천하의 모범이라 여기기 때문에 군주가 외치면 신하는 답하고, 군주가 앞장서면 신하는 따라야 한다. 이렇게 하면 군주는 힘들고 신하는 편하다.

도가의 기본 원칙은 그저 강하기만 한 것을 버리고 탐욕을 없애며 총명을 물리치는 것이다. 말하자면 인위적인 노력을 포기하고 객관적 형세에 순응하는 것이다.

인간의 정신이란 너무 많이 사용하면 말라버리고, 육체 또한 지나치게 혹사시키면 지쳐서 병이 나는 법이다. 육체와 정신을 못살게 굴면서 천지와 더불어 오래도록 함께하기를 바라는 경우는 들어본 적이 없다.

무릇 음양가는 4계절, 8방, 12차, 24절기마다 거기에 해당하는 규정을 만들어놓고 그에 따라 잘 행하면 번창하고 거스르면 죽거나 망한다고 한다. 그러나 꼭 그렇지는 않다. 그래서 '사람을 구속하고 겁을 먹게 하는 일이 많다'고 했던 것이다. 봄에 태어나고 여름에 자라고 가을에 거두어들이고 겨울에 저장한다는 이 자연계의 큰 법칙에 따르지 않으면 천하 모든 일의 앞뒤가 없어질 것이다. 그래서 '사계절의 변화에 맞추어 일해야 한다는 것은 놓칠 수 없는 점이다'라 했던 것이다.

유가는 육예六藝를 법도로 삼는다. 육예와 관련된 경전은 헤아릴 수 없을 만큼 많아 몇 대를 배워도 그 학문에 통달할 수 없으며, 늙을 때까지 배워도 그 번잡한 예절을 제대로 배울 수 없다.

그래서 '너무 넓어 요점을 파악하기 힘들다. 애는 쓰지만 얻는 것은 적다'라고 했던 것이다. 그러나 군주와 신하, 아비와 자식 사이의 예절, 남편과 아내, 늙은이와 젊은이 사이의 규범을 정한 것은 어떤 학파도 바꿀 수 없다.

묵가도 요·순의 도덕을 숭상하며 그들의 덕행에 대해 "집의 높이는 겨우 세 자, 흙으로 만든 계단은 세 개뿐, 풀로 이은 지붕은 제대로 정돈도 하지 않았고, 통나무 서까래는 다듬지도 않았다. 흙으로 만든 그릇에 밥과 국을 담아 마셨는데, 현미나 기장쌀로 만든 밥에 명아주잎과 콩잎으로 끓인 국을 먹었다. 여름에는 갈포로 만든 옷을 입고, 겨울에는 사슴 가죽으로 만든 옷을 입었다"라고 말한다. 죽은 사람의 장례를 치를 때 오동나무 관의 두께는 세 치를 넘지 않으며, 곡소리도 그 슬픔을 다 드러내지 않도록 했다. 천하 사람들에게 이를 표준으로 삼아 장례를 치르라고 한다면 존비의 구별이 없어질 것이다. 세상이 달라지고 시대가 바뀌면 모든 일이 꼭 같아야 할 필요는 없다. 그래서 '지나친 근검절약은 따르기가 어렵다'고 한 것이다. 그러나 생산의 근본을 강조하고 비용을 절약해야 한다는 주장은 가정을 풍족하게 하는 방법이다. 이는 묵가의 장점으로 어떤 학파라도 없애서는 안 된다.

법가는 가깝고 먼 관계를 구별하지 않고, 귀한 신분과 천한 신분을 구분하지 않는다. 오로지 법에 따라 단죄하기 때문에 가까운 사람을 가깝게 대하고 존귀한 사람을 존귀하게 대하는 감정이 단절되고 만다. 한때의 계책은 될 수 있을지 몰라도 오래 사용할 수는 없다. 그래서 '너무 근엄하고 각박하다'고 한 것이다. 다만 군주를 높이고 신하를 낮추며, 직분을 분명히 구분해 서로가 그 권한을 침범하지 못하게 한 점은 다른 학파라도 고칠 수 없다.

명가는 너무 꼼꼼하게 따지다가 다 뒤엉켜버림으로써 각자의 진실한 본성으로 돌아가지 못하게 한다. 오로지 명분에만 집착해 모든 것을 결정하기 때문에 인정을 잃는다. 그래서 '명분에 얽매여 진실성을 잃는다'고 한 것이다. 그러나 명가가 명분과 실질의 관계를 서로 비교한 것은 중시하지 않을 수 없다.

도가는 '억지로 일삼지 않는' '무위無爲'를 말하면서 '하지 않는 것도 없는' '무불위無不爲'를 말한다. 실제로 행동하기는 쉽지만 그 말을 이해하기는 어렵다. 도가의 학술은 '허무虛無'를 근본으로 삼고, 행동상 '순응順應'이란 객관적 형세를 강구한다. 그 자체로 이미 만들어진 세태도 고정불변의 형상도 없기 때문에 만물에 순응해 만물의 정상을 추구할 수 있다. 만물에 앞서지도, 뒤처지지도 않으며 순응하기 때문에 만물을 주재할 수 있는 것이다.

법이 있지만 법에 맡기지 않는 것을 법으로 여기고 때에 맞추어 일을 이루며, 법도가 있지만 고집하지 않고 만물과 서로 어울린다. 그렇기에 "성인은 기교를 부리지 않고 시세의 변화에 맞추어 변한다는 원칙을 지킨다. 허무는 도의 본질이며, 순응은 군주가 파악해야 할 강령이다"라고 말하는 것이다.

군주는 여러 신하를 모두 소집해 각자에게 맞는 일을 주어 능력을 발휘하게 한다. 실제 행동과 말이 일치하는 것을 '바르다'는 뜻에서 '단端'이라 하고, 실질과 말이 일치하지 않는 것을 '비어 있다'는 뜻에서 '관窾'이라 한다. 빈말을 듣지 않으면 간사한 자가 생기지 않고, 어진 이와 불초한 자가 절로 가려지며, 흑백이 절로 모습을 드러낸다. 그런 다음 군주가 현명한 자를 기용하면 무슨 일인들 못 이루겠는가? 이렇게 하면 큰 도에 부합하고 원기가 두루 충만해져 온 천하를 환히 비추게 되지만 결국은 다시 청정무위의 경지로 되돌아간다.

인간의 삶은 정신에 의탁하며, 정신은 육신에 의탁한다. 정신을 지나치게 사용하면 고갈되고, 육신을 너무 혹사하면 병이 난다. 정신과 육체가 일단 분리되면 사람은 죽는다. 죽은 사람은 다시 살아날 수 없고, 정신과 육체가 분리된 사람 역시 다시 결합할 수 없다. 따라서 성인이 정신과 육체를 모두 중시하는 것이다. 이렇게 볼 때 정신은 생명의 근본이요, 육체는 생명의 기초다. 정신과 육체를 편안하게 만들어놓지 않고 "내가 천하를 다스릴 수 있다"고 하니 대체 무엇을 믿고 큰소리를 치는 것인가?

6가에 대한 특징과 장단점을 지적하고 있는 위 내용은 바로 이어서 조금 더 상세하고 쉬운 예와 함께 반복되는데, 이 부분은 보기 쉽게 표로 정리해보았습니다.(266쪽 참조)

사마담은 "한 시대의 학술 전부를 개괄해 종합·분석하고, 과학적 분류법으로 약간의 학파로 다듬은 다음 이들을 비교·평가한"(양계초) 최초의 인물이었습니다. 이로써 중국 학술사 연구는 전에 없이 높은 수준으로 올라설 수 있었습니다. 선진 시대 이래 제자백

〈논육가요지〉의 내용 분석표

요지와 주요 학파	특징 및 장점	단 점
전체 요지	6가는 모두 세상을 다스리는 것을 목적으로 하고 있지만 추구하는 이론이 서로 달라 잘 살핀 것도 있고 그렇지 못한 것도 있다. 정신은 생명의 근본이고 육체는 생명의 도구다. 이 둘의 조화만이 천하를 다스리는 길이다.	
음양가	사시운행의 큰 순서에 맞춰 일을 해야 한다는 점은 놓칠 수 없다.	금기와 구속이 많고 사람을 두렵게 하는 요소가 많다.
유가	군신, 부자, 부부, 장유의 구별이 분명한 점은 바꿀 수 없다.	학설이 너무 광범위해서 요점이 모자라니 애를 써도 효과가 적다.
묵가	경제에 대한 관심과 비용 절감을 주장한 점은 버릴 수 없다.	지나친 검약을 강조해 지키기가 어렵고 다 실천할 수 없다.
법가	군신 상하의 직분을 정확하게 규정한 점은 고칠 수 없는 장점이다.	엄하기만 하고 은혜와 인정이 모자란다.
명가	명분과 실질의 관계를 바로잡은 점은 잘 살펴야 한다.	명분에 얽매여 실질을 잃기 쉽다.
도가	여러 학파의 장점을 취해 시세와 더불어 순응·발전하며, 요지는 간명하면서 쉬워 적은 노력으로도 큰 효과를 거둘 수 있다.	

가의 학술은 사마담에 의해 6가를 대표로 하는 각자의 이름을 갖기에 이르렀고, 그 6가는 당시 사상계의 6대 세력권을 대표했습니다. 그 후 사마담의 분류법은 다른 학자들에게 접수됩니다. 유명한 목록학자인 유흠은 그의 대표적인 저서 《칠략七略》에서, 반고는 《한서》〈예문지〉에서 사마담의 6가를 기준으로 학파를 10가와 9가로 분류했습니다. 6가가 모두 앞자리를 차지했음은 물론입니다.

학 생┃ 그렇다면 이 〈논육가요지〉가 《사기》에도 일정한 영향을 주지 않았을까요?

김영수 | 물론입니다. 〈논육가요지〉는 《사기》 편찬에도 직접적인 영향을 주었습니다. 《사기》는 이 논문에 근거해 〈공자세가〉, 〈순맹열전〉, 〈중니제자열전〉, 〈노장한신열전〉 같은 제자백가의 학술 전기를 처음으로 마련했습니다.

사마담은 도가, 좀 더 구체적으로는 황로 도가의 입장에 서서 선진 이래 제자백가의 학술사상사를 종합하고 비평했습니다. 그래서 어떤 학자는 황로 도가를 '신도가新道家', 사마담을 '신도가 최후의 학자'라고 부르기도 합니다.

중국 학술 발전사에 있어 흔치 않은 문헌으로서 〈논육가요지〉의 학술사상과 학술 성취는 중국 학술 발전사에 중요한 영향을 남겼고, 문헌목록학과 역사편찬학에도 큰 영향을 미쳤습니다. 그리고 그 핵심 사상은 아들 사마천에게 고스란히 물려졌지요. 태사공에게 모여든 "100년간 천하에 흩어진 기록이나 고사"들을 비롯해 살아생전에 준비해두었던 수많은 자료와 함께 말입니다.

학 생 | 아버지 사마담이 아들 사마천에게 남긴 것이 우리의 생각보다 훨씬 많고 크고 무거웠다는 생각이 듭니다.

김영수 | 그렇습니다. 아버지는 떠나갔지만 많은 것을 남기고 갔습니다. 그것이 아들 사마천에게는 무거운 짐이기도 했고, 새로운 힘이기도 했습니다. 남겨진 것들은 오로지 사마천의 몫이 되었습니다. 가업을 이어야 한다는 아버지의 가장 큰 꿈이자 소망을 이루려면 먼저 아버지의 직책을 이어야 했습니다. 아버지가 세상을 떠나간 지 3년 뒤인 기원전 108년에 사마천은 서른여덟의 나이로 마침내

아버지의 뒤를 이어 태사령에 임명됩니다. 가업을 잇고 아버지가 못다 이룬《사기》편찬이라는 대업을 마무리할 중요한 기점과 조건이 마련된 셈이었지요. 그것은 새로운 출발이자 오랜 숙원을 마무리할 또 다른 시작이기도 했습니다. 그리고 기원전 108년은 무제의 동방 정벌로 조선朝鮮이 멸망한 해이기도 합니다.

학 생 | 선생님, 조선이라면 우리나라 역사 속 조선을 말씀하시는 것이지요? 시기적으로 보면 고조선 말입니다. 조선이 멸망했다는 그 대목에 대해 조금 더 설명을 부탁드립니다.

김영수 |《사기》130권 중에 우리 역사와 뗄 수 없는 한 권이 있습니다. 그런데 안타깝게도 이 사실을 아는 사람이 거의 없더군요. 강연에서도 사석에서도 수없이 질문을 해봤지만 아는 사람이 없었습니다. 우리 역사 교육의 현주소라는 생각이 들어 씁쓸하기만 합니다.

학 생 | 〈조선열전〉을 말씀하시는 거지요?
김영수 | 그렇습니다. 권115 〈조선열전〉이《사기》에 있습니다. 고조선 멸망사입니다.

학 생 | 그러고 보면 정통 역사서에 남아 있는 고조선 관련 기록으로는 가장 오래된 것이《사기》의 〈조선열전〉이로군요. 중국 역사서인《사기》와 우리의 역사가 그렇게 연결될 줄은 미처 생각지 못했습니다. 국사 시간에 고조선이 기원전 108년에 멸망했다는 것을 배우긴 했지만요.

김영수 | 또 하나 중요한 사실이 있습니다. 바로 사마천이 태사령이 된 그해 사마천의 나이입니다. 사마천이 태어난 기원전 145년을 기준으로 계산해보면 이때 사마천의 나이는 서른여덟이었습니다. 그리고 아버지의 뒤를 이어 막 태사령이 되었지요. 이것이 무엇을 의미할까요?

학 생 | 글쎄요. 국가 기록을 책임지는 태사령에 임명된 서른여덟의 사마천이라…. 짐작이 가지 않습니다.

김영수 | 고조선 멸망과 연결시켜보세요. 고조선이 기원전 108년, 사마천 나이 서른여덟 살에 멸망했고, 사마천은 그 과정과 전말을 〈조선열전〉에 기록했다, 이것이 무슨 뜻입니까? 〈조선열전〉의 기록이 당대사 기록, 즉 1차 사료라는 뜻입니다. 역사를 연구하는 사료로서 가장 중요한 것이 당대사 기록 아니겠습니까?

학 생 | 그렇군요. 그렇게 말씀하시니까 〈조선열전〉의 중요성이 확

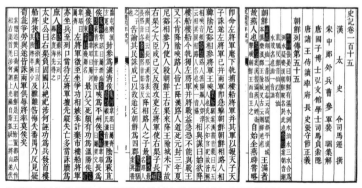

오른쪽부터 《사기》 권115 〈조선열전〉의 첫 부분, 한사군 부분, 태사공 왈 부분.

가슴에 와 닿습니다. 고조선에 관한 제대로 된 역사 기록이자 1차 사료로서 〈조선열전〉이 갖는 의미와 의의가 대단히 중요하다는 말씀이시지요?

김영수│ 그것은 달리 말하면 한국 고대사의 여러 문제와 쟁점이 이 기록에 내포되어 있다는 뜻이고, 해결의 실마리 또한 이 기록에 있다는 뜻입니다. 이 문제와 관련해 특별한 경험을 한 적이 있기에 3권 말미에 비교적 상세히 기록해두었습니다. 여기서는 이 정도로 해두고 넘어가지요. 다만 《사기》에 한국사와 뗄 수 없는 중요한 기록인 〈조선열전〉이 있다는 사실만을 꼭 기억해야 한다는 점을 말씀드리고 싶습니다.

학 생│ 네, 지금까지 낭중이었던 사마천이 아버지의 죽음 이후 본격적으로 《사기》 저술에 뛰어들기까지의 과정, 아버지 사마담이 아들 사마천과 《사기》에 미친 영향 등을 살펴보았습니다. 이제 사관이 된 사마천, 조정에서 본격적으로 활약하게 된 사마천을 만나볼까요?

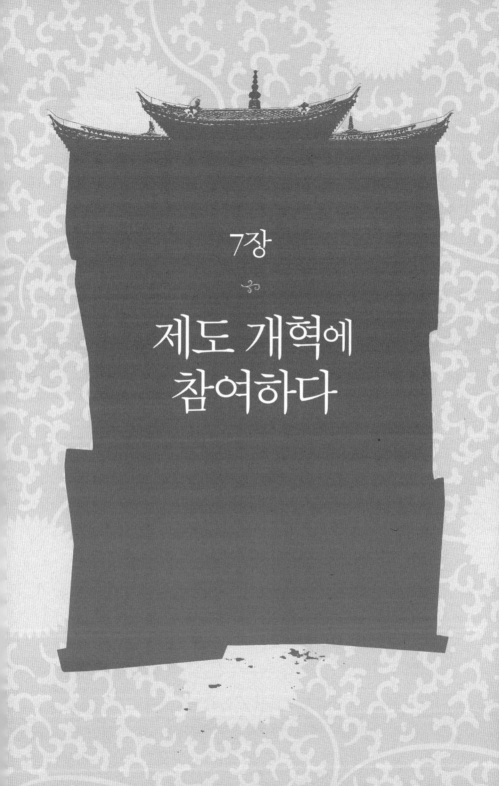

7장

제도 개혁에
참여하다

아버지의 죽음을 뒤로 한 채 사마천은 태사령 자리를 이어받았다. 그러고는 일에 매달렸다. 훗날 사마천은 친구 임안에게 보낸 편지에서 '요행히 주상께서 선친을 봐서 저의 보잘것없는 재주로나마 궁궐을 드나들 수 있게 하셨습니다. 대야를 머리에 인 채 하늘을 볼 수 없기에 빈객과의 사귐도 끊고 집안일도 돌보지 않고 밤낮없이 미미한 재능이나마 오로지 한마음으로 직무에 최선을 다해 주상의 눈에 들고자 했습니다'라는 말로 당시 자신의 모습을 회고한 바 있다.

이 시기는 대체로 사마천의 나이 36세부터 이릉 사건이 발발하는 47세까지이다. 이 기간에 사마천이 이룬 가장 중요한 업적은 태초력이라는 달력을 새로 만든 것이었다. 그리고 40세를 지나면서 역사서를 기술하기 시작한 사실에도 주목할 필요가 있다. 특히 태초력 제정은 역사 연구의 두 축 가운데 하나인 '시간'이란 축을 인식하는 데 큰 영향을 미쳤으며, 《사기》체제 중 하나인 연표 구상에도 상당한 통찰력을 제공했을 것이다.

황제와 제국을 위하여

학 생 ┃ 서른여섯에 사마천은 아버지를 잃고 큰 상실감을 겪었습니다. 그런데 머릿속을 떠나지 않는 의문이 하나 있습니다. 사마천의 자서전이나 편지에 아버지는 여러 차례 등장하는데 어머니 이야기는 보이지 않습니다. 어머니 이야기는 남아 있는 기록이 없습니까?

김영수 ┃ 안타깝게도 전혀 없습니다. 다른 가족에 관해서도 〈보임안서〉에서 '집안일도 돌보지 않으면서까지 일에 매달렸다'고 잠시 언급한 대목 외에는 없습니다.

학 생 ┃ 무슨 특별한 이유가 있나요? 맹자의 경우 어머니와 관련한 고사가 많이 남아 있고, 공자의 경우도 어머니 안징재顔徵在가 기록에 남아서 전하지 않습니까?

김영수 │ 특별한 이유는 없는 것으로 보입니다. 우선은 어머니가 일찍 돌아가셨을 가능성이 크고, 다음으로 굳이 가족 이야기를 할 필요를 못 느꼈겠지요. 아버지는 워낙 사마천의 삶에 큰 영향을 남겼고, 또한 사마천이 아버지의 직책을 물려받지 않았습니까? 그러니 아버지의 기록이 많이 남을 수밖에 없었지요. 사마천의 일생을 마무리한 뒤 이어서 가족과 후손에 대해 이야기할 기회가 있을 겁니다.

학 생 │ 네, 그럼 기대하고 있겠습니다. 이제 아버지가 돌아가신 이후 사마천의 생애를 주요 활동을 통해 알아보도록 할까요? 앞서 사마천이 아버지의 임종을 지켜본 뒤 바로 황제를 수행해 태산 봉선에 참석했다고 하셨는데요.

김영수 │ 네 그랬지요. 아버지의 죽음을 뒤로 한 채 태산으로 달려가 봉선대제에 참석한 사마천은 대제가 끝나자마자 돌아와 3년 상을 치렀습니다. 당시 예제에 따르면 황제를 제외한 모든 사람은 부모님이 돌아가신 뒤 3년 상을 지내야 했는데, 실제 기간은 25개월이었다는 것이 통설입니다. 그리고 말씀드린 대로 3년 상을 치르고 조정으로 돌아온 사마천을 기다리고 있던 것은 다름 아닌 '태사령'이었습니다. 하지만 복상 기간에도 사마천은 기원전 109년(원봉 2, 37세)에 무제를 수행해 옹·구씨·동래·태산·호자를 순시했으며, 특히 황하가 흘러넘친 호자瓠子(지금의 하남성 복양濮陽 남쪽에서 황하를 나누어 동쪽으로 흐르는 강이다)에서 황하를 막는 대역사에 직접 참여하기까지 합니다.

그러니까 아버지 사마담이 세상을 떠난 다음 해인 기원전 109년

대나무 틀 안에 돌을 담아 제방을 쌓는 데 사용하는 죽건의 모습(도강언).

복상 중이던 사마천은 황하에 제방을 쌓는 대역사에 동원되어 직접 나무를 지고 날랐습니다. 이때 깊은 인상을 받고 훗날 〈하거서〉를 지었지요. 사마천은 이 글을 통해 물로 인한 이익과 피해를 후대에 알리고, 역대 중요한 수리공사에서 보여준, 자연과 투쟁하고 자연을 인식하고 자연을 개조해나가는 인간의 놀라운 지혜와 힘을 탁월한 역사 인식을 통해 제시하고 있습니다.

그리고 《사기색은》에 인용된 《박물지》에 따르면, 사마천은 이듬해인 기원전 108년 6월에 아버지의 뒤를 이어 녹봉 600석을 받는 태사령에 임명됩니다. 〈태사공자서〉에는 "태사공(아버지)이 세상을 떠난 지 3년째 되던 해 태사령이 되었고, 사관의 기록과 나라의 책을 소장해두는 석실石室과 금궤金匱의 서적들을 정리하기 시작했다"라고 진술되어 있습니다. 그리고 이 무렵의 상황은 7장 앞머리에서 인용한 친구 임안에게 보낸 편지 내용과 같습니다.

학 생 | '빈객과의 사귐도 끊고 집안일도 돌보지 않고 밤낮없이 직무에 최선을 다했다'는 것을 보면 태사령이 된 뒤 사마천의 생활은 오로지 일뿐이었던 것 같습니다. 요즘 식으로 말하면 완전히 '워커홀릭workaholic'이었던 모양입니다.

김영수 | 그렇습니다. 태사령이 된 후 사마천은 자신의 직무에 혼신의 힘을 다합니다. 친구도 끊고 가족도 외면한 채 오로지 일에만 매달렸지요. 그런데 이런 와중에도 오직 한 사람 지준摯峻이란 은사隱士와는 편지를 주고받는 등 교류를 나눈 것 같습니다. 이 두 사람의 교류는 참으로 군자의 사귐이라 할 만한데, 입사를 권하는 사마천의 편지와 이에 대한 지준의 답장이 서진 시대의 학자 황보밀皇甫謐의 《고사전高士傳》에 남아 전하고 있습니다.

이에 따르면 지준은 자가 백릉伯陵에 한나라 경조 장안 사람이었습니다. 배우기를 좋아하고 성품이 담백하고 지조가 깊어 사마천이 평소 그를 흠모했고, 태사령이 된 뒤에는 그에게 입사를 권유하기까지 합니다. 태사령이 된 뒤 오로지 직무에만 매달려 황제와 제국을 위해 심혈을 기울이고 있던 사마천이 고상한 인품을 지닌 지준에게 입사를 권한 것은 당시로서는 지극히 당연한 일이었습니다. 하지만 지준은 사마천의 요청을 거절하는 한편, 마치 사마천의 앞날을 예견한 듯한 답장을 보내옵니다. 오로지 일에만 매달려 있던 당시 사마천의 심경을 이해하기 위해 두 사람의 편지를 한번 살펴보겠습니다. 먼저 사마천이 지준에게 보낸 편지입니다.

저는 군자가 귀하게 여기는 인생의 바른길에는 다음의 세 가지가 있다고 들었습니다. 사람으로서 최고의 가치 기준은 덕행을 수립하는 입덕立德이요, 그다음은 책을 써서 자기주장을 세우는 입언立言이며, 그다음은 공업을 세우는 입공立功입니다. 그대의 재능은 누구보다 뛰어나며 넓고 큰 뜻을 지니고 있습니다. 스스로 잘 수양해 고상한 인품과 덕을 갖추고 계십니다. 생활의 사소한 일로 자신의 명성에 영향을 주지 않으니 그 자체로 충분히 귀중하다 할 것입니다. 허나 가장 높은 가치 기준인 덕행을 수립하는 입덕의 경지에는 도달하지 못했습니다. 선생께서는 이 점을 유의하시기 바랍니다.

학 생 ｜ 저는 지금까지 《사기》 130권을 제외하고 사마천이 남긴 글로는 〈보임안서〉가 유일하다고 알고 있었는데, 그게 아니었나요?

김영수 ｜ 몇 편 더 남아 있습니다. 사마천의 문장이 맞느냐 맞지 않느냐는 논쟁이 다소 있긴 하지만요. 그러나 《사기》 다음으로 두 번째 정사인 《한서》를 편찬한 반고가 〈예문지〉에서 분명히 여덟 편의 산문과 《사마천집》 한 권, 《소왕묘론素王妙論》 두 권이 더 남아 있다고 밝혀두었습니다. 안타까운 사실은 이 중 두 편의 산문과 《소왕묘론》 일부만이 다른 책들에 남아서 전할 뿐이라는 것이지요.

학 생 ｜ 간단하게 소개해주시고 지준과 주고받은 편지 이야기를 이어가 보지요.

김영수 ｜ 산문으로는 방금 소개한 지준에게 보낸 편지 〈여지준서與摯

峻書)와 그에 대한 답장이 한 편, '때를 잘못 만난 선비를 슬퍼하는 글'이란 뜻의 〈비사불우부悲士不遇賦〉 한 편, 이렇게 두 편이 남아 있습니다. 사마천의 다른 문장에 대해서는 제 책《완역 사기》(본기 2)에 '본기를 마치며'라는 제목으로 비교적 상세하게 소개해두었습니다. 두 편의 산문을 모두 번역해서 실어놓았고요. 특히 〈비사불우부〉에는 〈보임안서〉에 보이는 사마천의 울분과 세태에 대한 비판 의식이 강렬하게 나타나 있고, 마지막 '무위로 돌아갈 뿐이다'라는 대목에서는 자신의 도가적 성향을 제대로 드러내고 있습니다.

학 생ㅣ 그렇군요. 사마천의 사상적 성향에 대한 논란이 있다고 하셨는데, 그 문장을 보면 도가적 성향을 확실하게 알 수 있다는 말씀이시로군요. 그럼 이제 사마천의 편지에 대한 지준의 답장을 살펴볼까요?

김영수ㅣ 사마천의 입사 권유에 지준은 이를 완곡하게 사양하는 답장을 보냅니다.

저는 옛 군자들은 자신의 힘을 헤아려 일을 행하고, 덕을 가늠해 처세한다고 들었습니다. 그렇기 때문에 회한이나 우려는 절로 몸을 감추는 것입니다. 이익은 절로 들어오지 않으며, 명성도 슬그머니 얻어지는 것이 아닙니다. 한 왕조가 들어선 이래 제왕의 바른길을 실행해 지금 잘 드러나고 있습니다. 능력 있는 사람은 달려가 능력을 발휘하고, 재능 없는 사람은 알아서 산림으로 은거한다 해도 때에 어긋나지 않습니다. 《역경》에 "군주에게 명령이 있으면, 소인은 중용될 수 없다"고 했습니다. 저는 그저 늙어 죽을 때까지 자유롭게 살면 그만입니다.

학 생 | 지준이란 분은 참 멋있군요! 입사를 권유한 사마천이 머쓱해질 만큼 고고하고 도도한 거절이네요. 옛날 분들은 참 멋지게 살았다는 생각을 많이 하게 됩니다.

김영수 | 소신과 낭만이 있었지요. 우리 시대가 잊고 사는 가치관이기도 합니다. 당시 사마천은 황제와 나라를 위해 일하는 것이야말로 최고의 덕행이라 생각했고, 이에 따라 지준에게 입사를 권했습니다. 공명심 강한 아버지 사마담의 영향도 적지 않았을 겁니다. 아버지가 입신양명이야말로 가장 큰 효도라고 말하지 않았습니까? 하지만 지준은 자신은 지금 시대에 맞지 않는 사람이라며 사마천의 권유를 거절하는 한편, 능력과 덕을 따지지 않은 채 일하고 처세하기 때문에 인간에게 회한과 걱정이 찾아드는 것이라고 말합니다. 지준은 끝까지 입사하지 않았고, 정陌에서 세상을 떠났습니다. 이에 정 지역 사람들은 그를 정거사라 부르며 그의 사당을 지어준 뒤 거르지 않고 제사를 지냈다고 합니다.

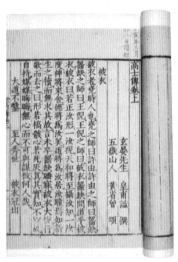
사마천과 은사 지준의 아름다운 관계를 전하는 황보밀의 《고사전》 판본.

학 생│ 지준의 편지를 받고 사마천의 의지가 흔들리지 않았을까요?

김영수│ 그런 것 같지는 않습니다. 서른여덟의 사마천은 모든 일에 자신감이 넘쳤고, 그래서 오로지 일에만 매달렸습니다. 모든 게 그가 말한 대로 황제의 신임을 얻기 위해서였습니다. 그는 황제를 찬양했고, 한이라는 제국을 자랑스러워했습니다. 아버지의 유언을 받들어 이 위대한 황제와 제국의 위용을 대대로 알릴 수 있는 역사책을 편찬해 이름을 날리겠다는 꿈에 한껏 부풀어 있었습니다. 그는 이제 얼마든지 각종 자료에 접근할 수 있는 태사령이었고, 아버지가 물려준 많은 자료와 황가 도서관에 보관된 수많은 문서와 서류, 문장이 사마천의 손길을 기다리고 있었습니다. 그는 자료를 분류하고 정리하는 일에 착수했습니다. 이때가 마흔 전후였던 것으로 추정됩니다. 그리고 그 과정에서 중요한 일 한 가지가 선행되어야 한다는 사실을 인식하게 됩니다.

학 생│ 중요한 일이라는 것이 앞서 말씀하신 달력의 제정입니까?

김영수│ 그렇습니다. 시간의 줄기 '태초력' 제정이 바로 그것입니다.

달력을 만들다

학 생│ 서양도 그렇고 달력의 역사는 아주 오래되지 않았나요?

김영수│ 율리우스력이니 그레고리력이니 하는 것들이 대표적인 서양 달력이고, 여기서는 중국 달력의 역사를 간략하게 설명드리겠습

지금까지 중국에서 발견된 책력 중 가장 빠르고 완전한 《원광원년역보》가 출토된 은작산 한묘 발굴 광경.

니다. 고고학 발굴 이야기로 시작해보지요. 1972년 산동성박물관은 은작산銀雀山(지금의 산동성 임기)에서 한나라 시대 무덤 두 기를 발굴했습니다. 1, 2호로 이름 붙여진 두 기의 무덤은 부부합장묘로 추정되었고, 성이 사마司馬인 1호 남편의 무덤에서는 《손빈병법》, 《손자병법》 같은 귀중한 병법서를 기록한 죽간이 대량으로 쏟아져 나왔습니다. 그리고 2호 아내의 무덤에서는 《원광원년역보元光元年曆譜》라는 책력, 즉 달력이 나왔습니다. '역보'의 출토로 이 무덤의 연대가 무제 시대에 해당하는 것으로 밝혀졌습니다. 원광은 무제의 연호이며, 원광 원년은 기원전 134년입니다. 사마천이 11세, 무제가 22세 때였습니다. 이 역보는 지금까지 실물로 발견된 달력 종류 중에서 가장 빠르고 완전한 것입니다. 그리고 이 달력은 10월을 한 해의 첫 달로 삼고 있습니다.

학 생 달력의 첫 달이 1월이 아니고 10월이었단 말인가요? 그렇다면 태초력이 나오기 전까지 사용한 달력은 상당히 불편했겠는데요?

김영수 | 아닙니다. 계속 10월을 첫 달로 삼으면 거기에 또 익숙해 지겠지요. 학교에서 나누는 학기만 하더라도 우리는 봄이 1학기지 만 서양이나 중국은 가을이 1학기잖아요. 우리는 어색하지만 저들에게는 전혀 그렇지 않습니다. 아무튼 태초력 제정에 참여하기까지 사마천의 생활은 일, 오로지 일뿐이었습니다. 조정에서의 직무에 충실한 한편, 아버지의 유훈에 따라 역사서 편찬을 위한 준비도 해야 했지요. 게다가 전과 다름없이 무제를 수행하며 지방을 순시했습니다. 39세 때인 기원전 107년(원봉 4)에는 옹에서 북방의 소관簫關을 나서 탁록, 명택鳴澤, 대代 등지를 수행했고, 역시 무제를 수행해 고향인 하양에서 황하를 건너 하동河東에서 후토에 제사를 지냈습니다. 40세 때도 무제를 수행해 남쪽 지방을 순시했는데, 이때의 경로는 남으로 구의九疑, 심양潯陽, 종양樅陽에 이르렀다가 다시 북상해 낭야, 해서海西, 태산, 감천을 거쳤습니다. 이 순시 때에는 남악 천주산天柱山에도 올랐습니다. 북위 시대의 지리학자 역도원酈道元은 《수경주水經注》라는 걸출한 인문 지리서에서 "여산은 팽택彭澤의 산이다. 진시황, 한 무제 및 사마천이 모두 이곳에 올라 구강을 바라보며 종양과 팽려彭蠡를 내려다보았다"는 기록을 남겼습니다. 41세 때인 기원전 105년(원봉 6)에도 무제를 수행해 회淮에 이르렀고, 자신의 고향인 하양에서 황하를 건너 하동으로 가 후토에 제사를 드렸습니다.

학 생 | 고향인 하양에서 황하를 건넜다는 이야기가 두 번이나 나오는데 그 부분을 조금 더 알고 싶습니다.

김영수 | 이 부분에서 또 한 번 길춘 성생의 도움을 받아야 할 것 같습니다. 선생의 연구에 따르면 19세 때 고향을 떠난 이후 사마천이 고향을 방문한 횟수는 모두 여덟 차례라고 합니다. 아버지가 세상을 떠난 후 장사를 지내기 위해 돌아온 것을 제외하고는 모두 무제를 수행하며 방문한 것입니다. 33세, 36세(이때가 아버지 사마담이 세상을 떠난 해), 40세 2회, 41세, 42세, 43세, 46세 이렇습니다. 47세 때 이릉 사건을 겪은 뒤로는 고향을 찾았다는 기록이 없습니다. 아마 죽기 전에 다시 찾은 것 같습니다.

학 생 | 아버지를 고향에 묻기 위해 돌아온 것을 제외하고는 모두 무제를 수행해 방문했다고 하셨는데, 앞에서 말씀하신 것처럼 전부 후토에 제사를 드리기 위함이었나요?

김영수 | 네, 그렇습니다. 후토사后土祠에 제사를 드리기 위한 행차였

부려궁이란 행궁의 존재를 알려주는 '하양부려궁' 벽돌.

습니다. 후토사는 토지신에게 제사를 드리는 곳인데, 산서성 분음 汾陰에 있었습니다. 이곳으로 가는 가장 빠르고 편한 길이 사마천의 고향인 한성에서 황하를 건너는 것이었습니다. 이 때문에 무제는 한성 지천에다 '부려궁扶荔宫'이라는 행궁까지 짓습니다.《한성현지》에 보면 한 무제가 이 지천에서 영지버섯을 얻은 뒤 지천을 영지靈芝로 바꾸었다는 기록도 나옵니다. 행궁 유적지는 확인이 되었고, '하양부려궁夏陽扶荔宫'이란 벽돌까지 출토되었습니다. 하양은 당시 한성의 이름이었지요. 즉 후토사에 제사를 드리러 갈 때마다 하양의 부려궁에 묵었다는 것입니다. 사마천은 자연스럽게 고향을 방문하게 되었고요.

학 생 ｜ 사마천이 태초력 제정에 참여할 무렵의 활동상에 대해 들어보았습니다. 이제 새로운 달력 태초력 제정에 관해 자세히 알아보겠습니다.

김영수 ｜ 사마천이 태초력 제정을 주도할 때의 나이가 42세였습니다. 기원전 104년이었고 당시 무제의 나이는 53세였습니다. 이해에 태초력을 제정했기 때문에 무제는 연호를 태초로 바꿉니다. 따라서 연호로 나타내면 태초 원년이 되겠지요. 태초력이라 이름 붙여진 새로운 달력을 만든 당시의 상황에 대해 사마천은 〈태사공자서〉에서 다음과 같이 이야기하고 있습니다.

그리고 5년 뒤인 태초 원년(기원전 104) 11월 갑자일 초하루 동지, 새로운 달력인 태초력을 반포하면서 명당에서 의례를 거행하고 제후들에게 새로운 달력을 받들게 했다.

태초력 제정에 앞서 사마천은 무제를 수행해 태산에 올라 명당에서 상제에게 제사 드리는 일을 보좌했습니다. 이어 후토에 제사하고 발해渤海로 가서 봉래蓬萊를 바라보다 감천으로 돌아옵니다. 그런 다음 본격적으로 새로운 달력 제정에 착수했는데, 거듭 말씀드리지만 이 일은 사마천에게 대단히 중대한 의미를 갖습니다.

새로운 역법을 제정하는 일은 한 왕조의 중대한 개혁이었습니다. 정권의 안정을 다진다는 정치적 필요성과 연계되었기 때문입니다. 이 점에 대해 사마천은 〈역서〉에서 다음과 같이 명확하게 말하고 있습니다.

왕의 성이 바뀌고 하늘의 명을 받을 때에는 반드시 개국의 기초를 다지기 위해 첫 달과 끝 달을 정하는 역법을 고치며, 복식의 색깔을 달리하고, 하늘의 원기운행 법칙을 살피어 그것에 따른다. 천하에 도가 있으면 시세와 절기가 조화를 잃지 않으며, 도가 없어 정치가 혼란하면 왕이 반포한 역법을 제후국들이 실행하지 않는다.

봉건시대 역법의 개혁은 한 왕조, 한 시대의 낡은 제도에 대한 개혁을 상징하는 것으로서 거국적인 큰일이었습니다. 이 때문에 서한이 개국한 이래 여러 차례 역법 개정과 관련해 논의를 나누었는데, 이 상황에 대해서는 〈역서〉와 〈봉선서〉 그리고 《한서》〈율력지〉

등의 내용에 근거해 간략하게 글로 정리해드리겠습니다.

　한나라를 개국한 고조 유방은 음양오행사상의 관점에서 자신이 흑제黑帝로서 수덕水德을 얻었다고 여겨 진나라 제도를 답습하고 아무것도 개혁하지 않았다. 문제가 즉위한 지 얼마 되지 않아 노나라 출신의 공손신公孫臣과 태중대부 가의賈誼가 한나라는 토덕土德을 얻어야 한다고 주장해 논쟁의 불씨를 당겼다. 그러나 승상 장창張蒼의 반대에 부딪쳤고, 급기야 가의는 수덕을 주장하는 주발周勃, 관영灌嬰 등에게 배척당해 장사로 쫓겨났다.

　그런데 문제 15년인 기원전 165년에 성기成紀(지금의 감숙성 태안현 북쪽)에 황룡黃龍이 출현하는 바람에 토덕과 누런색의 사용을 주장했던 공손신이 힘을 얻기에 이르렀다. 그리하여 문제는 한이 토덕을 얻었다는 주장을 확실하게 믿게 되었고, 이어 공손신을 불러 박사에 임명하고 여러 사람과 함께 역법과 복식 개정의 일을 논의하게 했다. 그러나 개혁은 실행되지 못했다. 무제도 즉위한 다음 제도 개혁을 생각했으나 황로사상을 신봉하던 할머니 두태후의 반대에 부딪쳐 실행에 옮기지 못했다. 두태후가 세상을 떠나자 무제는 유가 인물들을 적극 기용하는 한편 마침내 원봉 원년인 기원전 110년 봉선대제를 거행했다. 봉선은 곧 제도 개혁이 필연적 대세임을 의미하는 것이었다. 그리고 사마천은 무제가 제도 개혁을 추진하는 데 앞장서서 중요한 역할을 수행했다.

자, 이상이 사마천이 태초력 제정에 참여하기 이전 역법 개정에 대해 나눈 논의와 그 과정에서 일어난 충돌 상황이었습니다.

학 생 | 달력을 만들거나 바꾸는 일이 정권 차원에서 대단히 중요한 일이었네요. 하기야 지금도 마찬가지겠지요. 어느 날 갑자기 달력을 바꾼다고 하면 난리가 날 것 같습니다. 지금부터 한 해를 10월에 시작한다고 공표하면 말이지요. 우리 사회를 지탱하고 있는 모든 기준점이 바뀌어버리는 것이니까요.

김영수 | 그렇습니다. 아주 큰 혼란이 발생하겠지요. 아무튼 원봉 7년, 그러니까 태초 원년인 기원전 104년 사마천은 대중대부 공손경公孫卿, 호수壺遂 등과 글을 올려 역법 개정을 건의합니다. 무제는 어사대부 아관에게 여러 박사와 논의하도록 명했고, 아관 등도 모두 동의해 구체적인 의견을 제출했습니다. 이에 무제는 공손경, 호수, 사마천과 시랑侍郎 존存 등에게 한나라 역법 만드는 일을 논의케 합니다. 일을 더욱 확실하게 추진하기 위해 역법 전문가인 등평鄧平을 비롯해 시랑 존 및 민간의 역법 연구자 등 20여 명을 초빙하고, 당도(사마담의 스승)와 파군巴郡의 낙하굉落下閎도 참여시켰습니다. 당도는 28개 별자리인 28수 간의 거리를 측정하는 일을 맡았으며, 낙하굉은 천체 측정기구인 혼천의가 도는 정도에 따라 역법을 추산하는 일을 맡았습니다.

앞서 소개한 은작산 한나라 무덤 2호 묘에서 나온 《원광원년역보》에서 알 수 있듯이 그때까지 한나라는 10월을 한 해의 첫 달로 삼는 진나라의 역법을 계속 사용하고 있었는데, 그러다 보니 초하루와 그믐에 달이 보이고 상현과 하현 때 보름달이 나타나는 등

날짜와 천문 현상이 맞지 않는 일이 종종 일어났습니다. 이는 한 해의 시작을 어떤 달로 잡느냐는 문제인데, 이에 관해 사마천은 다음과 같이 기술하고 있습니다.

아주 오래전부터 전해오는 고대 역법에는 한 해의 처음이 초봄에 시작되는 것으로 정해져 있었다. 고대 선왕들은 세시를 정할 때 1년 달력인 연력의 시작을 정확하게 계산하고, 역법의 오차를 바로잡는 것은 연중에 두었으며, 남는 시간을 윤달에 귀속시켰다. 연력의 시작을 정확하게 계산함에 따라 시간의 순서가 바로잡혔으며, 오차를 연중에 바로잡음으로써 백성이 혼란에 빠지지 않았고, 남는 시간을 윤달에 귀속시킴에 따라 일이 어긋나지 않았다.(이상 〈역서〉)

이러한 인식에 따라 새로 개정된 역법은 한 해의 시작을 하나라 역법인 하력夏曆과 같은 정월로 잡게 됩니다. 그리고 태초력이란 이름을 붙였습니다. 태초력의 특징과 장점을 살펴보면 우선 동지가 11월에 자리를 잡고, 정월이 한 해를 시작하는 달로 확정되어 이전의 여러 가지 문제점을 해결했다는 데 있습니다. 이렇게 해서 계산된 1년의 날짜 수는 $365 + 385/1539$일이고, 한 달의 날짜 수는 $29 + 43/81$일이었습니다. 처음으로 24절기가 역법에 안배되었고, 윤달도 배정되었습니다. 이 밖에 일식 주기가 계산되었고, 5성(금성·목성·수성·화성·토성)의 위치를 추산하는 정밀한 방법도 마련되었습니다.

태초력은 중국 역법사에 있어 최초로 등장한 비교적 완전한 역법이었음은 물론 후대 역법의 모범이 되었습니다. 태초력이 제정된 이래 왕망王莽, 위魏 명제明帝, 무측천武則天이 집권했던 일부 기간을 제외하고 대대로 이 역법을 사용함으로써 2,000년 넘게 중국인의 시간관념을 지배했고, 우리나라에도 그대로 수입되어 사용되었습니다. 우리가 사용하는 음력이 바로 이 태초력입니다.

학 생 ㅣ 아, 태초력이 바로 음력이었군요. 우리나라 어르신들은 아직도 양력과 음력을 함께 사용하고 있지 않습니까? 젊은 사람 중에도 생일을 음력으로 지내는 사람들이 있고요. 바로 그 음력을 만든 사람이 다름 아닌 사마천이었다는 말이지요?

김영수 ㅣ 그렇습니다. 우리가 최근까지 사용하고 있는 달력인 음력이 바로 태초력입니다. 사마천이 이 달력을 만드는 데 주도적인 역할을 했던 것이고요.

학 생 ㅣ 역법 개정이 한나라 왕조와 정권에 어떤 의미였는지를 앞에서 짚어주셨는데요, 태초력 제정이 다른 분야에 미친 영향이나 파급효과는 없었나요?

김영수 ㅣ 중요한 질문입니다. 역법의 개정은 복식 개정 등 다른 제도 개혁을 잇달아 촉발했고, 한 왕조의 제도를 참신하게 일신하도록 자극을 주었습니다. 사관으로서 사마천은 이 개혁을 주장하고 주관했습니다. 훗날 왕국유의 말대로 그는 이 개혁의 실질적인 주도자였습니다. 일찍이 아버지 사마담이 천문학자인 당도에게 천문

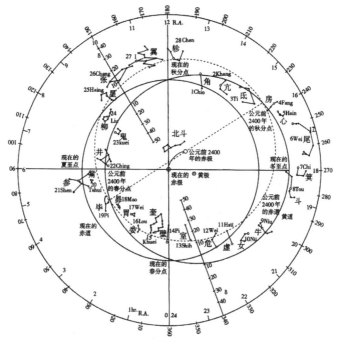

역법 개정에 필수적인 천문도(28수 별자리).

을 배운 이유도 바로 여기에 있었는지 모릅니다. 역법의 개정은 봉건 왕조의 요구에 부합하는 것이었고, 봉건 정권을 다지는 목적과도 맞는 일이었습니다. 그러나 사마천에게 역법의 개정은 그 이상의 의미를 갖는 일이었지요.

역법은 인간의 시간관념을 지배합니다. 역사는 시간과 공간의 학문입니다. 젊은 날부터 역사의 공간관념을 몸소 체험해왔던 사마천에게 역사의 또 다른 축인 시간관념은 공간관념과 마찬가지로 중요했습니다. 그런데 낡은 달력으로 인한 시간상의 혼란은 역사를 서술함에 있어 치명적인 결점이자 장애요인이었습니다. 따라서 시간관념에 기초한 천문과 역법에 대한 사마천의 인식은 곧 역사 서술에 있어 그것이 얼마나 중요한가를 인식하는 일이었습니다. 그 결과 사마천은 《사기》의 〈역서〉와 〈천관서〉를 통해 그러한 인식을 체계적으로 정리할 수 있었던 것입니다. 그는 다음과 같이 말합니다.

> "율과 역은 음양의 이치에 입각해 번갈아 다스리므로 오차나 빈틈을 허용하지 않는다. 역대 역법이 서로 달라 태초 원년의 역법을 중심으로 역서를 지었다."(《역서》)
>
> "천문과 역법을 연구하는 사람은 반드시 천운이 변화하는 주기를 제대로 알아야 하고 고대와 현대를 관통해 시세의 변화를 깊이 관찰하면서 그 알맹이와 쭉정이를 가려야만 한다. 그래야 '천문'이란 학문이 갖추어졌다고 할 것이다."(《천관서》)

사마천이 〈태사공자서〉에서 역법 개정 과정을 서술한 다음 바로 이어서 아버지의 유언을 상기하며 《사기》 저술의 의지를 강력하게 밝힌 것도 역법 개정이 지금까지 준비해왔던 역사 서술에 얼마나 중요한 역할을 했는가를 말해준다고 하겠습니다.

이렇게 해서 사마천은 역사 서술에 필요한 또 다른 축인 '시간'을 확보했습니다. 이제 위대한 마무리의 대장정이 본격적으로 시작된 셈이었지요.

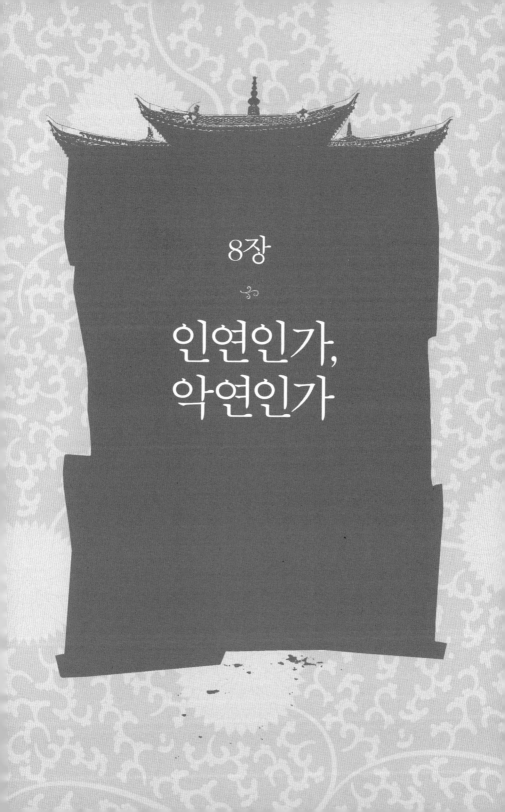

8장

인연인가,
악연인가

불혹의 나이에 접어든 사마천은 역사서 집필을 더 이상 늦출 수 없다고 생각했다. 그러나 달력을 개정하는 중요한 일을 마쳐야만 했다. 42세 때 태초력 제정이 끝난 후, 사마천은 본격적으로 역사서 집필에 착수했다. 우선 아버지 때부터 수집한 자료들을 정리해야 했다. 방대한 양이었다. 힘든 작업이었지만 동시에 사관 집안으로서의 자부심이 느껴졌다. 여기에 스무 살 대장정을 통해 수집한 각종 자료도 사마천의 손길을 기다리고 있었다. 민간에 전해오는 일화, 노래, 관련 속담과 격언, 수많은 사람의 구두 진술 등을 황가 도서관에 보관된 공식 기록과 대조하는 일은 결코 만만치 않은 작업이었다. 춘추전국시대 제자백가들이 남긴 책도 빠짐없이 읽어야 했다. 다행히 아버지 사마담의 〈논육가요지〉를 비롯해 다양한 자료가 준비되어 있었다. 하지만 이런저런 자료들을 정리하는 일이 시간을 많이 잡아먹었다. 이 때문에 본격적인 집필을 당장 시작하기는 어려웠다.

　기원전 99년, 사마천의 나이 47세, 역사서를 본격적으로 집필하기 시작한 지 얼마 지나지 않은 시점이었다. 흉노 정벌에 나선 젊은 장수 이릉이 적군인 흉노에 항복했다는 비보가 날아들었다. 불과 얼마 전까지만 해도 승승장구하던 이릉이었다. 조정은 찬물을 끼얹은 것 같았다. 무제의 심기는 불안하고 불편했다. 침식조차 제대로 하지 못할 정도였다. 답답해하던 무제가 사마천에게 일련의 상황에 대해 의견을 물었다. 사마천은 무제의 상한 속을 풀어줄 겸 자신의 솔직한 생각을 밝혔다. 물론 이릉에 대한 변호였다. 문제는 대수롭지 않게 던진 그의 한마디가 무제의 불편한 심기를 더욱 상하게 만들었다는 것이었다. 무제는 다짜고짜 사마천을 옥에 가두었다. 대장군 이광리李廣利를 근거 없이 비방했다는 죄목이었다. 그리고 그 이듬해, 사마천에게 청천벽력과도 같은 일이 벌어지고 말았다.

세계사로 향한 발걸음

학 생 │ 태초력 제정을 주도한 중년 사마천의 삶을 들어보았습니다. 그때가 42세였고, 사마천은 이제 아버지가 유언으로 남기면서 신신당부한 역사서 집필에 들어갑니다. 그 무렵의 상황과 배경을 먼저 설명해주시면 도움이 될 것 같습니다.

김영수 │ 사실 《사기》 저술을 위한 만반의 준비는 아버지 사마담 대에서 끝났다고 할 수 있습니다. 제자백가의 장단점을 전문적으로 논한 〈논육가요지〉만 보더라도 아버지 때 이미 집필을 위한 준비가 대체로 끝난 셈이었지요. 기원전 104년 태초 원년, 42세의 장년에 접어든 사마천은 태초력을 만든 뒤 본격적인 저술에 들어간 것으로 보입니다. 물론 이때의 저술이란 역사서를 쓰기 시작한 것이 아니라 아버지 때부터 수집된 자료와 사마천 자신이 수집한 현장 자

지금도 사용하고 있는 서역 지방의 감아정.

료 등을 정리하는 것이었습니다. 그런데 이해 사마천의 스승이자 한나라의 유교적 통치 이데올로기 수립에 결정적 이론을 제공했던 동중서가 세상을 떠납니다. 이듬해에는 동중서의 제자이자 태초력 제정에 관여했던 아관이 세상을 떠났습니다. 나라의 기틀이 잡히고 역법을 비롯한 각종 개혁 사업이 완료된 시점을 전후로 그 일에 적극 참여했던 인물들이 자신의 역사적 책무를 다하고 잇달아 유명을 달리했습니다.

제국의 강역은 더욱 넓어졌습니다. 서쪽 지역의 최대 세력 가운데 하나인 대완大宛을 대대적으로 공략했고, 서역의 또 다른 강국인 오손烏孫과는 왕에게 공주를 시집보내 화친하는 정책을 취하며 서역을 안정시켰습니다. 지금의 감숙성과 신강성 그리고 내몽골 깊숙이까지 들어가 보루와 성을 쌓고 군사를 주둔시키면서 농사를 지었습니다. 제국의 영역과 영향력은 말 그대로 확대일로였지요. 농지에 물을 대기 위해 감아정坎兒井이라는 우물을 파서 서역 지역에 '사막의 항구'로 불리는 오아시스 도시들을 개척한 것도 이때였습니다. 이 당시에 판 우물은 지금도 돈황敦煌을 비롯한 실크로드 오아시스 도시에서 사용되고 있습니다. 실크로드는 번영을 누리게 되

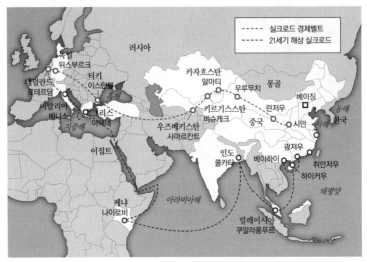

'일대일로' 사업 관련 지도.

었고, 중서 문화 교류는 촉진되었습니다.

학 생 | 비단길, 즉 실크로드에 대해 말씀하시는 것 같은데, 비단길이 사마천 시대에 개척되었나요?

김영수 | 그렇습니다. 장건이란 이름은 많이 들어보셨을 겁니다. 기원전 138년 무렵 장건은 무제의 명령을 받고 서역으로 떠납니다. 이때 시작된 비단길 개척은 중국사뿐 아니라 세계사에 거대한 영향을 미쳤고, 지금도 실크로드를 중심으로 한 엄청난 프로젝트가 진행되고 있지요.

학 생 | 최근 뉴스에 수시로 오르내리는 '일대일로一帶一路' 프로젝트가 그것 아닌가요?

김영수 | 바로 그겁니다. 인류 역사상 가장 큰 사업으로 불리는 이 프로젝트는 중국어로 '일대일로', 즉 세계를 하나의 길과 하나의 띠로 연결하겠다는 것입니다. 육상과 해상으로 말이지요. 영어로 '뉴 실크로드 프로젝트New Silk-road Project'라고 합니다. 21세기 들어와 G2로 성장했고, 조만간 미국을 누르고 G1이 될 것으로 예상되는 중국의 위상을 대변하는 엄청난 프로젝트입니다. 그리고 이 프로젝트의 역사적 배경에 지금 말씀드리고 있는 서역 개척, 즉 실크로드 개척이 있습니다. 물론 무리한 영토 확장이자 대외 침략이라는 비판도 만만치 않지만 무제 당대에 개척된 비단길은 분명 세계사에 있어 획기적인 사건이었습니다.

학 생 | 실크로드와 관련해서 좀 더 상세한 설명을 듣고 싶습니다. 개인적으로 관심이 많은 부분이기도 하고요.

김영수 | 지금부터 용어를 비단길로 통일하겠습니다. 비단길은 한마디로 말해 동서 교류의 위대한 산물이었습니다. 예로부터 중국은 '비단의 고향'이라 불렸고, 이 때문에 아주 일찍부터 비단과 비단으로 만들어진 훌륭한 제품이 서방으로 수출되었습니다. 아시아 대륙을 관통하는 내륙 지대에는 오래된 상업로가 있어 중국에서 서방으로 통했습니다. 대략 기원전 1세기 한 무제 이후 1,000년이 넘는 시간 동안 중국 생사나 비단 관련 물품들이 이 길을 통해 서역으로 운반되고 다시 산을 넘어 유럽으로 전해졌습니다. 비단은 서방 세계를 단번에 흥분시켰습니다. 이 무역로가 바로 '비단길'입니다. 비단길이란 이름은 독일의 지리학자 리히트호펜이 붙인 것이

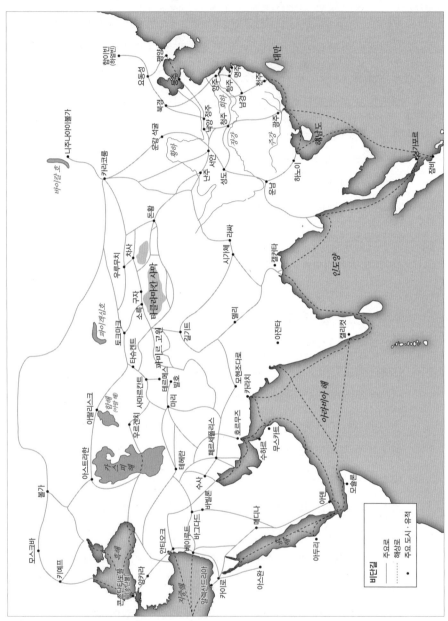

비단길 지도

고, 중국 사람들은 '사주지로絲綢之路'라 부릅니다. 비단길은 오랫동안 동서양을 이어주는 중요한 교통로였으며 고대 동서양의 경제·문화 교류가 대부분 이 노선을 통해 이루어졌습니다.

비단길의 경로에 대해서는 정해진 설이 없습니다. 전통적으로 천산天山을 기점으로 한 남로와 북로 두 갈래 길을 비단길의 주요 경로로 보지만 초원을 통한 초원로와 바다를 통한 해상로를 넓은 의미의 비단길에 포함시키기도 합니다.

학 생 ㅣ 사마천 고향인 한성시로 가려면 우리나라에서 비행기를 타고 서안으로 들어가는 것으로 알고 있습니다. 그 서안이 바로 비단길의 출발 지점이라는 이야기도 들었고요. 비단길의 경로가 궁금하네요. 지금도 까마득히 먼 그 길을 어떻게 개척했는지, 요즘처럼 체계적으로 지도가 갖추어지지 않았던 그 옛날 어떻게 길을 알고 찾아갔는지 매우 궁금합니다.

김영수 ㅣ 비단길의 동쪽 기점은 중국의 고도 장안(지금의 서안)이었습니다. 당시 한나라의 수도였지요. 생사와 각종 비단 직물이 모두 이곳에 집결한 다음 수천 리 먼 길을 떠납니다. 장안에서 출발해 서쪽으로 하서주랑河西走廊을 지나 맨 먼저 서역의 문호인 돈황에 이르고, 이어 상업로가 남북 두 길로 나뉘어 서역까지 뻗칩니다.

북로는 옥문관玉門關을 나와 타림 강 북쪽 길을 따라 들어서는데, 구자龜玆(지금의 신강성 고차庫車 부근)를 지나 소륵疏勒(지금의 신강성 객십시喀什市로 흔히 카스라 부른다) 서쪽에서 반대로 총령葱嶺(과거 파미르 고원과 곤륜산을 함께 부르던 이름)을 넘고 다시 대완(지금의 중앙아시아 페르가나)을 지나 가로로 강거康居(지금의 사마르칸트 부근)를 넘어 목록성木鹿城(지금은 마리라 부르는데 러시아 투르크멘 공화국 경내에 있다) 방향으로 계속 나아갑니다.

남로는 타림 강 이남 통로를 따라 나가는 길로, 선선鄯善(지금의 신강성 약강若羌), 우전于闐(지금의 신강성 화전和田)으로 길을 잡아 사차莎車에 이르고 여기에서 서쪽으로 총령을 넘어 지금의 아프가니스탄 경내에 다다르면 목록성으로 꺾입니다. 남북 두 길은 목록성에서 합해진 나음 계속 서쪽을 향해 가는데 카스피 해 농남부와 지금의 이란 경내에 이른 다음 다시 곧장 아만阿蠻(이란 경내의 하마단)으로 내닫습니다.

이렇게 통상로의 전반부는 대체로 아시아 대륙 한가운데를 뚫고 막막한 황사와 험난한 산지를 따라 이어집니다. 비단길의 후반부는 서아시아 지역을 지납니다. 아만을 지나면 두 강 유역에 이르고, 여기서 길은 바그다드 동남에서 북상해 유프라테스 강을 따라가다 상류에서 서쪽으로 길을 바꾸어 마침내 비단길의 종점이자 지중해 연안의 상업 중심지인 안티오크(성경책의 안디옥, 지금의 터키 안타키아Antakya)에 이르게 됩니다. 동서로 장장 7,000킬로미터가 넘는 엄청난 길이었지요. 당초 비단길은 항구 안티오크에서 다시 유럽 쪽을 향했습니다.

이 무역로는 한나라 무제 때 서역과 교통하며 열린 결과물입니다. 서한 초기 중국 북방의 유목민족인 흉노가 강해지면서 불시에 한을 침입해 엄청난 압박을 가했습니다. 서역 일대의 다른 민족도 모두 흉노의 입김 아래 놓이며 큰 위협을 맞이했지요. 대월지大月氏

는 흉노에 복종하기를 거부하다가 국가가 망하고 왕이 잡혀 죽는 불행을 겪기도 했습니다. 한은 무제 때에 이르러 축적된 국력을 바탕으로 한편으로는 흉노를 공격하고, 한편으로는 대월지를 비롯한 서역 각국과 연합해 공동으로 흉노에 맞섰습니다.

기원전 138년(사마천 8세) 장건은 두 어깨에 이 중요한 사명을 짊어지고 서역으로 떠났습니다. 그러나 도중에 붙잡혀 흉노에 장장 11년 동안 억류되기도 했지요. 간신히 도망쳐 나온 장건은 총령을 넘어 중앙아시아에 이르러 대완, 강거 등을 방문했습니다. 그런 다음 다시 대월지와 연락을 취했는데, 이때 대월지는 이미 풍요로운 아무르 강 유역에 정착해 편안하게 지내며 더 이상 복수할 생각을 하지 않고 있었습니다. 장건은 서역 국가들과 연합해 흉노를 공격하겠다는 목적을 이루진 못했지만 서역에 대한 상세한 정보를 가지고 돌아왔고, 이렇게 해서 중국은 서역과 관계를 맺기 시작했습니다(훗날 이 정보는 반고의 《한서》〈서역전〉으로 종합·정리되었습니다). 장건은 다시 길을 떠났습니다. 이때 장건은 중국의 물품을 각국에 선물로 주고 서역의 물산을 가지고 돌아왔습니다. 그의 부하 중 한 명은 페르시아를 방문

장건 무덤 앞에 서 있는 그의 석상이다(섬서성 한중시 성고成固).

했고, 서역에서도 사신을 보내 중국을 찾았습니다.

이렇게 해서 동양과 서양은 수시로 왕래하며 우호 교류를 강화하기에 이릅니다. 두 차례에 걸친 장건의 서역행은 중국이 중앙아시아 서쪽의 광활한 지역과 교통로를 열어 중앙아시아는 물론 유럽과 교역할 수 있는 기틀을 마련했던 것이지요. 중국의 비단과 비단 제품은 본래부터 서양에서 열렬히 구하던 물건이었고, 이후 이런 상품들이 농서隴西·신강·중앙아시아를 거쳐 페르시아로 전해지고, 여기서 다시 서아시아와 유럽의 로마로 전해졌습니다. 바로 이 경로로 엄청난 통상로가 열렸고, 이 길을 통해 중국의 비단이 알려졌기 때문에 '비단길'이라 부르게 된 것입니다.

학 생 | 비단길은 비단 같은 물품뿐 아니라 학문, 예술, 종교 등 다양한 문화 교류의 통로가 되었다고 하셨는데요, 구체적으로 어떤 일들이 있었는지 궁금합니다.

김영수 | 비단길은 동서 문화 교류의 길을 뚫었습니다. 이 길로 중국 문명이 서방으로 전파되었고, 동시에 중국도 서방으로부터 외래 문명을 흡수했습니다. 동서 문명이 서로 만나고 섞이는 새로운 시대를 맞이한 것이지요. 먼저 물품이 교환되었습니다. 비단길을 건너온 부드럽고 화려한 비단을 유럽인들이 마다할 리 없었습니다. 제국 후기에 들어선 로마의 귀족, 부호 들은 너 나 할 것 없이 비단옷을 즐겨 입었습니다. 실력자 시저(카이사르)도 비단옷 입는 것을 영광으로 여겼다고 하지요. 섬유 제품이 끊임없이 서방으로 전해지면서 비단옷을 입는 풍조가 갈수록 보편화되었습니다. 로마의 시인

키케로가 중국 비단 때문에 로마 여자들이 다 벌거벗고 다니게 되었다며 한탄할 정도였습니다. 그때까지만 해도 유럽 사람들은 비단이 나무에서 나는 것인 줄 알고 있었습니다. 그로부터 여러 세대가 지난 뒤에야 비로소 비단이 누에고치에서 나오는 것임을 알게 됩니다.

중국도 서방에서 동식물 품종을 많이 받아들였습니다. 대완과 오손에서는 명마인 한혈마汗血馬가 들어왔고 포도, 거여목(개자리), 석류, 등나무, 호도, 양파, 오이, 고수, 당근 등도 수입되었습니다. 장안에는 당시로서는 사치품이었던 유리와 유리 관련 제품 및 각종 보석, 마노, 향로, 화장품, 모직품 등이 흘러넘쳤습니다.

중국의 생산기술과 공구가 서역으로 전해져 여러 민족의 생활을 개선시키기도 했습니다. 우물을 파는 법과 제철법이 건너가 논밭의 수리, 개관과 간척을 촉진시켜 그 지역의 생산 발전에 도움을 주었습니다. 중국의 선진 철기, 특히 철제 농기구를 비롯해 칠기, 도자기, 동경 같은 공예품도 전해졌습니다. 이와 동시에 서역의 예술도 중국으로 들어왔습니다. 서역의 음악과 악기가 처음으로 중국에 들어와 아름다운 선율과 감미로운 소리로 중국인을 매혹시켰습니다. 우리가 잘 아는 악기 비파가 비단길을 통해 서역에서 중국으로 들어왔습니다. 한나라 동경인 해마포도경海馬蒲桃鏡이나 석각 벽화에는 희미하게나마 그리스 예술이 엿보이는데 대하 예술을 모방했을 가능성이 크다고 합니다. 대하는 알렉산더대왕의 동방원정 후 그리스인이 세운 국가로 나중에 대월지에 복속되었습니다. 이 대월지를 통해 그리스 문명이 한나라로 들어옵니다. 사나운 동물과 싸우는 격투기와 입으로 불을 뿜는 로마의 마술이 안식국安息國(파르티아 왕국이라 불리며 카스피 해 남쪽에 존재했었다)을 통해 중국으로 전해지기도 했지요.

비단길이 열린 후 불교, 이슬람교, 기독교 등 고등 종교가 잇달아 비단길을 따라 동쪽으로 전파되었습니다. 중국인이 발명한 위대한 문명, 종이와 문방사우文房四友도 비단길을 거쳐 서방으로 건너갔습니다. 원나라 때 이탈리아에서 온 마르코 폴로는 비단길 서쪽 끝에서 전통적인 노선을 따라

비파는 비단길을 통해 서역에서 중국으로 들어온 대표적인 악기였다. 악기와 함께 화려한 춤도 들어와 당시 뭇 사내들의 가슴을 설레게 했다. 사진은 등 뒤로 비파를 돌려 연주하는 무희의 석상이다. 이런 연주를 '반탄비파'라 하는데 돈황 막고굴 벽화에 보인다.

중국에 들어와 오랫동안 머물며 중국의 실상과 자신의 경험을 《동방견문록》으로 남겼습니다. 이 책이 출간되면서 유럽을 떠들썩하게 만들기도 했지요. 동서 문화 교류에 또 하나의 큰 자취가 마르코 폴로에 의해 남겨진 것입니다.

전혀 다른 세계의 문화가 상호 교류를 통해 공통점과 차이점을 확인하고 서로의 장단점을 흡수하며 교류의 폭과 깊이를 넓혀간 것은 인류사에 있어서 대단한 일이었습니다. 그리고 그 엄청난 교류는 비단길이 있음으로 해서 가능했습니다. '동서 교류의 위대한 교두보'라 불러도 전혀 손색없는 이름이었지요.

학 생 ┃ 비단길에 대해 어느 정도 알고 있었고, 사마천에 대해서도 알고 있었는데 이 두 역사가 이렇게 만나리라고는 생각지 못했습니다. 이 사실과 저 사실이 씨실과 날실처럼 엮이는 것, 이것이 바로 역사를 공부하는 '재미'라는 생각이 듭니다. 그동안 비단길이라고 하면 육로만을 생각했는데, 해상 실크로드는 무엇을 말하는 것인가요?

김영수 ┃ 육로를 통한 비단길 외에 바닷길을 통한 비단길도 있었습니다. 해상 실크로드인데, 다른 말로 '도자기 길'이라고도 합니다. 고대 중국에서 유럽과 아프리카 대륙으로 가는 해상 통로였습니다. 중국 동남 연해를 출발해 일본해, 황해, 남해, 벵골 만을 거쳐 동남아시아 및 인도에 이르고, 다시 인도양, 아라비아 해, 페르시아 만, 홍해를 거쳐 아프리카와 유럽 각지에 이르는 항로입니다. 이 길은 인류의 항해술이 발전함에 따라 당·송 시대를 거쳐 원·명 시대에 와서 전성기를 맞이합니다. 원나라 왕대연汪大淵은 두 번 바다를 건넜고, 명나라 정화鄭和는 일곱 차례나 서양으로 항해했는데 모두 이 길을 따라갔습니다. 중국의 비단, 도자기 같은 제품이 이 길을 통해 서양으로 수출되었고, 서양의 향료, 후추, 면직물 등이 이 길을 따라 중국에 들어왔습니다. 이 바닷길 역시 동서양의 경제·문화 교류와 각국의 우호왕래에 크게 공헌했지요.

학 생 ┃ 실크로드는 말만 들어도 심장이 뜁니다. 사마천 당대에 이 길이 개척되었다는 사실이 사마천과 《사기》에 어떤 영향을 미쳤나요?

김영수 ┃ 《사기》를 세계사로 만드는 데 결정적인 작용을 합니다. 사

해상 실크로드를 통해 아프리카까지 갔던 정화의 항해도.

마천이 자국뿐 아니라 주변 민족과 나라에 관심을 보이고 이를 기록으로 남길 수 있었던 데에는 비단길 개척이 큰 영향을 미치지 않았겠습니까? 제국에 대한 자부심의 표현으로도 볼 수 있겠지요.

학 생 ⏐ 서역까지 이어지는 비단길을 개척한 걸 보면 한 무제라는 황제가 대단하긴 했나 봅니다.

김영수 ⏐ 그렇지요. 중국에서는 한 무제 유철, 당 태종 이세민李世民, 송 태조 조광윤趙匡胤, 명 태조 주원장朱元璋 이 네 사람을 '사대천왕'이라 부르기도 합니다. 어쨌든 역사상 전대미문의 대교통로를 개척한 무제의 야심은 더욱 커졌습니다. 세계가 무제라는 황제를 주목하고 있는 것 같았고, 무제 또한 그렇게 되길 강력하게 원했습니다. 무제가 피 같은 붉은 땀을 흘린다는 한혈마를 얻기 위해 무리하게 대완을 공략한 것만 보아도 이 무렵 무제의 야심과 영토 확장욕이 얼마나 대단했는지 짐작할 수 있을 겁니다.

학 생 ┃ 그에 따른 부작용은 없었습니까? 아무래도 많은 돈이 들었을 것이고, 그러자면 자연히 백성의 부담이 커졌을 것 같은데요.

김영수 ┃ 물론 무력 확장의 이면에는 사회적, 경제적 발전이 뒷받침되어 있었지요. 경제력이 강해지면 군사 확장은 필연적으로 뒤따르고, 군사가 확장되면 재정 지출을 초래하며, 결국은 사회 모순이 격화되는 쪽으로 가기 쉽습니다. 그래서 무제는 국가 재정을 확보하기 위해 상인 출신들을 관료로 임명해 세수를 확보하고, 이와 함께 가혹한 통치를 대변하는 혹리들을 대거 기용했습니다.

사실 사마천도 처음에는 이런 제국과 황제의 위대함에 경탄했고, 그 위대함을 기록으로 남길 준비를 착실히 해나갔습니다. 그래서 저는 이 과정을 비유적으로 표현하길 사마천이 '위대한 황제를 위한 심포니를 준비했다'고 말합니다. 하지만 황제를 위한 교향곡은 궁형을 기점으로 비운의 록Rock으로 바뀝니다. 아무튼 당시 《사기》의 뼈대는 이렇게 제국의 확장과 더불어 굵어졌고, 사마천은 위대한 제국에 대한 자부심으로 가득 차 있었습니다. 그의 역사서는 그야말로 '자부심의 대제국사'로 확고하게 방향을 잡고 있었다고 봐야 합니다. 적어도 기원전 99년 그의 나이 47세, 그 사건이 터지기 전까지는 말이지요.

학 생 ┃ 비단길 개척은 역사를 바라보는 사마천의 시야를 넓혀주었고, 이것이 《사기》를 세계사로 만드는 데 큰 영향을 주었다고 정리하면 될까요?

김영수 ┃ 네, 그렇게 기억하시면 되겠습니다.

화려한 제국, 비참한 삶

학 생ㅣ 자, 그럼 이제 사마천의 일생에서 가장 중요하고, 가장 치욕스러운 그 사건을 살펴보도록 하겠습니다. 흔히 역사에서는 이 사건을 '이릉지화李陵之禍'라고 부르더군요.

김영수ㅣ 그렇습니다. 우선 '이릉지화'가 터질 무렵 한나라의 상황을 살펴보겠습니다. 그러니까 이릉지화가 발생한 그해에는 대제국 서한 내부 곳곳에서 민중봉기가 터져 나오기 시작했습니다. 무제가 황제로 즉위한 지 40년이 넘었고, 그의 나이는 58세로 회갑을 눈앞에 두고 있었지요. 어마어마하게 화려해 보이는 제국은 사실 통치권 내부에서 서서히 썩은 냄새를 풍기기 시작했고, 그 역겨운 냄새가 사마천에게까지 미치고 말았습니다. 사마천의 삶을 송두리째 바꾸어버린 그 사건, 이릉지화의 본질도 바로 여기에 있습니다.

앞에서도 여러 번 말씀드렸지만 무제는 봉선을 비롯한 여러 종교 행사를 끊임없이 행했고, 그와 관련된 각종 제도를 바꾸었습니다. 무제는 이런 종교적 미신이라는 안개 속에서 '천명을 받은 제왕'이라는 일종의 정신적 만족감 내지 위안감을 얻었는지 모릅니다. 하지만 현실 상황은 그렇지 않았습니다. 무제는 통치 후반기로 갈수록 자신의 독재권을 강화하기 위해 안으로 혹리들을 기용해서 자신의 통치에 위협이 되는 존재들을 가혹하게 제거합니다. 무제가 재위하는 동안 정치적 이유 때문에 처형당하거나 자살한 인물이 줄을 이었고, 이에 연루되어 죽어간 사람이 10만 명이 넘었습니다. 화려한 외관과는 대조적으로 내부에서 곪아가고 있었던 것이지요.

통치 집단 내부의 계급 모순이 심화되면서 가뭄을 비롯한 천재지변과 반란이 잇따랐습니다. 이에 대응하기 위한 가혹한 법들이 제정되면서 상황은 더욱 악화되었지요. 이 틈에 관료 지주들은 권세를 이용해 백성의 재산을 약탈하고 토지를 차지했으며 심지어는 사람을 마구 죽이기까지 했습니다.

학 생 | 우리가 흔히 알고 있는 무제 시대의 모습과는 많이 다릅니다. 구체적인 사례를 좀 소개해주세요.

김영수 | 무제의 삼촌으로 어머니 두태후의 지극한 사랑을 받았던 양 효왕의 아들, 즉 무제와는 사촌 간인 제동왕濟東王 유팽리劉彭離는 "밤에 노복, 목숨을 걸고 나쁜 짓을 즐기는 비행 청소년 수십 명과 함께 사람을 죽이고 재물을 빼앗는 일을 즐겼다. 그에게 살해당한 사람이 100여 명이나 된다는 사실이 발각되자 이를 다 알게 된 나라 사람들이 밤에 나다니지 못할 정도였다"(권58 〈양효왕세가〉)고 기록에 남아 있습니다.

또 형산왕衡山王 유사劉賜는 "여러 차례 남의 밭을 약탈하고 남의 무덤을 파헤쳐 자신의 밭으로 만들었다"(권118 〈회남형산왕열전〉)고 합니다. 두태후의 조카인 두영竇嬰은 권세가 커지자 "더욱 교만해져 귀족 저택 중에서 가장 으리으리하게 집을 꾸미고 수리했다. 밭과 산과 들은 기름졌고, 군현에서 사들여오는 물건의 행렬이 길에 늘어설 정도였다. 전당에는 종과 북을 설치했고, (규정에 어긋나는) 깃발을 꽂아두었으며, 뒤채에서 일하는 부녀자가 100명에

당시 귀족들의 사치와 향락 모습을 잘 보여주는 투계, 즉 닭싸움을 묘사한 벽돌 그림.

이를 정도였다. 제후들이 갖다 바친 금과 옥, 개와 말 그리고 관상용 물건 등이 헤아릴 수 없이 많았다"(권107 〈위기무안후열전〉)는 불명예스러운 기록을 남깁니다.

귀족들의 놀이도 호화와 사치의 극을 달렸습니다. 그중에서도 무제가 단연 으뜸이었지요. 그는 산과 물을 경계 삼아 상림원이란 놀이동산을 만들어놓고 놀았습니다. 황제가 이랬으니 귀족들이야 말해서 무엇하겠습니까?《서경잡기》에 따르면, 노나라 공왕은 싸움닭을 기르는 등 조류를 끔찍하게 좋아했는데, 한 해에 새 먹이로만 2,000석의 곡식을 소비했다고 합니다. 또한 무제의 총애를 받은 대지주 한언韓嫣은 구슬 놀이를 좋아해 특별히 금으로 만든 구슬을 가지고 놀다가 하루에 열 개 이상 잃어버리기도 했습니다. 한언이 구슬 놀이를 한다는 소식을 들으면 장안의 아이들이 모조리 달려나와 그의 뒤를 졸졸 따르며 흘린 금구슬을 줍느라 야단을 떨었다고 합니다.

학 생 | 최고 전성기를 구가했다는 무제의 통치기 이면에 이런 어두운 모습이 있었군요. 결과적으로 이 모든 부담이 백성에게 돌아

가는 것 아닙니까?

김영수 | 물론이지요. 황제와 귀족들의 향락에 들어가는 비용은 모두 백성 차지였습니다. 가혹한 각종 법률을 제정해 백성을 약탈했습니다. 여기에 천재지변까지 겹쳐 농민을 비롯한 일반 백성의 삶은 지옥과 다름없었지요. 견디다 못한 농민들은 집과 땅을 버리고 유랑민이 되거나 무력으로 저항하기 시작합니다. 황금시대를 노래하던 무제 통치기 말년으로 들어오면 결국 "전국이 헛된 소모로 호구가 반으로 줄어드는"(《한서》〈식화지〉) 비참한 상황에 직면하게 됩니다.

통치 집단 내부의 모순은 대개 엄청난 살육을 동반하는 권력 투쟁의 양상으로 발전합니다. 무제가 재위한 약 50년 동안 모두 12명의 재상이 임명되었는데 이들 중 아무 탈 없이 자리에서 물러난 사람은 세 명에 지나지 않았습니다. 세 사람은 파면, 세 사람은 죄를 받고 자살, 세 사람은 죄를 받고 처형되었습니다. 일족이 몰살당한 경우도 적지 않았습니다. 무리한 대외 확장에 따른 막대한 재정을 확보하기 위해 돈을 받고 관작을 파는 '매관賣官'과 돈을 내면 죄를 사면해주는 '속죄贖罪'라는 변칙적이고 왜곡된 명령도 서슴지 않고 내립니다.

학 생 | '속죄'라면 사마천의 궁형과도 관련이 있지 않습니까? 저는 '속전贖錢'이라고 알고 있습니다만.

김영수 | 그 이야기는 조금 뒤에 다시 해드리겠습니다. 그리고 사마천의 궁형과 관련이 있는 것은 분명합니다. 아무튼 매관과 속죄가

성행했고, 특히 '매관'은 무제 때 출현한 뒤로 사라지기는커녕 어둡고 부패한 봉건제도의 중요한 표지로 남아 2,000년 넘게 정치·사회에 부정적인 영향을 미칩니다. 중국 역사상 최고의 황금기를 연출한 한 무제의 통치기는 그 황금기 자체에 치명적인 몰락의 씨앗을 품고 있었던 셈이지요. 시대는 늘 그렇듯 가혹합니다.

통치계급 내부의 모순과 그로 인한 살육, 가혹한 각종 법률과 농민들의 고통, 천재지변, 농민봉기로 이어지는 무제 통치기의 암흑 상황을 일기 쉽게 표로 정리했습니다. 당시 모습을 파악하는 데 좋은 참고가 될 것입니다.

무제 통치기의 내부 모순 상황표

연 도	주요 사건	사건의 내용	비 고
139년(7)	두태후의 유가 억압.	어사대부 조관 등이 두태후의 정치 관여를 금하라는 청을 올렸다가 두태후의 진노를 사서 하옥되고 곧이어 왕장 등과 자살했다.	무제의 1차 '존유' 실패함.
138년(8)	황하 범람.	황하가 범람해 평원을 덮치고 기근이 들어 사람들이 서로 잡아먹었다.	천재지변.
130년(16)	진황후 폐위.	진황후가 무고로 폐위되고 300여 명이 연루되어 죽었다.	
	'견지법' 제정.	범법자를 알고도 보고하지 않는 관리는 범법자와 함께 처벌한다는 법이 장탕張湯 등에 의해 제정되었다.	가혹한 정치가 전개됨.
123년(23)	매작속죄 買爵贖罪.	돈으로 관작을 사고, 돈을 내면 죄를 면제받을 수 있는 명령이 내려졌다.	흉노 정벌에 따른 재정 보충 정책.
122년(24)	폭설과 비. 도적들이 일어남.	폭설과 큰비가 내려 얼어 죽는 사람이 속출했다. 이해부터 117년까지 각지에서 도적이 들끓고 망명자가 늘어났다.	천재지변과 민란이 연속됨.

120년(26)	급암汲黯의 충고.	유능한 인재가 가혹한 법망에 걸려 죽임을 당하는 경우가 빈발하자 급암이 무제 면전에서 "이들을 다 죽이고 누구와 더불어 천하를 다스리려" 하느냐고 충고했다.	무제의 이율배반적인 인재 등용책의 실상.
119년(27)	산민전算緡錢.	동곽함양東郭咸陽 · 공근孔僅 · 상홍양桑弘羊 등을 기용해 소금과 철을 국가 전매사업으로 삼고, 상인들에게 자산을 신고하게 해 그에 따라 산민전이란 세금을 거두었다. 제대로 신고하지 않은 자는 변방으로 보내고 재산을 몰수했다. 고발자에게는 적발한 재산의 절반을 포상금으로 주었다.	가혹하게 법을 집행해 원망의 소리가 높았음.
	이광李廣의 자살.	전장군 이광이 길을 잃어 제시간에 위청의 군대와 합류하지 못하자 위청이 이광을 추궁했고, 이광은 억울함을 견디다 못해 스스로 목숨을 끊었다.	군 내부의 갈등으로 인한 명장의 희생.
118년(28)	이채李蔡의 자살.	승상 이채가 죄를 얻어 스스로 목숨을 끊었다.	사마천 입사함.
	오수전五銖錢 주조.	삼수전을 폐지하고 오수전을 주조하게 하자 민간의 불법 화폐 주조가 극성을 부렸다.	화폐 정책의 난맥상 표출.
117년(29)	복비법腹誹法.	청렴하고 정직한 대사농 안이顔異가 속으로 비방했다는 죄목으로 처형되고, 이로부터 '복비법'이 생겨났다.	황제에게 아첨하는 공경대부가 많아졌음.
115년(31)	장청적莊靑翟의 자살.	승상 장청적이 하옥되었다가 자살했다.	
	물난리와 재해.	홍수가 나서 관동에서 굶어 죽은 자가 1,000명에 이르렀다. 평원 · 발해 등지에 재해가 들어 굶어 죽은 사람이 길을 덮었다.	
114년(32)	고민령告緡令.	상인들의 재산을 고발하게 하는 고민령이 떨어졌다. 고발된 재산의 절반을 고발자에게 준다는 이 조치로 중간 이상의 상인이 모조리 파산했다.	정상적 경제 기반이 붕괴됨.
	대기근.	관동 10여 군에 대기근이 들어 사람이 서로를 잡아먹는 현상이 발생했다.	
112년(34)	제후들의 작위 박탈.	종묘 제사에 바치는 주금酎金의 양과 질을 구실 삼아 제후 106인의 작위를 박탈했다. 승상 조주趙周는 이 일을 보고하지 않았다는 죄목으로 하옥되었다가 자살했다.	통치계급 간의 모순 격화.

연도	사건	내용	비고
109년(37)	조옥의 남발.	황제가 직접 사건 처리를 명령하는 이른바 조옥이 갈수록 많아져 1년에 1,000건이 넘었다. 이로써 체포된 자는 6, 7만에 이르렀고, 관리는 10여 만 명이 늘었다.	갈수록 정권의 안정성이 흔들리기 시작함.
107년(39)	유민의 증대.	관동 지방의 유민이 200만에 이르고, 이름 없는 자가 40만에 이르렀다. 무제 말년 농민봉기가 끊이지 않았다.	재정 파탄.
99년(47)	침명법沉命法.	가혹한 정치로 농민봉기가 잇따르자 봉기를 일으킨 백성을 숨겨주는 관리도 함께 처형한다는 '침명법'을 반포했다.	농민봉기가 격화됨.
97년(49)	이릉 가족 멸족.	흉노에 패한 이릉이 항복해 흉노군을 훈련시킨다는 잘못된 보고를 믿고 이릉의 가족을 몰살시켰다.	이에 연루되어 사마천도 궁형을 당함.
	돈으로 사형 감면.	사형 판결을 받은 자가 50만 전을 내면 사형을 면제해준다는 명령이 내려졌다.	
92년(54)	무고 시작.	방사와 무당 들이 궁정을 함부로 드나들며 인형을 묻고 저주를 내리는 무고가 성행했다. 궁인들이 황제를 저주한다며 서로를 고발하자 성이 난 무제는 상림과 장안을 11일 동안 수색해 수백 명을 처형했다.	무고를 빙자한 황실 내부의 암투가 극성을 부리기 시작함.
91년(55)	공손하 멸족.	승상 공손하의 아들 공손경성公孫敬聲이 법을 어기고 군비를 횡령해 하옥되었다. 공손하는 양릉 대협 주안세朱安世를 체포했으나, 주안세는 옥중에서 경성과 양석공주陽石公主가 사통하고 무제를 저주했다고 고발했다. 무제는 공손하 일족을 모두 처형했다.	사마천의 친구 전인과 임안이 이 사건에 연루되어 처형됨. 사마천도 이 무렵 세상을 떠난 것으로 추정됨.
	무고의 화 (무제 통치기 최악의 사건).	무제의 신임을 받고 있던 강충이 태자를 무고하자 태자 여戾는 강충을 죽인 뒤 군대를 이끌고 5일 동안 저항하다 자살했다. 제읍공주諸邑公主, 양석공주 및 위청의 아들 장평후 위항 등이 연루되어 처형당했다.	
90년	유굴리의 처형.	승상 유굴리가 이사장군 이광리와 함께 창읍왕(이광리 누이동생의 아들)을 세우려다 처형되고 처자도 참수형 당했다.	무제 말년 통치계급의 갈등 격화.
88년	입자모거 立子母去.	작은아들 불릉을 태자로 삼기 위해 향후 권력을 쥘 가능성이 있는 젊은 어미 구익부인 조첩여趙婕妤를 제거해 후환을 없앴다.	이후 이것이 관례가 되어버림.
87년	무제의 죽음.	한 무제 유철이 70세로 세상을 떠났다.	

☆ 연도는 모두 기원전이며, 괄호 안 숫자는 사마천의 나이다. 무제는 사마천보다 11세 연상이었다.
☆ 위 표는 사마천 연보와 함께 참고하면 더욱 입체적으로 이해할 수 있다.

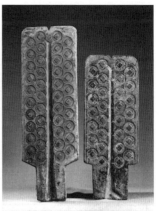

무게 단위를 이름으로 삼은 한나라 때의 화폐 '오수전'은 변덕스러운 화폐 정책을 가장 잘 보여주는 상징적인 물건이다. 오수전과 그것을 찍어내던 거푸집.

학　생｜ '전성기의 이면에 드리워진 암울한 그림자가 제국을 뒤덮고 있었다', 이렇게 표현할 수 있겠습니다. 대외 상황은 어땠습니까?

김영수｜ 대외적 상황도 별반 나을 것이 없었습니다. 무리한 대외 정복과 그에 따른 경제적 파탄 등 각종 부담과 모순이 부메랑이 되어 무제 정권을 압박했습니다.

학　생｜ 시대는 늘 그렇듯 가혹했다는 말씀이 인상적입니다. 물론 보통 사람들에게 가혹했다는 뜻이겠지요. 이런 시대적 상황이 사마천과 《사기》에 어떤 영향을 미쳤는지요? 이런 상황이 앞으로 말씀해주실 '이릉지화'와 겹쳐 대단히 심각한 파문과 영향을 남겼을 것으로 짐작됩니다.

김영수｜ 전대미문의 대제국과 이를 이룩한 위대한 황제를 찬양하는 역사서를 힘차게 준비하던 사마천에게 이런 일련의 상황들은 상당히 충격적이었을 것입니다. 이는 사마천이 제국과 황제의 허실을 심각하게 되돌아보는 계기로 작용했습니다. 하지만 지금부터 말씀 드릴 '이릉지화'를 직접 겪기 전까지는 문제의 심각성을 인식하는 정도였지, 이런 상황들을 어떻게 역사서에 반영할지에 대해서 그리 심각하게 의식한 것 같지는 않습니다. 사마천 자신에게 직접적인 영향을 미치는 일들이 아니었기 때문이지요. 하지만 기원전 99년, 사마천의 나이 47세 때 일어난 '이릉지화'는 이런 모든 문제를 송두리째 뒤집어보게 만드는 계기가 되었습니다. 당시 무제의 나이는 58세였습니다.

이릉 사건의 전말

학 생 │ 자, 그럼 이제부터 사마천 일생에서 가장 중대한 사건인 '이릉지화'의 미스터리를 풀어보도록 할까요? 이릉은 장수이자 한나라 초기의 명장 이광의 손자이기도 하지요?

김영수 │ 그렇습니다. 이광은 사마천이 가장 존경한 장수였습니다. 사마천은 이광을 '도리불언桃李不言, 하자성혜下自成蹊'라는 속담을 빌려 극찬한 바 있습니다. '복숭아나무와 오얏나무는 말이 없지만 그 아래로 절로 길이 난다'는 뜻입니다. 복숭아나무와 오얏나무는 말을 할 수 없습니다. 하지만 그 아래로 길이 나는 이유는 맛있는 열매를 주렁주렁 맺기 때문이지요. 사람도 훌륭한 인품을 닦고 말없이 자기 길을 가다 보면 많은 사람이 그를 흠모하게 된다는 비유입니다. 사마천은 어릴 때 이광을 직접 만나기도 했습니다.

학 생 | 참으로 멋진 말입니다. 사마천이 이광을 얼마나 존경하고, 그에게 얼마나 큰 애정을 품고 있었는지 짐작이 갑니다. 그러고 보면 사마천과 이광 집안은 보통 인연이 아니라는 생각이 듭니다.

김영수 | 그렇게 볼 수도 있을 겁니다. 그 이야기는 나중에 다시 하도록 하고 먼저 흉노 문제를 언급해야 할 것 같습니다. 아무래도 이 사건이 이릉의 흉노 전쟁에서 비롯되니까요.

한나라는 개국 이래 줄곧 흉노 문제로 골머리를 앓아왔습니다. 일찍이 기원전 200년 한 고조 유방이 신하들의 섣부른 판단만 믿고 흉노를 공격했다가 흉노의 유인책에 말려들어 백등白登(산서성 대동 동남)에서 흉노 대군에게 7일 동안 포위당했다 간신히 빠져나온 적이 있었습니다. 그 후 대흉노 정책은 소극 일변도였지요. 군사력은 물론 경제력에서도 한계가 있었을 뿐 아니라, 지방 제후 세력들을 견제하는 데 주로 힘을 쏟았기 때문에 흉노에 대해 신경 쓸겨를이 없었던 것입니다. 게다가 황로사상의 주도하에 고후·혜제·문제·경제가 모두 일을 만들지 않고 백성을 쉬게 하면서 생산력을 높인다는 '무위이치無爲而治, 휴양생식休養生息'을 기본 정책으로 삼았기 때문에 흉노와는 화친을 기조로 한 시장개방 정책을 취했습니다. 이에 따라 두 나라 군주는 동맹을 맺는 결맹結盟의 방식으로 변경의 안정을 유지했던 것이지요.

평화 유지를 기본으로 한 대흉노 정책의 기조는 야심만만한 무제가 즉위한 뒤로 점차 바뀌기 시작합니다. 정책의 변화는 단순하

무제 통치기 대흉노 정책 변화표

단 계	대흉노 정책	기 간
제1단계	반격을 가하기 위한 준비 단계	기원전 140~134년
제2단계	전면적 반격의 서막	기원전 133~127년
제3단계	전면 공격	기원전 126~117년
제4단계	쌍방 휴전기	기원전 116~101년
제5단계	전투 재개 및 한의 패배	기원전 100~87년

지 않았습니다. 무제는 근본적인 변화를 원했습니다. 사실 초기 대흉노 관계는 한에 불리한 조건에서 진행되었고, 한은 경제적으로 적지 않은 손해를 감수해야만 했습니다. 통일 제국의 자존심도 크게 손상되었습니다. 따라서 무제의 정책 전환은 전면적일 수밖에 없었습니다. 일단 무제 시기 대흉노 정책의 변화를 표로 제시해둡니다.

이 대흉노 정책의 변화 단계는 무제 정치의 득실과 밀접하게 연결되어 있습니다. 기원전 140년 즉위한 이래 7년 동안 진행된 준비단계는 기원전 135년 두태후의 죽음 이후 박차를 가한 무제의 통치권 안정기와 직결됩니다. 제2단계는 무제가 모든 방면에서 의욕적으로 정치를 실행해나간 시기에 해당하며, 제3단계는 그의 전성기에 해당합니다. 제4단계는 무제의 통치가 파탄에 이르고, 각종 사회 모순이 드러나던 시기와 맞물리지요. 제5단계는 통치계급 내부의 모순과 권력 쟁탈이 격화되고 농민봉기가 끊이질 않는 등 무제 정권의 쇠퇴기에 해당합니다.

학 생 │ 즉 위의 표에 따르면 사마천의 인생을 바꾸고 《사기》의 서술 방향을 근본적으로 바꾼 '이릉 사건'은 바로 대흉노 정책이 5단계로 접어든 직후에 해당하겠군요?

김영수 │ 그렇지요. 그보다 조금 앞서 기원전 114년(무제 원정 3, 사마천 32세) 흉노의 우두머리 이치사伊稚斜 선우가 죽으면서 쌍방이 모색해오던 화친이 급물살을 타기 시작했습니다. 화친을 제의하고 사신을 교환하는 등 약 10년 넘게 휴전 상태에 들어갔습니다. 그러나 화친은 끝내 성사되지 못했습니다. 흉노는 3단계인 전면 공격 이전 상태로의 회복을 요구했고, 무제는 벌써 변화한 상황을 되돌릴 수 없었지요. 승리자임을 자처하고 있던 무제는 흉노에게 '외신外臣'의 신분을 요구했습니다. 한 왕조를 줄곧 약탈 대상으로 여겨온 흉노가 이 요구를 받아들일 리 없었습니다.

10년 넘게 모색해온 화친은 공통된 인식의 기반이 없는 상태에서 깨졌습니다. 기원전 104년부터 쌍방은 다시 전투 준비를 시작합니다. 기원전 100년 무제는 이사장군 이광리를 보내 대완에 대승을 거두었습니다. 무제는 이 승리의 여세를 몰아 흉노까지 제압하길 희망했습니다. 당시 흉노는 막 즉위한 차제후且鞮侯 선우가 무제를 자신의 '장인뻘'이라며 몸을 낮추는 한편 억류시켰던 사신들을 돌려보내는 등 부드러운 제스처를 취했습니다.

무제는 이를 화의의 표시로 받아들여 중랑장 소무를 사신으로 삼고 역시 이전에 억류시켰던 흉노 사신들을 돌려보냈습니다. 그러나 흉노는 소무가 도착하자 태도를 바꾸어 소무 일행을 억류시킨 뒤 모두 죽이려 했습니다. 다행히 흉노 내부에서 반대 의견이 나와 죽음은 면했지만 대신 흉노는 소무에게 항복을 권유했습니다. 소무는 "뜻을 굽히고 치욕스럽게 목숨을 부지해 살더라도 무슨 낯으로 조국으로 돌아간단 말인가?"라며 완강하게 항복을 거부했습니다. 소무의 뜻을 꺾을 수 없다는 것을 안 흉노는 소무를 북해北海(지금의 바이칼 호 일대)로 내쫓아 아무도 없는 곳에서 양을 치게 하는 한편, 숫양이 새끼를 낳으면 돌려보내 주겠다는 말도 안 되는 약속을 했습니다.

소무는 북해에서 들쥐를 잡아먹으며 목숨을 부지했습니다. 게다가 힘들게 키운 양들을 정령丁零 사람들에게 도둑맞는 등 그의 고난은 말로 할 수 없을 정도였습니다. 그런데 소무가 흉노에 억류된 그 이듬해인 기원전 99년 한의 장수 이릉이 흉노에 투항한 사건이 터진 것입니다. 이것이 '이릉지화'의 첫 단계입니다.

학 생 | 그렇다면 소무와 이릉은 흉노 땅에서 만남을 가졌던 것인가요? 이릉 사건도 궁금하지만 두 사람의 이야기 또한 더 들어보고 싶습니다.

김영수 | 뒤로 가면 다시 설명할 기회가 없을 것 같으니 여기서 짚고 넘어가도록 하겠습니다. 사마천과 연결된 이야기이기도 하고요. 물어보신 것처럼 소무와 이릉, 두 사람은 흉노 땅에서 만났습니다. 흉노 선우는 투항한 이릉을 이용해 소무의 투항을 이끌어낼 생각이었습니다. 그러나 이릉은 소무를 투항시키지 못했을 뿐 아니라 도리어 소무의 고고한 정신에 감동을 받습니다. 소무는 19년 동안 흉노에 억류되었다가 무제가 죽고 난 뒤 소제昭帝 때 가까스로 풀려

소무의 초상화. 소무는 대흉노 정책의 희생자였다.

낳는데, 장년의 나이에 사신으로 왔던 소무가 조국으로 돌아갈 무렵에는 머리가 하얗게 세 있었습니다.(이상 《한서》 〈이광소건전〉)

조국을 사랑하는 소무의 충정과 불굴의 정신은 나무랄 데 없이 고고했습니다. 하지만 그는 누가 뭐라 해도 무제의 대흉노 정책이 빚어낸 희생자였습니다. 이제 소무가 흉노에 억류되어 있을 때 만난 투항자 이릉과 그 투항의 전말을 살펴보겠습니다. 이 일이 없었던들 사마천의 삶과 《사기》는 결코 획기적인 전환점을 맞이하지 못했을 것입니다. 하지만 사마천 개인에게는 엄청나게 치욕스러운 사건이었기에 조심스럽게 접근하고자 합니다.

학 생ㅣ 이릉이 사마천이 존경해 마지않던 이광의 손자임은 물론, 이릉에 대한 사마천의 평을 보면 그리 쉽게 흉노에 투항했을 것 같지 않은데요, 도대체 어떤 사정이 있었던 것인지 궁금합니다.

김영수ㅣ 기원전 1세기가 시작된 99년(천한 2) 5월, 무제는 대완 승리의 여세를 몰아 이사장군 이광리에게 3만의 기병을 거느리고 흉노를 공격하게 합니다. 이광리가 누구입니까? 무제가 총애하는 이부인의 오빠로 무제와는 처남 매부 사이인 명실상부한 권세가였습니다. 바로 한 해 전에는 대완을 정벌해 그 명성을 한껏 높였고요.

이광리는 기세 좋게 흉노 공격에 나섰습니다. 그러나 결과는 처참했습니다. 흉노에게 포위당한 채 전군이 거의 전멸되다시피 했습니다. 최후로 100여 명의 결사대가 포위를 뚫자 이광리는 간신히 빠져나와 목숨을 건질 수 있었습니다. 3만이나 되는 부하를 거의 다 잃고 돌아온 패장 이광리였지만 그는 역시 누가 뭐라 해도 실세였습니다. 무제는 패배를 추궁하기는커녕 그를 위로하는 한편 중랑장에 임명하기까지 합니다. 이것이 모두 무제의 총애를 한 몸에 받고 있는 누이동생 이부인 덕이었지요.

처남 이광리가 처참한 패배를 당했음에도 무제는 장군 공손오公孫敖에게 서하西河를 나와 강노도위彊弩都尉 노박덕路博德과 탁야산涿邪山에서 합류해 함께 흉노를 공격하라 명령했지만 역시 아무것도 얻지 못한 채 돌아왔습니다.

이와 동시에 무제는 기도위騎都尉 이릉에게 보병 5,000을 거느리고 거연居延을 나서라고 명령했습니다. 이보다 앞서 이릉은 무제의 명령을 받고 기병 800을 거느리고 흉노 땅 2,000리 지점까지 깊숙이 파고들었으며, 그 뒤에는 주천酒泉·장액張掖에서 5,000 정예병을 통솔해 흉노에 대비하기도 했습니다.

천한 2년, 즉 기원전 99년 바로 그해 이광리가 주천에서 출병할 때 이릉은 이광리의 후방을 담당하라는 명령을 받았습니다. 그러나 이릉은 자신이 부대를 이끌게 해달라고 무제에게 요청했고, 무제는 이를 허락하지 않고 노박덕에게 이릉을 지원하도록 지시했습니다. 그러나 노박덕은 선봉을 청했던 이릉이 후원 부대를 이끄는 것을 탐탁지 않게 여겨 마치 이릉이 싸우길 꺼려하는 것처럼 꾸며서 무제에게 글을 올립니다. 성이 난 무제는 즉각 공격을 명하는 한편 저간의 사정을 상세히 보고하라고 다그칩니다. 이릉은 하는 수 없이 보병 5,000을 이끌고 홀로 흉노 진영 깊숙이 진격해 들어갑니다. 그리고는 지나온 곳을 모두 지도에 표시해 부하 진보락陳步樂을 보내 무제에게 보고하도록 합니다. 이릉이 군사들을 신기하게 잘 통솔해 부하들이 목숨을 아끼지 않을 정도라는 진보락의 보고를 받은 무제는 그제야 마음을 풉니다.

거연을 나와 한 달가량 흉노 진영으로 들어간 이릉은 마침내 준계산浚稽山에서 선우의 군대와 마주쳤습니다. 3만이 넘는 흉노 기병이 이릉의 군대를 포위했습니다. 이릉은 흔들림 없는 군기로, 강력한 활과 쇠뇌로 무장한 채 흉노를 맞이해 용감하게 싸웁니다. 흉노의 선우는 기겁했습니다. 순식간에 수천 명의 병사를 잃었기 때문입니다. 이에 선우는 다시 8만 명의 군사를 증원해 이릉의 군대를 겹겹이 에워쌌습니다. 이릉은 싸우면서 후퇴하고, 후퇴하며 싸웠습니다. 그러나 '중과부적衆寡不敵'으로 상황은 점점 나빠졌습니다. 여기에 설상가상 대대장 하나가 흉노로 도망쳐 투항한 다음 상세한 정보를 고자질하기까지 합니다. 흉노가 일제히 공격을 개시했습니다. 이릉은 계곡 사이로 물러나며 공격을 가해 다시 수천의 흉노 군사를 죽였습니다. 하지만 50만 개에 이르는 화살은 모두 바닥이 났고, 심지어는 수레바퀴의 살을 뜯어 화살로 사용하는 절박한 상황에 몰렸습니다. 이제 칼로 육박전을 벌일 수밖에 없었습니다.

패배가 눈앞에 닥친 것입니다.

학 생 | 5,000의 병사로 11만의 흉노군을 상대하려 했으니 패배할 수밖에 없었을 것이란 생각이 듭니다.

김영수 | 그렇지요? 이릉은 원래 자결할 생각이었으나 다시 생각을 고쳐먹습니다. 만에 하나 탈출한다면 돌아가 황제에게 전황을 보고할 수 있을 것이라 생각했던 것입니다. 그는 남은 부하들과 함께 포위를 돌파하기로 결심하고 식량과 물을 준비한 다음 밤에 상사 10여 명과 함께 포위를 뚫었습니다. 수천의 흉노병이 추격해왔고, 결국은 포로로 잡히고 맙니다. 막상 포로로 잡히고 보니 황제에게 보고할 면목조차 없어졌다는 것을 깨닫게 되었고, 이릉은 흉노에 투항합니다. 포위를 뚫고 도망쳐 돌아간 병사는 400여 명이었습니다.

한편 처음 이릉이 패했다는 소식을 들은 무제는 차라리 이릉이 전사했길 바랍니다. 참으로 무정한 황제이지요. 그러면서 무제는 이릉의 어미와 처를 불러 관상쟁이에게 보입니다. 관상쟁이가 이릉의 죽은 상이 나타나지 않는다고 말합니다. 그 뒤 이릉의 항복 소식이 전해지고, 화가 머리끝까지 솟은 무제는 앞서 이릉의 능력을 칭찬했던 진보락을 추궁합니다. 황제에게 추궁을 당한 진보락은 자살하고 맙니다. 조정에서는 이 일을 놓고 한바탕 소동이 벌어졌고, 모두 이릉의 유죄를 주장하고 나섭니다. 이릉이 승리할 때와는 완전히 다른 태도를 보였던 것이지요. 답답한 무제는 당시 태사령에 있던 사마천에게도 의견을 물었습니다. 사마천은 이릉을 변호했고, 무제는 사마천이 돼먹지 않은 수작으로 이사장군 이광리의 공을 훼손하려 한다며 사마천을 옥에 가두도록 했습니다.

얼마 뒤 무제는 자신의 처사가 심했다고 생각했는지 살아 돌아온 이릉의 부하들을 위로하고 상까지 내립니다. 그때가 이릉이 흉노 진영으로 들어간 지 1년 남짓 지난 시점이었습니다. 무제는 공손오를 보내 흉노 진영 깊숙이 파고들게 했으나 별다른 전과를 올리지 못하고 왔습니다. 그런데 귀환한 공손오가 뜻밖에도 이릉이 흉노의 우두머리인 선우에게 병법을 가르치고 있다는 보고를 올립니다. 이 말을 들은 무제는 두 번 생각하지 않고 이릉의 일가족을 몰살시킵니다. 노모까지 포함해서 말이지요. 그리고 불똥은 사마천에게로 튑니다. 반역자를 편들었다는 이유로 사마천에게 사형이 언도된 것입니다.

그 뒤 흉노에 온 한의 사신에게 가족 소식을 들은 이릉은 가슴을 치며 선우에게 병법을 가르친 사람은 자신이 아니라 이서李緖임을 알려주지만 이미 때는 늦은 뒤였습니다. 분통이 터진 이릉은 자객을 보내 이서를 죽여버립니다. 선우의 어미 대연씨가 이를 알고 이릉을 죽이려 했으나 선우가 북방으로 피신시켰고, 그 뒤 이릉은 선우의 딸과 결혼해 흉노의 우교왕이란 높은 벼슬까지 받습니다.

그리고 이건 나중의 일이긴 합니다만 무제가 죽고 선제가 즉위한 뒤 한나라에서는 이릉과 평소 친분이 있었던 대장군 곽광霍光, 좌장군 상관걸上官桀, 이릉의 친구 임입정任立政을 사신으로 삼아 흉노로 보냅니다. 임입정은 이릉에게 사면령이 내려졌으니 함께 한으로 돌아가자고 권하지만 이릉은 돌아가는 일은 어려운 것이 아니나 사내자식이 두 번이나 치욕을 당할 수는 없다며 거절합니다.

이릉은 흉노에서 20년 가까이 살다가 원평 원년인 기원전 74년에 병으로 죽었습니다. 여기까지가 사마천의 삶과 《사기》의 성격을 송두리째 바꿔버린 '이릉 사건'의 전말입니다.

학 생 | 그 과정이 생각했던 것보다 상당히 복잡하고 길군요. 그런데 이 과정만 보면 사마천이 그렇게까지 이릉을 변호해야 했는가 하는 의문이 듭니다.

김영수 | 사마천이 이릉을 극구 변호한 까닭과 그 이년에 사리 잡고 있는 사연 등에 대해서는 잠시 뒤 다시 논하기로 하고, 여기서는 먼저 이릉의 가족사를 언급하고 넘어가겠습니다. 사마천이 이릉을 적극적으로 변호한 까닭을 이해하려면 이 부분을 먼저 알아야 합니다.

이릉을 변호한 이유

학 생 | 이릉의 가족사까지 알아야 이 사건을 더욱 잘 이해할 수 있다는 말씀이시군요. 이릉이 명장 이광의 손자였다는 이야기는 앞에서 나누었는데 그보다 더욱 복잡한 사연이 있는 모양입니다.

김영수 | 그렇습니다. 이광은 흉노인들도 존경할 정도로 명성을 떨친 진정한 군인의 표상이었습니다. 사마천은 평소 이광의 인품을 흠모해 《사기》에 그의 전기인 〈이장군열전〉을 남기기도 했습니다. 그런데 이광 일가는 참으로 비극적인 가문이었습니다. 이 가문의 비극

적 운명 뒤로 당시 통치 집단의 부도덕한 모습이 겹쳐 있습니다. 사마천은 '이릉 사건'을 겪은 뒤 이런 통치 집단의 추잡한 실상을 이광 열전을 통해 신랄하게 조롱합니다.

먼저 이광에 대해 좀 더 알아보겠습니다. 이광은 청렴해 상을 받으면 부하들에게 나누어주고, 식사도 부하들과 함께했습니다. 신체는 장대하고 팔은 원숭이처럼 길어 선천적으로 활을 아주 잘 쏘았습니다. 말재주도 없었고, 말수도 적었다고 합니다. 이 대목은 사마천이 이광을 직접 보고 묘사한 것입니다. 이광의 출생 연도는 확실치 않지만 사망 연도는 기원전 119년입니다. 이광이 세상을 떠났을 당시 사마천의 나이가 스물일곱이었으니까 이광을 직접 본 것은 사마천이 더 젊었을 때였을 겁니다.

이광의 초상화. 감숙성 천수시 이광의 무덤 뒤편에 걸려 있다.

장수로서 이광은 행군할 때 먹을 양식이나 물이 모자라면 부하들이 다 먹고 마실 때까지 자신은 물이나 식량 근처에도 가지 않을 정도로 부하 병사들을 자기 몸처럼 아꼈습니다. 숱한 전투에서 공을 세웠고, 이런 이광을 적인 흉노마저도 '비장군飛將軍'이라 부르며 존경해 마지않았습니다. 그가 우북평군에 부임하자 몇 년 동안 그를 피하며 우북평군을 침범하지 않을 정도였지요.

학 생│ 이광은 정말 훌륭하고 멋있는 장군 같습니다. 우리네 정치군인들이 통렬하게 반성해야 한다는 생각이 절로 드네요.

김영수│ 그런데 역설적이게도 이런 이광이 당시의 정치군인들에게 희생되었습니다. 옛날에도 상황은 오늘날과 비슷했나 봅니다.

원수 4년인 기원전 119년(사마천 27세), 대장군 위청과 흉노를 공격하러 나섰던 노구의 이광은 대장군 위청의 견제로 흉노의 선우를 공격하지 못하고, 현지 사정을 잘 아는 길잡이 향도嚮導 없이 길을 잃은 채 대오에서 멀어져 합류 시간을 놓칩니다. 이에 위청은 이광에게 길을 잃은 상황에 대해 보고하라고 명하지만 이광은 보고하지 않습니다. 위청이 공문에 따라 이광의 부하를 모두 심문하려 하자 이광은 부하들에게는 잘못이 없다며 스스로 목을 찔러 자결합니다. 이광은 죽기 전 부하들에게 이런 말을 남깁니다.

나는 젊었을 때부터 흉노와 70여 차례 크고 작은 싸움을 벌였다. 이번에 다행히 대장군을 따라 출전해 선우의 군대와 맞붙으려 했건만 대장군이 내 부서를 옮기는 바람에 멀리 돌아서 행군하다가 길을 잃고 헤매었으니 이것도 하늘의 뜻인가보다! 내 나이 60이 넘었는데, 지금 어떻게 도필리(혹리)에게 심문을 당할 수 있겠는가?

이광의 무덤. '자기 몸가짐이 바르면 명령을 내리지 않아도 시행된다.' 사마천은 옛 책에서 인용해 이광의 성품을 이렇게 표현했다.

이광이 죽었다는 소식이 전해지자 군대의 문무 관리와 병사가 모두 통곡했습니다. 백성도 그를 아는 사람이건 모르는 사람이건 모두 눈물을 흘렸습니다.

학 생 결국 이광은 부하들을 보호하기 위해 스스로 목숨을 끊었던 것이로군요. 오늘날 우리나라의 현실이 자꾸 떠올라서 정말 할 말이 없어집니다. 이광 장군의 손자가 이릉이라고 하셨으니 이광에게도 자손이 있었겠지요? 그의 가족들에 대해 조금 더 상세히 설명해주세요.

김영수 이광에게는 당호當戶, 초椒, 감敢이라는 세 아들이 있었습니다. 큰아들 당호는 무제와 함께 놀며 다소 불손한 언행을 보인 한언을 무제가 보는 앞에서 두들겨 팰 정도로 대범한 인물이었습니다. 그런데 일찍 죽고 말았지요. 한언은 무제의 남자친구, 즉 무제와 동성애를 나누는 사이였다고 보는 사람들도 있습니다.

학 생 ┃ 동성애에 관한 기록이 2,000년도 더 전의 역사책에 남아 있다는 사실이 믿기지 않습니다.

김영수 ┃ 권력자들이 어리고 젊은 남자를 좋아했다는 기록이 적지 않게 남아 있습니다. 남총男寵이라고 하는데, 가장 유명한 고사를 소개해드리겠습니다. 한나라 애제哀帝 때 미모가 뛰어난 동현董賢이란 미소년이 있었습니다. 황제인 애제가 그를 사랑해 늘 그와 침식을 함께했습니다. 어느 날 아침, 애제가 잠에서 깨 몸을 일으키려는데 동현의 몸이 애제의 소맷자락을 누르고 있었습니다. 애제는 동현이 깰까 봐 자신의 '소맷자락을 자르고' 침대에서 빠져나왔습니다. 여기서 바로 '단수斷袖'라는 단어가 탄생했습니다. 그 후 '단수'는 남자를 좋아하는 남자를 비유하는 단어가 되었고, 이러한 동성애 취향을 '단수벽斷袖癖'이라 했습니다. 그런가 하면 제왕의 특별한 은총을 묘사할 때 쓰이기도 했지요.

또한 《사기》〈노자한비열전〉을 보면 위衛나라 영공靈公이 미소년 미자하彌子瑕를 사랑해 미자하가 먹다 남은 복숭아를 주었는데도 자신을 사랑해서 그런 것이라며 좋아했다는 고사가 등장합니다. 여기서 '식여도食餘桃'라는 단어가 파생되어 나왔지요. 말하자면 춘추시대 '식여도' 고사는 동성애를 암시하는 가장 오래된 기록인 셈입니다.

'단수'라는 흥미로운 단어를 만들어낸 한나라 애제의 초상화. 강소현 패현沛縣 한 고조 유방의 원묘原廟 안에 걸려 있다.

이 이야기를 기록한 한비자는 인간의 애정은 언제든 변질될 수 있다며 권력자의 심기를 헤아리는 어려움이라는 민감한 문제를 끌어내기도 했습니다. 하지만 한비자의 의도와는 다르게 '식여도'는 '단수'와 함께 동성애를 가리키는 대표적인 단어가 되었습니다. 《사기》의 특별한 기록 중 하나인 〈영행열전〉은 미모와 아부 등으로 권력자의 총애를 받은 남자들에 대한 기록인데 여기에도 동성애를 암시하는 대목들이 등장합니다.

학 생 ¦ 잠시 흥미로운 사랑 이야기를 들었으니, 다시 이광의 가족사로 돌아가 볼까요? 큰아들 당호가 버릇없이 구는 무제의 남자친구 한언을 무제가 보는 앞에서 구타할 정도로 강직한 인물이었다는 이야기까지 들었습니다.

김영수 ¦ 둘째 아들 이초는 대군의 태수에 임명되기까지 했으나 그역시 아버지 이광보다 먼저 세상을 떠났습니다. 막내아들 이감은 아버지 이광을 미워한 대장군 위청에게 폭력을 휘둘러 상처를 낼정도로 우직한 인물이었습니다. 아버지를 빼닮은 아들이었지요. 위청은 창피한 마음에 이 사실을 숨겼으나 위청의 조카인 표기장군곽거병이 어떻게 이 사실을 알고는 몰래 등 뒤에서 활을 쏘아 이감을 죽여버립니다. 천자는 이 사실을 알고도 이감이 사슴에 받혀 죽었다고 진상을 은폐했습니다. 그로부터 1년 뒤 곽거병도 죽고 맙니다. 이감에게는 딸이 있었습니다. 태자의 희첩으로 총애를 받았다고 합니다. 이감의 아들 이우李禹 역시 태자의 총애를 받았으나 재물을 좋아했고, 이 이우 때 집안이 몰락하지요.

이릉은 큰아들 이당호의 유복자였습니다. 할아버지와 아버지의 성품을 물려받았는지 말타기와 활쏘기의 명수였습니다. 《한서》에는 사람을 사랑하고 겸손했으며, 부하에게도 예의를 지켜 평판이 매우 좋았다고 적혀 있습니다.

이광에서 이릉으로 이어지는 이 집안의 비극은 당시 황제를 비롯한 실력자들의 야욕에 희생된 결과였습니다. 이광은 대장군 위청의 견제를 받아 희생되었고, 이에 불만을 품고 위청을 때린 막내아들 이감은 위청의 조카인 곽거병이 쏜 화살에 맞아 희생됩니다. 위청은 무제의 총애를 받은 위부인의 동생이었고, 곽거병은 위청 누이의 아들이었습니다. 이들은 일찍부터 궁궐에 출입하며 무제의 눈에 들었고, 이런저런 연줄을 타고 승승장구 권력의 중심부로 진입한 실세들이었습니다. 이들은 오로지 무제의 비위를 맞추는 데만 급급한 전형적인 정치군인이었고, 따라서 이광 집안처럼 대대로 순박한 무인들과는 사사건건 충돌할 수밖에 없었습니다.

학 생 ㅣ 선생님 이야기를 들으며 저는 계속 항우와 유방이 떠올랐습니다. 물론 상황이나 각 인물의 성격이 달라 꼭 맞는 비유라 할 수는 없겠지만 항우와 유방의 초한쟁패를 보면서 항우는 군인 그 자체, 유방은 능구렁이 같은 정치인이라는 생각이 떠나지 않았거든요.

김영수 ㅣ 단순하고 강직한 무인은 현실적으로 영원히 정치군인에게 이길 수 없습니다. 권력의 속성을 알 턱이 없는 전형적인 군인은 권력의 맛을 본 정치군인의 상대가 될 수 없는 것이지요. 이광 가문의 비극은 그들이 순진무구한 무인이었기 때문이 아니라 그들의 상대가 권력의 단맛에 찌든 정치군인이었다는 데 있었습니다.

홀로 나서 이릉을 적극 변호한 사마천은 그때까지만 해도 이런 권력층 내부의 본질적 속성을 제대로 파악하지 못했던 것으로 보입니다. 사마천의 혈관 속에는 전국시대를 풍미한 무장 선조의 피가 흐르고 있었는지도 모릅니다. 사마천의 기질 속에 자유분방한 전국시대 지사들의 강직한 정신문화가 짙게 각인되어 있었던 것 아닐까요? 그 스스로 자신의 젊은 날을 회고하며 '어디에도 얽매이지 않은 정신의 소유자'라고 하지 않았습니까? 아무리 생각해도 무모하고 순진하게 패장 이릉을 변호하고 나선 이유 중에는 사마천의 기질이 가장 크게 작용했다고 봐야 할 겁니다.

학 생 ㅣ 사마천은 영악하고 능구렁이 같은 정치인이 아니라 자유분방한 지사, 강직한 학자 쪽에 더 가까운 인물이었군요.

김영수 ㅣ 그렇습니다! 그것이 바로 사마천의 진정한 모습이었습니다. 스무 살에 떠난 천하 여행, 입사 이후 끊임없이 행한 지방 순시, 아버지의 죽음과 유언의 실천, 역법 개정을 비롯한 각종 제도의 개혁… 그는 이 모든 일을 자유로운 정신 속에서 능동적으로 행했습니다. 다만 그는 모든 사업과 작업의 목표를 그 자체로 세계가 되어

버린 위대한 제국과 누구보다 뛰어나다고 생각한 황제를 찬양하는 데 두었던 것이지요. 그런데 이제 그 목표가 흔들립니다. 제국은 과연 위대한가? 황제는 정말 훌륭하고 뛰어난가? 제국의 위대함은 어디에서 찾아야 하는가? 천자의 천자다움은 어디에 있는가? 인간의 속성과 권력의 관계는 어떻게 해석하고 이해해야 하는가? 정말로 천명天命이란 것이 있는가? 하늘의 도道는 공평한가?

이제 결과적으로 사마천을 회의와 의심의 구렁텅이로 몰아넣은 '이릉에 대한 사마천의 변론' 장면으로 돌아가 보기로 하겠습니다.

학 생 | 참으로 안타깝습니다. 이광의 비극적인 죽음, 그 아들들에게 연이어 닥친 비극 그리고 손자 이릉이 당한 비극까지 마치 한 편의 정치 드라마를 보는 느낌이 듭니다.

김영수 | 잘 보셨습니다. 이 일련의 과정은 철저하게 정치적이었습니다. 사마천이 그것을 제대로 감지하지 못했을 뿐입니다. 사마천은 정치가가 아니잖습니까? 하지만 이 사건을 통해 사마천은 정치가 무엇인지, 권력이 무엇인지에 대해 심각한 의문을 품고 그 본질을 통찰하기 시작하지요. 다시 이릉 변호 장면을 살펴보겠습니다.

이릉이 흉노에 패했다는 소식이 전해지자 조정은 술렁거렸습니다. 최근 대흉노 관계가 여의치 않게 돌아가던 상황이었기에 충격은 예상 밖으로 컸습니다. 불과 얼마 전까지만 해도 이릉의 승리에 환호하고 황제를 찬양하며 축배까지 들던 모습은 순식간에 온데간데없이 사라졌습니다. 이어 너 나 할 것 없이 이릉의 잘못을 거론하고 나섭니다. 무제는 답답했습니다. 먹지도 않고 자지도 않은 채 조정 회의에서 불편한 기색을 역력히 내비쳤습니다. 대신들은 안절부절 어쩔 줄 몰라 했습니다. 무제는 답답한 나머지 사마천에게 의견을 물었습니다. 당시 상황에 대한 사마천의 진술입니다.

저는 제 자신의 비천함도 헤아리지 않고 주상의 슬픔과 번뇌를 보고는 저의 어리석은 충정을 다하고자 가만히 이런 생각을 했습니다.(《보임안서》)

사마천에게는 오로지 주상의 심기를 조금이라도 편하게 해드리겠다는 마음밖에 없었습니다. 자신의 생각을 솔직하게 말함으로써 매일 똑같은 의견만 듣는 무제의 답답함을 풀어주겠다는 일념이었을 것입니다. 자신의 말대로 '이릉의 공적을 상기시켜 주상의 생각을 넓혀드리고 다른 신하들의 비방을 막아보려는' 생각이었고, 그래서 그는 무제의 질문에 다음과 같이 대답합니다.

사실 이릉이 평소에 사대부들에게 좋은 것은 양보하고 귀한 것은 나누어주어 기꺼이 목숨을 바칠 사람을 얻은 것을 보면 옛날 명장도 따르지 못할 정도였습니다. 몸은 비록 패했지만 그 마음은 적당한 기회에 나라에 보답하고자 했을 것입니다. 일은 이미 어쩔 수 없게 되었지만 그의 패배 못지않게 공로 역시 천하에 드러내기에 충분합니다.(《보임안서》)

이어 사마천은 전방에서 올라온 전황 보고를 근거로 이릉이 죽을힘을 다해 싸웠으나 중과부적으로 항복할 수밖에 없었을 것이라고 극구 두둔하고 나섭니다. 그런데 이런 사마천의 순박한 충정이 도리어 무제의 심기를 건드리고 맙니다. 그렇지 않아도 모두 두 눈을 부릅뜨고 희생양을 찾고 있던 마당에 사마천의 말은 불에 기름은 부은 꼴이었다고나 할까요.

학 생 ㅣ 사마천은 대체 이릉과 어떤 사이였길래 이렇듯 험악해질 대로 험악해진 상황에서 이릉을 변호하고 나섰던 것인가요? 최근의 흉노 관계가 어떻게 돌아가는지 그는 몰랐던 걸까요? 이광리의 3만 군대가 거의 전멸하다시피 한 게 바로 엊그제이고, 무제는 승리를 애타게 갈망하는 상황이었습니다. 그런데 그 앞에서 패장 이릉을 변호하다니요.

김영수 ㅣ 사실 사마천과 이릉의 관계는 남다를 것이 없었습니다. 가까운 사이라고 말하기도 쑥스러울 정도였지요. 사마천의 말을 직접 들어보겠습니다.

저는 이릉과 함께 궁궐에 들어와 벼슬살이를 시작했지만 평소에 서로 잘 알고 지내던 사이는 아니었습니다. 취향이 달라 함께 술을 마신 적도 없고 은근한 교제의 즐거움을 나눈 적도 없었습니다.(《보임안서》)

이런 사이에 지나지 않았는데 왜 홀로 나서 그를 변호했던 걸까요?

그러나 제가 그 사람됨을 살펴보니 스스로를 지킬 줄 아는 지조 있는 선비였습니다. 부모를 모심이 효성스러웠고, 신의로 선비들과 사귀며, 재물에 대해서는 깨끗하고, 주고받음에 공정하며, 위아래 사람을 대할 때는 양보할 줄 알고, 공손하고 검소하게 남에게 몸을 낮추었습니다. 또한 자신을 돌보지 않고 분발해 늘 나라의 위급함에 몸을 바칠 생각을 품고 있었습니다. 저는 그가 평소 쌓아둔 바를 보면서 나라의 큰 선비로서의 기풍이 있다고 생각했습니다.《보임안서》

이러한 인물인데도 '그의 행동 가운데 하나가 마땅찮다고 하여 자기 몸 하나 보전하고 처자를 보호하는 데 급급한 신하들이 우르르 달려들어 사소한 잘못을 크게 부풀리니' 사마천으로서는 '참으로 분통이 터지지 않을 수 없었던' 것입니다. 한마디로 나라를 위해 큰일을 할 수 있는 인재가 한 번 실수했다고 들개처럼 달려들어 마구 헐뜯는 조정 신하들의 행태가 못마땅했던 것이지요. 그러던 차에 마침 무제의 하문이 있기에 거리낌 없이 자신의 생각을 밝혔습니다. 여기에는 이릉의 할아버지인 이광을 흠모한 사마천 개인의 감정도 개입되었던 것으로 보입니다.

학 생 | 정리해보면 사마천이 이릉을 변호하고 나선 이유로는 '자유분방한 전국시대 지사들의 강직한 정신문화'가 짙게 각인되어 있었던 그의 기질, 답답해하는 무제의 마음을 풀어주고 싶다는 충정, 상황에 따라 손바닥 뒤집듯 말을 바꾸는 조정 대신들의 못마땅한

행태, 이릉 집안에 가지고 있던 호의를 꼽을 수 있겠군요.

김영수 | 그렇습니다. 함께 술 한 잔 먹은 적 없는 이릉을 변호하고 나선 사마천의 행동은 당시 분위기로 보아 이해할 수 없는 것이었습니다. 이는 앞서 말한 대로 그의 기질에서 비롯되었다고 보아야 어느 정도 수긍할 수 있을 겁니다. 거기에 이광과 이릉의 인품에 대한 개인적 감정이 복합적으로 작용했고, 무엇보다도 자신의 충정을 밝힘으로써 무제의 기분을 풀어주고 싶었던 사마천의 아주 소박한 희망이 작용한 결과였지요. 하지만 그것이 순진한 판단이었습니다. 자신의 충정으로 무제의 생각을 넓히고 신하들의 비방을 막으려 했던 것, 바로 그것이 판단착오였던 것입니다. 아니 착오라기보다는 아주 순진한 생각이었지요. 무엇보다 저는 '신의信義'를 중시하는 사마천의 기질이 가장 크게 작용했다고 봅니다.

그러나 무제에게 '신의'는 황제와 신하 간에만 존재하는 것일 뿐 다른 신의 관계는 용납할 수 없는 것이었습니다. 황제와 신하 이외의 관계에서 파생되는 신의는 황제의 권위에 대한 위협으로 보이기 때문입니다. 무제에게 있어서 황제와 신하는 명령과 복종의 관계, 그 이상도 이하도 아니었습니다. 무제의 통치기가 중반으로 접어들면서 자신을 지키기에만 급급한 대신이 급증하고, 황제의 심기만을 살펴 아부를 일삼는 측근이 늘어난 것도 이런 제왕 체제의 근본적인 한계가 배경으로 자리 잡고 있었기 때문입니다.

그때까지만 해도 사마천은 무제의 잔인한 내면세계와 제국의 부패 그리고 정치의 본질이 갖는 속성 등에 대해 심각하게 생각하지 않았던 것으로 보입니다. 이릉의 충정을 믿어 의심치 않았고, 무엇

무제의 심기를 건드린 죄목으로 옥에 갇히는 사마천을 그린 '촉안입옥도觸顔入獄圖'.

보다 자신의 충정을 절대 신뢰했습니다.

하지만 제국의 군대는 이미 흔들리고 있었습니다. 《한서》〈이릉열전〉을 보면 이릉뿐 아니라 이서, 위율衛律 등 흉노에 투항한 사람이 적지 않았고 그토록 믿었던 이광리마저 끝내는 흉노에 투항하는 상황이었습니다. 이런 분위기 속에서 19년 동안 흉노에 억류된 채 조국만을 그리워하다 무제가 죽었다는 헛소문을 믿고 피를 토했던 소무의 충정은 차라리 안타깝다고 해야겠지요.

사마천은 무제를 몰랐습니다. 무제의 내면세계에까지 깊은 주의를 기울이지 않았지요. 광대한 제국과 위대한 군주의 모습에 더 많은 관심을 기울였습니다. 그는 자신의 풍부한 식견으로 무제의 잘못된 인식을 바로잡을 수 있다는 순진하고 낙관적인 기대감에 사로잡혀 있었습니다. 과시를 좋아하고 미신에 빠진 제왕이 지닌 성격의 본질은 끝 모를 '의심'이란 사실을 대수롭지 않게 여겼습니다. 자신의 충성심을 믿어 의심치 않았고, 그것이 설마 의심받으리라고는 꿈에도 생각지 못했던 것입니다. 사마천의 자만이었고, 역사 전개에 대한 낙관적인 생각에 지배당한 결과였습니다. 반고의 말대로

그는 '넓은 식견을 지니고도 자신의 몸을 보전할 방법은 몰랐으니'
《한서》〈사마천전〉) 참으로 안타까운 일이 아닐 수 없었습니다.

학 생 | 사마천이 무제를 잘 몰랐다고 하시니 문득 '백두여신白頭如
新'이란 사자성어가 떠오릅니다. 인간관계의 오묘함을 비유한 표현
이라고 하는데, 역사에 통달한 사마천이 30년 가까이 무제를 모시
면서도 그의 본질을 제대로 몰랐다는 점이 이해가 잘 안 가네요.

김영수 | 권력지의 속성이란 늘 가변석입니다. 권력이란 외피外皮가
씌워져 있기 때문에 상황에 따라 달라질 수밖에 없는 속성이지
요. 어제는 한없이 인자하고 너그러웠다가도 오늘은 돌변해 잔인하
고 포악하게 변합니다. 자기 수양이 덜 되었거나 학식이 모자란 통
치자라면 이런 변덕은 다반사입니다. 무한 권력, 절대 권력이 권력
자를 단단히 감싸고 있으니까요. 아무튼 이 사건을 계기로 사마천
은 곪고 있는 제국의 이면과 황제의 내면세계를 확인하게 됩니다.
지금까지 준비한 모든 것이 무너졌고, 그의 가치판단이 방향을 틉
니다. 그는 우선 자기 삶의 본질에 대해 고뇌했습니다. 인간 자체에
대한 짙은 회의에 사로잡혔습니다. 정녕 이것이 인간이란 말인가?
하늘도 원망했습니다. '천명'이란 게 정말 이런 것인가? 고뇌하고 고
뇌합니다. 생각하고 생각합니다. 되돌아보고 또 되돌아봅니다. 왜
살아남았던가? 그때 죽지 않고. 스스로 목숨을 끊었더라면 고뇌도
의심도 고통도 없었을 것을. 당시 사마천의 심경입니다.

이리하여 《사기》를 저술하기 시작했다. 그리고 7년 뒤 태사공

은 이릉의 화를 당해 감옥에 갇혔다. 나는 '이것이 내 죄란 말인가! 이것이 내 죄란 말인가! 몸은 망가져 더 이상 쓸모가 없어졌구나'라며 깊이깊이 탄식했다. 그러나 물러나와 다음과 같은 사실을 깊이 생각해보았다.(권130 〈태사공자서〉)

하지만 아무리 생각해도 사마천에게는 해야 할 일이 남아 있었습니다. 지금까지 해온 일의 방향을 바로잡는 것이었지요. 그렇습니다! 바로잡아야 했습니다. '지금까지의 작업을 그대로 둔 채 세상을 버리는 것은 역사에 죄를 짓는 일이다. 아버지의 뜻을 배신하는 일이다. 지난날 서백(주 문왕), 공자, 굴원, 좌구명, 손빈, 여불위, 한비자 등은 모두 자신의 울분을 극복하고 후대에 길이 남을 저술을 지었다.' 그는 가냘프지만 한 줄기 희망을 찾았습니다.

이 사람들은 모두 가슴속에 무엇인가가 맺혀 있었지만 그것을 밝힐 길이 없었기 때문에 지난 일을 서술해 후세 사람들이 자신의 뜻을 볼 수 있게 한 것입니다.(《보임안서》)

이렇게 해서 《사기》가 방향을 바꾸었습니다. 모든 것을 원점에서 다시 고민하고, 다시 생각했습니다. 기원전 97년, 그의 나이 47세 때 시작된 그 사건은 사마천이 살아온 삶을 되짚어 돌아보도록 했고, 인간 존재에 대한 의문을 품게 했으며, 천명에 대해 의심하게 했고, 결국 《사기》의 내용과 성격을 송두리째 바꾸는 결정적인 계기로 작용했습니다.

학 생 속된 말로 그걸 '운명의 장난'이라 하는 모양입니다. 사마천 개인에게는 더할 수 없는 치욕이었건만 그 치욕의 산물은 인류에게 둘도 없는 귀중한 선물로 되돌아온 셈이니까요.

김영수 그렇지요. 그리고 무엇보다 《사기》의 하한이 무제 당대까지 내려감으로써 사마천의 역사 인식이 현재에까지 미쳤습니다. 이는 역사관의 확대이자 심화였으며, 이를 위해 사마천은 철두철미한 비판적 안목을 동원하지 않을 수 없었던 것이지요. 그는 그 사건을 계기로 당대사를 읽는 눈을 갖추었습니다. 한겨울의 추위가 심할수록 그것을 견뎌낸 뒤 오는 봄의 나뭇잎은 더욱 푸른 법입니다.

이릉 사건은 사마천 개인에게는 비극이었지만 《사기》를 불후의 걸작으로 만든 동인이었다.(장대가)

학 생 사마천의 비극이 지금의 우리, 나아가 인류에게 큰 선물을 남기는 계기로 작용했다는 사실이 슬프기도 하고 기가 막히기도 합니다. 역사가 참 잔인하다는 생각도 들고요. 사마천의 인생이 방향을 틀자 《사기》의 방향이 제자리를 잡았다고 말해도 될까요?

김영수 아주 적절한 표현입니다. 멋진 결말입니다. 하지만 이 사건은 좀 더 파고들어야 합니다. 이릉을 변호하다 옥에 갇힌 것으로 끝난 게 아니니까요. 사마천의 삶은 이제 클라이맥스로 접어듭니다. 다음 마지막 장에서는 치욕스런 궁형을 자청한 사마천에 대해, 《사기》의 변화에 대해 살펴보겠습니다.

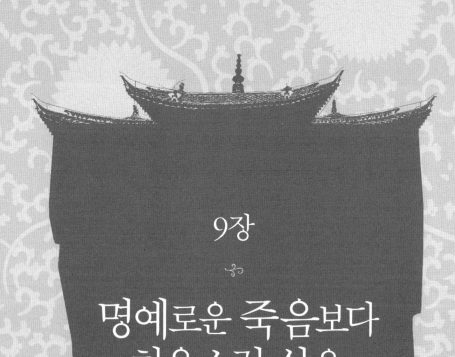

9장

명예로운 죽음보다 치욕스런 삶을 선택하다

지금으로부터 약 2,100년 전 마흔아홉 살의 사나이가 성기가 잘리는 궁형을 당했다. 그것도 자청해서…. 사마천의 궁형은 자신의 삶뿐 아니라 평생 준비해온 《사기》의 내용까지 바꿀 수밖에 없는 심각한 사건이었다. 스무 살 때의 천하 여행이 《사기》의 넓이를 결정했다면 마흔아홉 살에 당한 궁형은 《사기》의 깊이를 결정했다.

궁형의 자청은 생각, 생각, 생각의 결과였다. 옥에 갇혀 있던 약 3년, 만신창이가 된 몸속으로 육신의 고통보다 더 아프고 처절한 정신적 고통이 파고들어 사내는 수없이 자결을 생각했다. 수시로 엄습해오는 고통은 자결 외에는 달리 견뎌내거나 해결할 방법이 없었다. 그는 생각했다. '죽음에는 한 번의 결단과 용기가 필요하지만 삶에는 수없는 결단과 용기가 필요하다. 죽는 것보다 사는 것이 더 힘들다. 삶이 지옥이다.'

하지만 그에게는 남겨진 일, 할 수밖에 없는 일, 죽어도 해야 할 일, 그래서 죽으면 안 되는 일이 남아 있었다. 그는 또다시 생각했다. 죽는 일보다 죽음에 처하는 일이 더 어렵지 않은가? 사람은 누구나 한 번 죽는다. 하지만 그 죽음에 대한 자신의 평가와 세상의 평가는 다르다. 왜? 그가 어떻게 살았는지가 남겨지기 때문이다. 그래서 어떤 죽음은 새털보다 가볍고, 어떤 죽음은 태산보다 무겁다. 이는 죽음을 사용하는 방향이 다르기 때문이다.

사내는 회심의 미소를 지으며 성기가 잘리는 '궁형'을 받아들였다. 살아서 《사기》를 완성해야 했으니까. 죽음을 사용하는 방향을 찾았으므로. 그렇게 《사기》는 운명적으로 방향을 틀었다. 넓이와 깊이를 완벽하게 갖춘 전무후무한 인간의 역사서가 그렇게 그의 피를 먹고 세상에 모습을 드러냈던 것이다.

죽을 수 없는 이유

학 생 | '사마천' 하면 궁형을 가장 많이 떠올리는 것 같습니다. 일
전에는 텔레비전 프로그램에서 한 방송인이 앞뒤 맥락을 따지지
않고 사마천이 궁형을 당했다는 사실만으로 '내 별명은 (성욕이 없
어서) 사마천이다'라고 말해 논란에 휩싸이기도 했는데요.

김영수 | 궁형이란 사건이 워낙 심각하다 보니 초점이 자꾸 그곳에
만 맞추어지고 말과 글이 격해져서 그렇습니다. 궁형을 자청할 수
밖에 없었던 사마천의 심정, 울분을 지우고 궁형을 당했다는 객관
적 사실만을 다른 곳에 가져다 붙이니 그런 일이 벌어지는 것이지
요. '사실'이 꼭 '진실'을 말하는 건 아니라는 사실을 우리는 경험
으로 알고 있지 않습니까?

학 생 ㅣ 그렇군요. 그러면 저희는 이제부터 '사실' 속에서 '진실'을 찾는 여정을 떠나보도록 하겠습니다.

김영수 ㅣ 그럴까요? 그럼 다시 우리의 이야기에 집중해보겠습니다. 이릉을 변호한 사마천은 결국 이 사건의 희생양이 되었습니다. 이 듬해인 기원전 98년 사마천은 황제의 심기를 건드리고 황제의 인 척인 이사장군 이광리를 은근히 비난했다는 죄목으로 사형을 판 결받고 옥에 갇힙니다. 그리고 다시 그 이듬해인 기원전 97년, 이릉 이 흉노의 선우에게 병법을 가르치고 있다는 잘못된 정보가 조정 에 전해지면서 이릉의 가족이 몰살당하게 됩니다. 사마천은 치욕 을 감수하고 궁형을 자청해 간신히 사형을 면하지요. 여러 차례 말 씀드린 대로 그때 그의 나이가 49세였습니다. 당시 상황에 대한 사 마천의 진술입니다.

그러나 제 생각을 다 밝힐 수 없었으며 주상께서도 제 뜻을 이 해하지 못하시고 제가 이사장군을 비방하고 이릉을 위해 유세한 다고 생각해 결국 법관에게 넘겼습니다. 간절한 저의 충정은 끝 내 드러나지 못했고, 근거 없이 이사장군을 비방했다는 판결이 내려졌습니다. 집안이 가난해 사형을 면할 재물도 없었고, 사귀 던 벗들도 구하려 들지 않았으며, 황제의 측근들은 한마디도 하 지 않았습니다.(《보임안서》 이하 같음)

학 생 ㅣ 구태의연한 질문입니다만 당시 사마천의 심경은 어땠을까 요? 선생님께서 상상하시는 사마천의 심경에 대해 말씀해주세요.

김영수 | 고독이 먼저 찾아들었을 겁니다. 홀로 나서 이릉을 변호했지만 사마천을 위해선 아무도 나서지 않았습니다. '사귀던 벗들도 구하려 들지 않았으며, 황제의 측근들은 한마디도 하지 않았습니다'는 대목이 이를 잘 보여줍니다. 그런데 잘 생각해보면 감히 누가 나설 수 있었겠습니까? 섣불리 나섰다간 사마천과 같은 꼴이 될 것이 뻔한데 말이지요. 50만 전을 내면 사형을 면해준다는 법이 있었으나 그마저도 가난과 친구들의 외면으로 무산되고 말았습니다(참으로 역설적이고 기가 막힌 사실은 50만 전을 내면 죽음을 면하게 해준다는 조치가 사마천이 궁형을 당한 기원전 97년 그해에 내려졌다는 사실입니다). 이제 죽음을 피할 수 있는 방법은 한 가지밖에 없었습니다.

몸은 목석이 아닌데 홀로 옥리와 마주한 채 깊은 감옥에 갇히는 영어의 몸이 되었으니 누구에게 제 사정을 하소연할 수 있었겠습니까? 이는 정말이지 소경께서도 직접 겪으셨듯이 저의 처지 또한 다를 바 없지 않았겠습니까? 이릉은 살아서 항복함으로써 그 가문의 명성을 무너뜨렸고, 저는 거세되어 잠실에 내던져져 또 한 번 세상의 웃음거리가 되었습니다. 슬픕니다! 슬픕니다! 이런 일을 일일이 아무에게나 말하기란 쉽지 않습니다.

그는 인간이 만들어낸 가장 야만적인 형벌이라는 '궁형'을 받고 죽음을 면했습니다. 그것도 자청했습니다. 이를 '자궁自宮'이라 부릅니다. 거세되어 잠실에 던져졌다는 말은 바로 궁형을 당했다는 의미입니다. 사마천은 성기가 잘린 채 남은 부분이 썩지 않도록 따뜻한 '잠실'로 보내졌습니다.

학 생 ｜ 사마천이 궁형을 '자청했다'는 부분에 대해서는 아직도 논쟁이 계속되고 있는 것으로 압니다.

김영수 ｜ 사마천의 궁형에 대해서도 역대로 말이 많았습니다. 북경 사범대학의 한조기韓兆琦 교수가 〈사마천자청궁형설司馬遷自請宮刑說〉이란 논문에서 사마천이 궁형을 자청하게 된 배경과 과정을 잘 밝혀놓았습니다. 가장 중요한 근거는 사형수에게 궁형 자청을 허용했다는 《한서》〈경제기〉의 기록과 〈형법지〉에 보이는 사형수에 대한 육형肉刑, 즉 궁형 허용에 관한 기사입니다. 또한 사마천이 궁형을 당한 그해 50만 전을 내면 사형에서 한 등급을 감형해주는 조치가 내려졌는데, 이때까지도 형을 자청할 경우 사형을 면제하는 관례는 유지되었다고 보는 것이 일반적인 견해입니다. 무엇보다 사마천이 스스로 '고통을 견디고 구차하게 목숨을 부지한 채 더러운 치욕을 마다하지' 않았다고 고백한 것만 보아도 그가 궁형을 자청했음은 틀림없어 보입니다.

　얼마나 외로웠을까요? 절대 고독이라 해야 할 겁니다. 이런 상황에서의 고독은 말이지요. 《사기》 완성이라는 대업이 남아 있어 궁형을 자청했다고는 하지만 그 일이 고독을 없애주거나 줄여주는 것은 아니지 않습니까. 어쩌면 그 일 때문에 더 고독했는지도 모릅니다. 두려움도 몰려왔겠지요. 제대로 내린 판단인가? 차라리 목숨을 끊는 쪽이 낫지 않았을까? 무엇 때문에 죽음보다 더 끔찍한 치욕을 감수하려 하는가? 잘한 결정도 이유가 그릇되면 안 된다. 무엇 때문에? 아마도 이런 생각들이 사마천의 고독을 절대 고독으로 만들었을 겁니다.

사마천은 지나온 모든 일을 되돌아보았습니다. 일에만 전념했던 지난날, 인간관계에 대한 깊은 반성…. 그 어떤 것으로도 지금 자신의 처지를 실감 나게 설명하기 어려웠고, 자신의 운명을 이해할 수 없었습니다. 그저 무엇인지 모를 어떤 힘이 자신의 모든 것을 완전히 바꿔놓았다는 것 외에 확실한 것은 아무것도 없었습니다. 한 가지 분명한 것은 모든 것이 방향을 틀었다는 사실이었습니다. 그리고 또 한 가지, 막연하지만 무엇인가가 제 갈 길을 제대로 잡았다는 느낌이 왔습니다. 그는 모든 것을 다시 생각하기 시작했습니다.

학 생ㅣ 궁형과 관련해 궁금한 것이 있습니다. 이런 질문을 드리는 것이 미안하고 죄스럽기까지 합니다만, 사마천이 궁형을 자청할 당시의 나이가 49세였습니다. 평균수명이 지금보다 훨씬 짧았을 그 시대에 그 나이였다면 궁형을 당하고도 과연 몸이 성했을까요? 또 하나는 대체 궁형이 어떤 형벌이었는가 하는 것입니다. 사마천의 글을 읽어보면 곳곳에서 궁형 이후의 정신적, 육체적 트라우마에 대해 격한 어조로 울분을 표출하고 있지 않습니까?

김영수ㅣ 대체 궁형이 어떤 형벌이었기에 사마천을 그토록 괴롭혔을까요? 말씀하신 것처럼 사마천은 친구 임안에게 보낸 편지 곳곳에서 궁형과 그에 따른 치욕의 감정을 토로하고 있습니다. 부모에게 물려받은 몸을 신성시하던 당시의 가치관으로 보아도 궁형은 치욕 중의 치욕임에 틀림없었습니다. 특히 생식기를 지극히 중시하던 중국의 전통문화 속에서 궁형은 그 자체로 사형보다 더한 형벌이었습니다. 그래서 사마천 자신도 죽음보다 더 치욕스러운 것이 궁형이라 했던 것입니다.

여기서 잠깐 중국 역사상 존재했던 대표적인 혹형들에 대해 좀 더 알아보고 넘어갑시다. 지독한 1인 전제주의에 입각한 봉건 왕조 체제를 수천 년 경험한 중국에서는 헤아릴 수 없이 많은 혹형이 등장합니다. 혹형은 그 자체로 역사의 어두운 면이자 인권유린의 단면이었습니다. 이 점은 우리도 별반 다를 것이 없었지요. 수많은 혹형 중에서 다음 열 가지를 이른바 '10대 혹형'으로 꼽는데, 종류에 대해서는 연구자마다 다소 견해가 갈라지지만 일단 알기 쉽게 일람표를 만들었습니다.(354쪽 참조)

'오마분시'를 나타낸 조형물. 명나라 때 회안부서淮安府署의 감옥 건축물 내에 있다(강소성 회안시 소재).

중국 10대 혹형 일람표

이름	내용	참고 사항
박피剝皮	살가죽을 벗기는 혹형. 처음에는 처형한 다음 벗겼으나 갈수록 잔인해져 산 채로 살가죽을 벗기는 경우가 많아졌다.	명 태조 주원장이 이 혹형을 선호했다고 한다.
요참腰斬	허리를 잘라 죽이는 혹형. 거대한 작두로 몸통을 잘라버린다. 몸통을 잘린 사람은 한동안 죽지 않은 채 극도의 고통 속에서 몸부림친다.	진나라의 승상 이사가 이 형벌을 받고 처형되었다.
오마분시 五馬分屍	손과 발 그리고 머리를 다섯 마리의 말과 연결시켜 말을 다섯 방향으로 당기게 하는 혹형. 몸을 여섯 등분으로 찢어 죽이는 지독한 형벌이다.	상앙이 이 혹형으로 죽었다고 전한다.
능지凌遲	1,000번의 칼질을 가해 죽인다는 혹형. 당초에는 죽인 다음 포를 떠서 젓갈을 담갔다고 한다. 공자의 제자인 자로子路가 이 혹형으로 죽었고, 명나라 때 가장 성행했다.	1,000번 이내에 죽으면 전문 사형집행인도 함께 죽였다고 한다.
액수縊首	목을 졸라 죽이는 혹형. 교수형과 비슷하나 중국에서 시행한 이 형벌은 단순히 밧줄에 목을 걸어 매달아 죽이는 것이 아니라 활줄을 목에 건 다음 뒤에서 당겨 죽인다.	송나라 때의 명장 악비 岳飛 부자가 풍파정에서 이렇게 죽었다고 한다.
청군입옹 請君入甕	큰 항아리에 죄수를 넣고 불을 때서 태워 죽이는 잔인한 혹형. 훗날 고사성어로 굳어졌다.	당나라 때 청군입옹을 비롯한 수많은 혹형을 창안한 내준신來俊臣 자신이 이 혹형으로 죽음을 맞았다.
궁형宮刑	엄형閹刑, 엄할閹割이라고도 한다. 생식기를 거세하는 형벌이다.	사마천이 이 형벌을 자청했다.
월형刖刑	견해가 많지만 대체로 무릎 아래를 잘라버리거나 무릎뼈를 발라내는 혹형으로 알려져 있다.	전국시대 손빈이 친구 방연龐涓의 독수에 걸려 이 형벌을 받았다.
삽침揷針	손톱에 바늘을 꽂는 혹형으로 그 고통은 이루 말로 다 할 수 없다고 한다. 훗날 고문의 한 방법으로 활용되었다.	주로 여자들에게 가한 혹형이었다고 한다.
활매活埋	산 채로 땅에 파묻는 혹형. 옛날부터 시간과 힘을 절약할 수 있는 형벌로 많이 사용되었다.	현대전에서 특히 일제가 많이 사용했다.

표로 정리한 '10대 혹형' 외에도 삶아 죽이는 팽형烹刑, 배를 가르는 할복割腹, 돌을 매달아 물에 빠뜨려 죽이는 침하沈河, 독약을 먹여 죽이는 독살毒殺, 혀를 자르는 절설截舌, 눈알을 파내는 알안挖眼 등 수많은 혹형이 기록에 남아 있습니다. 중국에 가서 역사 현장을 탐방하다 보면 감옥과 죄인을 취조하던 건물을 볼 수 있는데 잔인하기가 이루 말할 수 없습니다. 모두 과거 봉건제도의 산물이지요.

이런 수많은 혹형의 시행 방법을 보면 궁형의 고통은 상대적으로 적은 편에 속합니다. 그런데도 궁형을 가장 고통스러운 혹형으로 꼽는 까닭은 무엇일까요? 다른 혹형들은 그저 육체에 극심한 고통을 가하는 것이 목적이지만, 궁형은 정신적 고통을 극대화하는 데 중점을 두고 있기 때문입니다. 인간의 수치심을 자극해 심리적으로 압박을 주려는 것입니다. 그래서 예로부터 사형에 버금가는 중형으로 취급되었던 것이지요.

학 생 | 그럼 이제 궁형이란 형벌에 대해 자세히 살펴볼까요? 앞에서 잠깐 언급하신 '잠실'이란 단어에 대해서도 설명이 필요할 것 같습니다. 궁형을 당한 사람을 누에 치는 잠실로 보낸 까닭이 궁금합니다.

김영수 | 네, 이제부터 궁형에 대해 좀 더 자세히 알아봄으로써 사마천이 당했을 고통의 정도를 짐작해보겠습니다. 중국 역사를 들추어보면 궁형에 관한 내용만으로도 책 한 권을 쓰고 남을 정도로 궁형은 역사가 길고 사례도 많은 형벌입니다. 기록에 따르면 궁

형은 일찍이 전설시대인 요·순 때부터 있었다고 하나 확인할 길은 없습니다. 당초 궁형은 남성과 여성 모두에게 가해진 형벌이었습니다. 즉 일부일처제라는 혼인질서를 지키기 위해 부정한 짓을 저지른 남녀의 생식기를 자르고 틀어막았던 것이지요. 그러나 시간이 지날수록 잔인한 혹형으로 변했고, 그 대상도 주로 남성에 한정되었습니다.

봉건적 전통 사회에서 생식기는 머리와 함께 중요한 기관으로 인식되어있습니다. 머리는 생명의 중추로 개체個體의 생존을 결정하며, 생식기는 후손을 번식하는 임무를 지고 있는 것으로 군체群體의 생존과 연결됩니다. 따라서 이런 생식기를 훼손한다는 것은 매우 엄중한 사건이었습니다. 이 때문에 그 잔인성을 의식해 폐지를 주장하는 목소리가 적지 않았고, 실제로 사마천이 궁형을 당하기 약 70여 년 전인 문제 13년(기원전 167)에 궁형을 폐지하라는 조치가 취해졌지만 얼마 지나지 않아 경제 때 다시 부활합니다.

궁형은 당초 사형을 대체하는 형벌이었으나 그 뒤 사형이 아닌 다른 죄에도 적용되었습니다. 무제 때 오면 사마천을 비롯해 적지 않은 사람들이 궁형을 당했다는 기록이 보이는데, 대표적인 인물이 사마천, 장군 이연년李延年, 장안세張安世의 형님 장하張賀 등이었습니다. 궁형은 다른 말로 부형이라고 하는데, 생식기를 자르고 나면 며칠 안에 상처에서 살이 썩는 냄새가 나기 때문에 이런 이름이 붙었습니다. 이후 궁형은 형벌로서 행해졌을 뿐만 아니라 자진해서 생식기를 자르는 자궁自宮의 경향이 늘어나기 시작합니다. 황제가 거느리는 많은 궁녀와의 접촉을 막기 위해 궁궐에서 일하는 남성들에게 이 자궁을 강요했기 때문입니다. 이들이 바로 환관宦官, 태감太監, 내시內侍 등으로 불리며 왕조 체제하에서 없어서는 안 될 존재로 기능합니다. 이들은 황제와 궁궐의 주요 인물들을 가까이에서 모시며 온갖 부정적인 역할을 도맡아 함으로써 역사의 어두운 부분을 장식하게 됩니다. 이런 잔인한 혹형과 관례로 인해 훗날 명 왕조는 태감(환관)들에 의해 나라가 좌우되는 중국 역사상 가장 암울한 시대를 겪게 되지요.

학 생 혹형에 대한 이야기를 듣고 있자니 슬프게도 인간에게 가장 잔인한 대상은 인간이라는 생각이 떠나지 않습니다.

김영수 잔인한 이야기가 조금 더 이어지니 마음을 단단히 먹고 들어주시기 바랍니다. 이제 궁형의 방법에 대해 말씀드리겠습니다. 오래전부터 궁형을 시행해온 아랍에서는 궁형의 방법이 비교적 간단했습니다. 이 형벌은 강간죄를 범한 자에게 시행되었는데, 성기를 나무로 만든 도마 위에 꼼짝 못 하게 얹어놓고 도끼로 잘라버립니다. 하지만 중국의 궁형은 이와는 사뭇 달랐습니다. 먼저 성기(고환까지 포함해서)를 끈으로 꽁꽁 묶어 피가 통하지 않게 만들어서 자연적으로 기능을 상실하도록 둡니다. 그런 다음 날카로운 칼로 성기 전체를 잘라내고 향회香灰라는 지혈제를 뿌려 지혈을 한 뒤 거위의 깃털을 요도에 박습니다. 며칠 지난 뒤 거위의 깃털을 뽑는데, 오줌이 나오면 궁형이 성공적으로 끝난 것이고 오줌이 나오지 않으면 실패한 것입니다. 궁형을 당한 사람은 일시적으로 어둡고 따뜻한 잠실에 보내져 요양을 하게 됩니다. 이는 궁형을 당한 사람이 찬바람을 쐬면 목숨을 잃을 위험이 컸기 때문입니다. 그래서 사마천이 '거세되어 잠실에 던져졌다'고 한 것이지요. 옛날 기록에 '잠실로 보내졌다'라든가 '잠실에 버려졌다'는 글이 보이면 궁형을 당했다는 뜻입니다. 궁형에 실패한 사람은 폐인이 되며 대개는 요독증으로 사망합니다.

그런데 말씀하신 대로 궁형은 나이가 많을수록 더 위험합니다. 사마천이 궁형을 당했을 당시의 나이가 49세였으므로 위험부담이 어마어마했을 겁니다. 죽을 확률이 훨씬 높았다고 봅니다. 그러니 궁형을 자청한 그의 심경이 어떠했겠습니까? 사형을 판결받은 사형수가 다시 목숨을 걸고 궁형을 자청하는 그 어처구니없고 기막힌 장면을 한번 상상해보세요. 이 어찌 역사의 비극이 아니겠습니까?

사마천의 궁형은 중국사에서 가장 수치스러운 장면으로 기록될 것입니다. 대의명분을 앞세우고 의리를 강조하던 그 많고 많은 유가파의 인물들은 다 어디에 숨어서 한 사람도 나서지 않았단 말입니까? 갖은 부귀영화를 다 누리던 그 많은 권세가가 50만 전이 없어 당대 최고의 인재 사마천이 죽음보다 더한 궁형을 자처하도록 내버려두었을까요? 독재의 그늘에서 숨죽인 채 자신의 몸보신을 위해 전전긍긍하던 당시 지식인과 관료들의 행태, 그것이 바로 위풍당당한 무제 시대의 실상이자 비극이었습니다. 사마천은 시대의 희생양이었습니다. 하지만 그는 그저 희생양으로만 머물지 않았고, 그렇기 때문에 더욱 위대해진 것입니다.

학 생 │ 궁형에 관해 자세한 이야기를 듣고 나니 감정이 더 격해집니다. 죽을 확률이 훨씬 높은 궁형을 자청해야만 했던 사마천의 심경이 느껴지는 듯합니다. 그때 만약 궁형을 당한 뒤 죽었더라면? 이런 생각을 하면 정말 끔찍합니다. 오늘날 우리는 지금 모습 그대로의 《사기》를 볼 수 없었을 테고, 그렇다면 인류사는 엄청난 손실을 입었을 테니까요.

김영수 | 그렇습니다. 사마천의 죽음보다 깊은 고뇌가 바로 그 지점에 있었습니다. 만약 궁형을 당하다 죽는다면? 남겨놓은 것이 없으니 자신의 죽음은 개죽음이 될 것이고, 결국 조상과 후손들에게 두고두고 손가락질받는 존재로밖에 남지 못하게 되겠지요. 왜냐하면 자신의 마음과 이 사건의 전말을 알리는 기록이 아예 없을 것이기 때문입니다. 차라리 이 일이 기록에 남지 않으면 그나마 다행이었을 것입니다. 궁형을 선택하는 과정에서 사마천은 바로 이것이 가장 두려웠습니다. 죽음보다 더 두려웠지요.

지독한 고통이 찾아오다

학 생 | 위대하고 처절한 선택, 궁형의 결단은 그렇게 이루어졌습니다. 당시 사마천의 심경을 좀 더 이해하고 싶습니다.

김영수 | 1장에서 〈보임안서〉 전문을 이미 소개해드렸지만, 궁형 이후 사마천의 심경을 그보다 더 생생하고 절절하게 표현한 글이 없기에 다시 〈보임안서〉 중 사마천 심경 부분을 따라가며 살펴보도록 하겠습니다. 조금 전에 사마천은 궁형을 당한 이후 고독했을 것

이라고 말씀드렸지요. 그다음으로는 무엇보다 혼란스러웠을 겁니다. 마저 다 끝내지 못한 일이 있어 궁형을 자청했지만 고독의 정도는 갈수록 더했고, 울분이 시도 때도 없이 치밀어올랐기 때문입니다. 자신의 삶이 저주스러웠을 겁니다. 그는 감옥에 갇힌 임안에게 당시 자신의 심경을 이렇게 고백하고 있습니다.

"저는 비천한 처지에 빠진 불구자입니다. 무슨 행동을 하든 남의 비난을 받으며, 더 잘하려 해도 더욱 나빠지기만 할 뿐입니다. 그래서 저는 홀로 우울하고 절망적입니다. 함께 이야기 나눌 사람도 없습니다."

"하지만 저는 벌써 몸이 망가졌으니 아무리 수후나 화씨의 주옥과 같은 재능이 있다 한들, 허유나 백이같이 깨끗하게 행동한다 한들, 영예를 얻기는커녕 남의 비웃음거리가 되어 치욕을 당하는 일이 고작일 것입니다."

"지금 이지러진 몸으로 뒤치다꺼리나 하는 천한 노예가 되어 비천함 속에 빠져 있는 주제에 (…) "

"아아! 아아! 저 같은 인간이 새삼 무슨 말을 하겠습니까? 새삼 무슨 말을 하겠습니까?"

"저는 거세되어 잠실에 내던져져 또 한 번 세상의 웃음거리가 되었습니다. 슬픕니다! 슬픕니다! 이런 일을 일일이 아무에게나 말하기란 쉽지 않습니다."

사마천의 심경은 혼란이 혼돈으로, 혼돈이 혼란으로 교차되며 점차 원한에 사무쳐갔습니다. 시도 때도 없이 찾아드는 처절한 궁형의 기억이 끊임없이 그를 괴롭혔습니다. 부모에게 물려받은, 함부로 훼손해서는 안 될 신성한 몸을 훼손시킨 자신의 선택을 후회했습니다.

모든 것이 원망스러웠습니다. 그의 마음은 원한에 사무칩니다. 누구에 대한 원한인지도 막막해져만 갔습니다. 지존의 자리에 있는 황제 무제에 대한 원한인가? 아니면 자신을 외면했던 친구들에 대한 원한인가? 이도 저도 아니면 사마천 자신에 대한 원한인가? 그저 모두가 원망스러웠습니다. 또다시 궁형의 기억이 몰려왔습니다.

제가 말을 잘못해 이런 화를 당하면서 고향에서 비웃음거리가 되었고, 돌아가신 아버지를 욕되게 했으니 무슨 면목으로 부모님 무덤에 오르겠습니까? 100대가 흐른다 해도 씻기지 않을 치욕입니다. 하루에도 아홉 번이나 장이 뒤틀리고, 집에 있으면 망연자실 넋을 놓고 무엇을 잃은 듯하며, 집을 나가도 어디로 가야 할지 모릅니다. 이 치욕을 생각할 때마다 식은땀이 등줄기를 흘러 옷을 적시지 않은 적이 없습니다.

그는 자신의 선택에 대해 다시 생각했습니다. 단순히 남은 일, 못다 한 일을 마무리 짓기 위함이었던가? 그 일이 도대체 무슨 의미가 있는 것인가? 생각에 생각을 거듭하던 그는 다시 죽음의 의미에 다다랐습니다. 그리고 마침내 죽음의 심연에서 빠져나와 생사의 경계와 경지를 깨닫습니다.

그러니 제가 법에 굴복해 죽임을 당한다 해도 아홉 마리 소에서 털 오라기 하나 없어지는 것과 같고, 땅강아지나 개미 같은 미물과도 하등 다를 것이 없습니다. 그리고 세상은 절개를 위해 죽은 사람으로 대접하기는커녕 죄가 너무 커서 어쩔 수 없이 죽었다고 여길 것입니다. 왜 그렇겠습니까? 평소에 제가 쌓은 것이 그렇게 만들었기 때문입니다. 사람은 누구나 한 번 죽지만 어떤 죽음은 태산보다 무겁고 어떤 죽음은 새털보다 가볍습니다. 이는 죽음을 사용하는 방향이 다르기 때문입니다.

지금 자신이 죽음을 선택하는 것은 아홉 마리의 소 가운데에서 털 오라기 하나를 뽑는 것같이 하잘것없는 짓이라는 사실을 사마천은 먼저 깨달았습니다. 게다가 세상은 그런 죽음에 손가락질할 것이라고 생각했습니다. 왜냐하면 자신이 지금까지 해놓은 일이 그 정도의 평가밖에는 받을 수 없음을 알았기 때문입니다. 그는 지난날 이 세상에 나름의 자취를 남기고 떠난 사람들의 행적을 되짚어보았습니다. 아버지와 자신이 그렇게도 존경해 마지않던 공자를 비롯해 고난 속에서 불굴의 의지로 세상을 밝히는 업적을 남긴 많은 인물이 주마등처럼 그의 눈앞을 스쳐 지나갔습니다. 동시에 살아서는 천하를 떠들썩하게 만들고 비할 데 없는 부귀를 누렸지만 죽어서는 아무런 명성도 얻지 못한 더 많은 인물도 떠올랐습니다.

진정한 용사라 해서 명분뿐인 절개 때문에 꼭 죽는 것은 아니며, 비겁한 사람이라 해도 의리를 위해 목숨을 가볍게 버리는 경우가 왜 없겠습니까?

'그렇다! 모든 인간의 죽음에는 나름의 의미가 있다. 죽음의 의미는 결국 삶의 흔적으로 결정된다. 죽는 것이 문제가 아니라 사는 것이 문제다.' 사마천은 죽음의 진정한 의미를 삶 속에서 온전히 인식하기에 이릅니다.

학 생 | 저는 삶이 죽음을 결정한다는 이 부분을 읽을 때마다 '나는 과연 어떻게 죽게 될까, 멋지고 훌륭하지는 않아도 부끄럽고 허무한 죽음을 맞이하지 않으려면 과연 어떻게 살아야 할까'라는 아주 근본적인 생각을 하게 됩니다. 사마천의 삶이, 그가 쓴 역사서 《사기》가 시·공간을 초월해 우리의 마음을 계속 두드리는 이유가 여기에 있다는 생각이 듭니다.

김영수 | 맞습니다! 그것이 바로 위대한 고전이 가진 힘, 위인의 삶이 우리에게 던지는 깨달음이겠지요? 그럼 계속 사마천의 이야기를 들어볼까요?

제가 비록 비겁하고 나약해 구차하게 목숨을 부지했지만 거취에 대한 분별력은 있습니다.

자신은 비록 구차한 삶을 선택했지만 무엇을 해야 할지 그 정도의 분별력은 있다는 말입니다. 그렇다면 왜 구차한 삶을 택했는가? 거취를 가리는 것만으로 그 선택의 정당성이 확보되지는 않기 때문입니다. 그는 이어서 이렇게 말합니다.

　천한 노복이나 하녀도 얼마든지 자결할 수 있습니다. 하물며 저 같은 사람이 왜 자결하지 못하겠습니까? 고통을 견디고 구차하게 목숨을 부지한 채 더러운 치욕을 마다하지 않은 까닭은 제 마음속에 다 드러내지 못한 그 무엇이 남아 있는데도 하잘것없이 세상에서 사라져 후세에 제 문장이 드러나지 못하면 어쩌나 한이 되있기 때문입니다.

　하고자 한 일은 곧 하고 싶은 말이기도 했습니다. 그것을 다 하지 못했고, 제대로 하지 못했는데 어떻게 쉽게 죽음을 택할 수 있었겠습니까? 그것은 자기 삶에 대한 직무유기였지요. 그렇기에 '초고를 다 마치기도 전에 이 같은 화를 당했습니다만, 완성하지 못한 것을 안타깝게 생각했기 때문에 극형을 받고도 부끄러운 기색을 드러내지 않았던 것입니다.' 그는 손쉬운 죽음이 아니라 어려운 삶을 택했습니다. 죽음이 어려운 것이 아니라 죽음에 처하기가 어려운 것이란 말이 바로 그 뜻입니다. 어려운 삶이 바로 죽음에 처하는 것 아니겠습니까? 그는 자신과 비슷한 처지에 놓여 있던 선인들을 떠올려보았습니다.

　좌구명처럼 눈이 없고, 손빈처럼 발이 잘린 사람은 아무런 쓸모가 없지만, 물러나 책을 저술해 자신의 분한 생각을 펼침으로써 문장으로 자신을 드러내려 한 것입니다.

그들 역시 사마천처럼 극도의 고통을 겪었지만 그 고통을 이겨내고 분발해 저서를 남겼기 때문에 지금까지도 세상이 그들을 기억하는 것이라는 사실을 새삼 깨달았습니다. 그리하여 '저 또한 불손하지만 가만히 무능한 문장에 스스로를 의지해', '지난 일을 서술해 후세 사람들이 자신의 뜻을 볼 수 있게 한 것입니다.' 그는 지금까지 자신이 해온 일에 대해 생각해보았습니다. 큰 줄기

생사의 경지를 터득한 사마천의 모습을 그린 기록화.

는 변한 것이 없었습니다. '하늘과 인간의 관계를 탐구하고, 과거와 현재의 변화를 꿰뚫어 일가의 문장을 이루고자' 했던 목적은 여전히 유효했고, 산더미처럼 쌓인 죽간들은 여전히 그의 손과 가슴을 기다리고 있었습니다. 태사령이란 사관의 자리에 있으면서 천하의 역사를 폐기한 자신이 너무나 두렵다고 유언하던 아버지의 말이 옳았습니다. 자신마저 이 일을 하지 못한다면 아버지를 두 번 죽이는 일이 되는 것이었습니다.

　그는 죽음의 의미, 즉 삶의 의미에 대해 깨달음으로써 자신의 선택이 옳았음을 확인했습니다. 그리고 단순히 남은 일, 못다 한 일이 아니라 자신이 해야 할 일과 그 일을 어떻게 해야 하는지를 알

게 되었던 것이지요. 그리하여 사마천은 생사를 초월하는 다음과 같은 생사관을 터득하기에 이릅니다.

사람은 누구나 한 번 죽지만 어떤 죽음은 태산보다 무겁고 어떤 죽음은 새털보다 가볍습니다. 이는 죽음을 사용하는 방향이 다르기 때문입니다.

죽음에는 한 번의 용기가 필요하지만 삶에는 수만 번의 용기가 필요합니다. 하지만 어느 쪽이나 한 번은 꼭 있기 마련입니다. 그는 그 한 번을 삶에 실었습니다. 앞으로 필요할 수만 번의 용기를 각오했습니다. 그리하여 지금까지와는 다르게 많은 것이 바뀌었고, 스스로 바꾸어나갑니다. 한 번의 용기에 동반된 많은 용기와 함께 말이지요.

위대한 비극,《사기》

학 생ㅣ 사마천이 삶과 죽음의 경지와 경계를 터득했다는 말씀이 큰 울림으로 들립니다. 이후 사마천의 삶은 어떻게 되었나요?

김영수ㅣ 남은 일이 있지 않습니까? 그 일에 매진해야지요. 그 전에 사마천은 지금까지 자신의 삶을 되돌아봅니다. 그리고 그는 자신의 현재 상황을 인정합니다. 이어 자신의 결단이 옳았음을 다시 한 번 확인합니다. 선택은 형세, 즉 처한 상황에 따른 것임을 알았고 그것은 하나 이상할 것이 없었습니다. 사마천에게 선택은 신념이며 운명이었으니까요. 자신이 옥에 갇혀 당했던 수모와 치욕도 받아들였습니다. 자신이 살아야 할 삶의 무게를 더 중시하기로 한 마당에 치욕은 문제가 될 수 없었습니다.

그는 이제 전과는 달리 세속의 흐름에 따라 부침하고 시세에 맞추어 처신했습니다. 변질이 아니었습니다. 깨달음의 경지였지요. 자신이 해야 할 일이 있었기에 그는 흐름에 몸을 맡긴 채 흘러갑니다. 그러나 돌아서 궁을 나온 뒤 바로 막바지에 이른 《사기》 집필 작업에 파묻혔습니다. 그는 생각하면서 썼고, 쓰면서 생각했습니다. 흐름 속에서 새로운 사실을 발견했고, 존재의 의미를 자각했습니다. 공명심 또한 이기적 공명심에서 이타적 공명심으로 질적인 변화를 보였습니다.

과거와 현재와 미래의 유기적 관계에 대해서도 다시 한 번 생각했습니다. 일찍이 아버지가 잡아둔 큰 줄기는 옳았지만 방법론에 있어서는 변화가 필요했기 때문입니다. '미래가 중요하다면 과거는 더더욱 필요하다. 미래도 언젠가는 과거가 된다. 우리에게 현재란 없다. 잠시 스쳐 가는 지금과 스침이 할퀴어버린 과거와 스침의 연속인 미래가 있을 뿐이다. 머물러 있는 것이라곤 인간의 의식뿐. 그나마도 다 순간이다. 그렇게 스쳐 가는 현재(지금)와 할퀴고 간 과거를 붙잡아 미래의 거울에 비추어주는 것이 역사이며, 그 연출자가 역사가다.'

그렇습니다. 역사는 선택적 기억입니다. 모든 것을 다 기록할 수도 없고, 그럴 필요도 없습니다. 취할 것은 취하고 자를 것은 잘라야 합니다. 취사선택이지요. 문제는 취사선택의 기준입니다. 통치자와 그를 둘러싼 집단의 모순 그리고 갖은 문제점에 눈을 돌리는 순간 그의 마음속으로 민중의 삶이 들어와 박힙니다. 그는 관변 어용 관리(역사가)에서 비판적 진보 지식인으로 거듭났습니다. 그리고 초인적인 인내심으로 수치와 고통을 극복하고 인간과 제도와 세상과 역사에 대한 균형감을 체득했습니다.

그는 모든 사실을 근거 위에서 검토하고 서술했습니다. 또한 자신의 착잡한 감정들을 최고차원으로 승화시켜 《사기》에 반영했습니다. 인정할 것은 인정했고, 부정할 것은 부정했습니다. 칭찬받아 마땅하면 칭찬했고, 비난받아 마땅하면 비난했습니다. 때로는 조소와 야유도 서슴지 않았습니다. 자신의 감정을 드러낼 수 있는 모든 표현을 유감없이 동원했습니다. 그리고 궁극적으로는 사실事實(fact)의 이면에서 작동하고 있는 거대한 인간의 힘과 역사의 법칙, 즉 진실眞實(truth)을 몸과 마음으로 얻어냈습니다. 그리하여 어떤 체제로도 구속할 없는 새로운 체제를 창조했습니다. 그가 변함으로써 모든 것이 변했습니다. 사마천은 궁형을 받은 뒤 풀려났고, 바로 복직되었습니다. 태사령이 아닌 다른 자리였지만요. 그때 그의 나이가 지천명知天命, 즉 50이었습니다.

학 생 │ 감옥에서 풀려나 바로 복직되었다고 하셨는데요, 태사령에 복직할 가능성은 없었나요?

김영수 │ 궁형을 당한 몸으로 궁중에 남아 있으려면 내시, 즉 환관이 될 수밖에 없었습니다. 기원전 96년, 50세의 나이로 감옥에서 풀려난 사마천은 환관 벼슬인 중서령에 임명돼 복직합니다. 그런데 기가 막히게도 사마천이 풀려나기 전인 같은 해 봄, 이릉에 관한 잘못된 사실을 보고해 결국 사마천을 이 지경으로 몰아넣은 주범 공손오가 죄를 받고 처형됩니다. 그리고 천하에 사면령이 내려지지요. 공손오의 보고에 문제가 있었음을 무제가 인정한 것이었습니다. 하지만 체면상 사마천 한 사람만을 석방하지 않고 천하에 사면령을 내립니다. 사마천의 석방은 이에 따른 조치였습니다.

중서령은 황제를 측근에서 수행하며 문서 따위를 관리하는 자리로 녹봉 1,000석의 비교적 높은 직책이었습니다. 물론 태사령보다 높은 자리로 황제를 더욱 가까이에서 모실 수 있었지요. 하지만 사마천의 말대로 이 자리는 궁형을 당한 내시가 맡는 것이 관례였고 '이지러진 몸으로 뒤치다꺼리나 하는 천한' 자리에 지나지 않았습니다. 복직은 했지만 이제 사마천에게 자리는 아무런 의미가 없었습니다. 《사기》를 끝낼 수만 있다면 어떤 자리라도 상관없었습니다. 공손오가 처형되고 자신에 대한 처분이 지나친 것이었음이 어느 정도 밝혀졌지만 그 문제를 따질 겨를이 없었습니다. 물론 잠시 마음이 흔들리긴 합니다. 하지만 이제 그런 문제는 초월한 지 오래였습니다.

출옥한 사마천은 맨 먼저 정리해놓은 죽간을 찾았습니다. 먼지가 뽀얗게 쌓인 산더미 같은 죽간들이 사마천을 반겼습니다. 순간 다시 한 번 울화가 치밀었습니다. 인간이 가질 수 있고 느낄 수 있고 표현할 수 있는, 아니 차마 표현할 수 없는 감정까지 뒤범벅되어 만신창이가 된 그의 온몸을 후려쳤습니다. 잠시 시간이 흘렀습니다. 이윽고 그 모든 감정이 몸에서 빠져나가 자유로워진 그의 영혼

《사기》를 완성하는 장면. 사마천 사당에 걸려 있다.

과 결합했습니다.

그는 먼저 차라리 분노하기로 합니다. 절망보다는 분노를 택합니다. 분노를 표출할 수 있는 방법과 수단을 발견했고, 그것의 정당성에 대해서도 확신했기 때문입니다. 그는 이제 자신이 할 일의 끝을 봅니다. 분노가 사랑이라는 것도 알게 되었습니다. 사랑의 힘은 늘 분노에서 나오지 않던가요?

그것이 자신의 운명이었고, 그는 그 운명을 인정했습니다. 신념은 선택이 아니라 운명이라는 점을 깨달았고, 그러자 아버지의 신념이 새삼스럽게 느껴졌습니다.

운명을 인정할 때 힘이 생기는 법입니다. 이때의 인정은 체념이 아니라, 온전히 자신의 운명을 사랑함으로써 가능한 인정입니다. 슬픔도 삶의 일부로 받아들였습니다. 그는 용기를 얻었습니다. 그렇습니다! 의로운 사람은 외로웠고, 옳은 길은 한 번도 편한 적이 없었습니다. 하지만 신념이라는 용기의 원천이 있기에 결코 외로울 수 없었습니다. 그는 마침내 마음의 감옥에서 풀려났습니다.

그는 혼신의 힘을 다해 '하늘과 인간의 관계를 탐구하고, 과거와 현재의 변화를 관통'해나갔습니다. 끝이 보였습니다. 《사기》를 끝내는 것이 자신이 가야 할 길임을 받아들였기 때문입니다. 깊은 원한

이 절박한 사랑으로 바뀌는 순간이기도 했습니다.

사마천의 울분과 불평, 애증, 사상적 관점, 학설, 지조, 정신적 지향점 등이 모두 위대한 저작 《사기》에 집중되었다. 말하자면 《사기》는 사마천의 정신세계의 재현이었다. 이런 점에서 《사기》는 위대한 비극이었다.(섭석초)

'마음의 감옥에서 풀려난' 사마천은 가능한 자신의 감정을 한 자락도 놓치지 않고 표출하기로 합니다. 분노하기로 한 이상 감정을 감추거나 속일 이유가 없었습니다. 복수심도 숨기지 않았습니다. 곳곳에다 자신의 복수심을 표출했습니다. 이렇게 해서 역사는 문학과 극적으로 조우했고, 《사기》는 '역사와 문학의 슬픈 결합을 통한 위대한 탄생'이라는 힘겨운 여정을 마칩니다. 마침내 《사기》는 문학적 역사이자 역사적 문학으로서 역사와 문학이 고도로 완비된 통일체가 된 것입니다.

학 생 | 그래서 《사기》를 역사적 문학서요, 문학적 역사서라고 하는군요. 사마천 개인의 울분과 원한이 역사서에 반영됨으로써 역사와 문학의 경계를 허물었다는 생각이 듭니다.

김영수 | 사실 당시에 역사와 문학의 경계가 있었나 싶습니다. 사마천이 창조한 《사기》의 세계는 애당초 이런 경계가 없었는지 모릅니다. 문文과 사士가 그냥 하나였지요. 문사가 하나가 되면 철학이 됩니다. 문사철이 별개가 아닌 것입니다.

학 생 | 1장에서 언급했던 것처럼 《사기》를 완성한 뒤 사마천은 아버지를 가장 많이 떠올렸을 것 같습니다. '아버지, 제가 드디어 해냈습니다' 속으로 외치지, 아니 울부짖지 않았을까요?

김영수 | 저도 같은 생각입니다. 저는 언젠가 사마천의 고향을 방문했을 때 '《사기》를 완성한 사마천의 심경이 어땠을까?'라는 생각을 하다가 문득 이런 글을 썼습니다.

격류가 돌을 움직이는 것은 물살 때문이다. 역사를 움직이는 것은 인간이다. 인간의 감성과 이성은 충돌하고 배척하고 화해하고 조화하면서 힘찬 물살이 되어 거대한 격류를 만들어낸다. 사마천은 길의 끝에 서서 도도하게 흐르는 역사의 강물을 떠올렸다. 격류에 의해 밀려가는 돌은 굴러 굴러 모가 없어지고, 마지막에는 깨알만 한 모래가 되어 강물의 흐름을 늦춘다. 그때가 되면 굴러가는지 멈춰 있는지도 알 수 없게 된다. 셀 수 없이 많은 모래가 함께 있기 때문이다.

하지만 모래는 돌을 기억한다. 격류에 밀려 떠내려가고, 돌끼리 부딪쳐 깨지고 물살에 깎여 모가 없어지기까지의 긴 여정을 기억한다. 기억한다는 것은 끝나지 않았다는 것이다. 모래는 다시 흩어져 먼지가 되어 바람에 날리고 먼지는 땅으로 내려와 쌓인다. 오랜 세월 쌓인 먼지는 다시 돌이 된다. 돌도 기억한다. 자신이 모래였다는 사실을….

'일엽지추一葉知秋'란 말이 있다. 잎사귀 하나가 가을을 알아본다는 말이다. 계절의 바뀜을 나뭇잎이 먼저 알아 자신의 몸으로 그것을 알리듯 하늘과 인간 사이의 간극과 그곳에서 일어나는 관계 및 인간사 그리고 역사적 사실에 대한 의미를 사마천은 고금古今의 역사를 꿰뚫어 보여주었다. 자신이 나뭇잎이 되어 계절의 변화를 알렸다.

사마천은 길 끝에서 자신이 해낸 일을 되짚어보았다. 자신의 집안 내력과 아버지 그리고 《사기》 전체와 각 편의 내용을 개략적으로 소개한 〈태사공자서〉를 끝으로 130편에 52만 6,500자…, 쌓인 죽간들 사이로 바람이 빠져나간다. 가야 할 때가 되었다. 그 일이 있기 전까지 자신의 눈에는 무더기로 쌓여 있는 역사 자료들만 보였지 한 사람 한 사람은 보이지 않았다. 역사의 유해만 보았지 역사의 영혼은 보지 못했다. 그는 이제 죽간들 사이사이에서 그리고 52만 6,500자 하나하나에서 역사의 영혼을 보았다. 문득 자신이 한 이 일이 '세계사'라는 생각이 들었다. 마지막으로 붓을 든 사마천은 남은 죽간 하나에다 '태사공서太史公書'라고 썼다. 아버지의 얼굴이 눈앞에 나타났다. 더디게 더디게 흘러 마침내 멈춰 흐르는 것 같은 황하와 함께….

학 생 | 누군가 선생님의 글을 읽고 '역사를 전공한 사람의 글치고는 다분히 문학적'이라고 이야기한 걸 들은 적이 있습니다. 그분이 제대로 본 것 같네요.

김영수 | 칭찬의 말씀으로 받아들이겠습니다. 역사가의 글이 문학적이어서는 안 된다는 법은 없으니까요. 사실 처음 공부를 시작할 때부터 그런 이야기를 종종 들었습니다. 하지만 그때는 칭찬이 아닌

비아냥이자 비판이었습니다. 저는 별로 개의치 않았습니다. 어쨌든 감상적이긴 하지만《사기》를 완성한 직후 사마천의 심경과 그에 대한 제 생각을 아직까지 이보다 더 정확하게 표현할 수가 없네요. 그토록 염원했던 '일가의 말씀'이 성취되었고, 그것은 진정한 '사가 史家'의 탄생을 의미하는 것이기도 했습니다. 저는 사마천에 의한 사가의 탄생으로 제자백가가 마무리되었다고 봅니다. 즉 제자백가에 '사가'가 포함되어야 한다는 뜻입니다. 사마천과 그의 아버지 사마담은 제자백가를 종합·정리해 역사서에 편입시킴으로써 제자백가의 역사성과 위상을 확실히 자리매김함과 동시에 그 역사서를 제자백가의 일가, 즉 '사가'로 포함시켰던 것입니다. 이는 제자백가가 '사가'의 힘을 빌려 그 시대적 사명을 완수했다고도 할 수 있습니다. 약 반세기에 걸친 위대한 사상과 철학의 대탐색이《사기》를 통해 완수된 셈이었지요.

학 생 ┃ 정말이지 기나긴 여행에서 돌아온 것 같습니다. 여운을 간직한 채《사기》를 좀 더 깊이 공부하시거나 책장을 맨 앞으로 되돌려 사마천의 죽음 부분을 한 번 더 읽어보셔도 좋을 것 같습니다. 사마천의 일생에 대해 살펴봤으니 이제 선생님과 저는《사기》를 낱낱이 파헤쳐봐야겠지요?

김영수 ┃ 긴 여행 함께해주셔서 진심으로 감사합니다. 사마천의 육신이자 영혼이 깃든《사기》를 이전보다 좀 더 깊이 감상할 수 있도록 많이 준비해서 2권으로 돌아오겠습니다!

사마천 연보

사마천의 일생은 한 무제의 일생과 그 궤적을 같이하고 있다. 따라서 연보도 두 사람의 행적을 축으로 삼아 주요 사건들을 함께 제시한다. 또한 독자의 이해를 돕기 위해 연도와 연호를 함께 적었으며, '사마천의 나이 | 한 무제의 나이'도 함께 제시한다.

기원전 156년(경제 전원前元 원년)

• 한 무제 유철이 태어났다.

• 경제 시대엔 흉노와 화친 정책을 펼쳤다. 당시 흉노의 큰 침입은 없었다.

기원전 154년(경제 전원 3년)

• 조조晁錯가 지방 제후왕의 세력을 억제하는 '삭번削藩'을 강력하게 주장했고, 이에 대해 오왕 유비劉濞(유방 형의 아들)가 주축이 된 '오초 7국'은 군주의 주변을 정리한다는 구실로 난을 일으켰다. 한온 건국 이래 최대 위기를 맞이했다.

• 위기에 몰린 경제는 반란 세력의 요구대로 조조를 죽였다. 그러나 오왕 유비는 군대를 물리지 않고 황제 자리에 야심을 가졌다.

• 주아부의 활약으로 가까스로 난을 진압했다.

1세(기원전 145년) | 서한 경제景帝 중원中元 5년

• 사마천은 좌풍익左馮翊 하양현의 농촌 마을에서 태어났다.

(이곳은 동쪽으로는 황하가 사납게 흐르고 북으로는 황하를 가로지르는 용문산이 자리 잡은 지역이다. 지금의 섬서성 한성시 남쪽 지천진 고문촌 용문채다. 사마천이 태어난 해에 대해서는 기원전 153년, 145년, 143년, 135년, 129년, 127년 등 여러 가지 설이 있지만 기원전 145년이 정설로 인정받고 있다. 출생지에 대해서도 몇 가지 이견이 존재하나 한성시라는 점에서는 모두 일치한다. 출생 연도와 이를 둘러싼 논쟁 및 출생지에 대해서는 권130 〈태사공자서〉의 기록과 그에 대한 해설서인 《사기정의》, 《사기색은》 그리고 《사기색은》에 인용된 《박물지》가 기본 자료다.)

• 어릴 때 이름인 자는 자장子長이었다.

• 이때 무제의 나이는 12세였다.

2세(기원전 144년) | 경제 중원 6년

• 이 무렵 사마천의 아버지 사마담은 농사를 지으며 사마서원司馬書院에서 공부를 가르친 것으로 보인다.

• 태형을 받은 이 중 목숨을 보전하는 자가 없자 태형의 양을 줄이고 태형의 도구와 방법 등을 완화하는 조치를 내렸다.(제11 〈효경본기〉)

• 이해에 양 효왕이 죽고, 명장 이광이 상군의 태수가 되었다. 흉노가 안문에 들어와 무천까지 이르렀다가 다시 상군으로 들어가 원마를 취했다.

3세(기원전 143년) | 경제 후원后元 원년

• 아버지 사마담은 여전히 농사를 지으며 사마서원에서 공부를 가르친 것으로 보인다.

• 서한의 개국공신 주발의 아들이자 명장인 주아부가 아버지를 위해 무덤에 갑옷 등을 부장했다가 모반을 꾀한다는 고발을 당했다. 이로 인해 하옥되었다가 피를 토하고 죽었다.

4세(기원전 142년) | 경제 후원 2년

• 이 무렵부터 사마천은 아버지를 따라 사마서원에서 글자를 배우기 시작했다.

• 흉노가 안문을 침입해 태수 풍경이 전사했다.

5세(기원전 141년) | 경제 후원 3년

• 아버지 사마담은 여전히 고향에서 농사와 교학을 겸하고 있었다. 사마천은 글공부를 계속한 것으로 추측된다.

• 경제가 세상을 떠나 양릉陽陵에 장사 지냈다. 16세의 무제가 서한의 5대 황제로 즉위했다.

- 경제가 세상을 떠나자 황태후가 섭정했는데 신하와 백성을 누르고 달래는 일에 따른 계책이 모두 무안후 전분의 빈객들에게서 나왔다.

6세(기원전 140년) | 무제 건원建元 원년(무제 17세, 재위 1년)

- 건원이란 연호를 처음 사용함으로써 이후 2,000년이 넘는 시간 동안 중국사는 황제의 연호로 연대를 표기하는 번거로움에서 벗어나지 못했다.
- 무제가 유능한 인재를 추천하라는 명령을 내리고 몸소 글을 지어 고금의 통치 방법과 천인 관계에 대해 질문했다. 훗날 사마천의 스승이 되는 동중서는 당시 40세의 나이로 유가 학설을 국가의 통치사상으로 삼자고 건의했다. 이에 따라 이른바 '백가를 모두 내치고 유가만을 독존으로 떠받든다'는 '파출백가, 독존유술'의 사상 독재 조치가 취해졌다.
- 승상 위관이 파면되고 두태후(무제의 할머니)의 조카 두영이 승상에, 왕태후(무제의 어머니)의 동생 전분이 태위에 임명되었다. 이들은 모두 유술(유가)에 가까워 명당 건립, 역법 개정 등을 경학가 신공(공안국의 스승)과 의논했다. 이로써 황로학을 숭상하던 두태후와 무제 측근들 간의 갈등이 노골화되었다.
- 무제는 이해부터 소극적이었던 대흉노 정책의 기조를 바꾸어 반격을 위한 준비에 들어갔다.
- 이 무렵부터 오리싸움, 닭싸움 풍조가 유행해 당·송 시대까지 이어졌다.

7세(기원전 139년) | 무제 건원 2년(무제 18세)

- 이 무렵부터 사마천은 고문을 배우기 시작했다.
- 아버지 사마담은 태사승이 되어 무릉 축조에 참여했다. 사마담의 유명한 논문 〈논육가요지〉는 이 무렵 황로사상과 유가사상의 격렬한 투쟁에 자극받아 서술한 것으로 추측된다.

- 무제는 장안성 80리 밖 괴리현槐里縣 무향茂鄕에 자신의 능원을 조성하기 시작했고, 이곳을 무릉(지금의 섬서성 흥평현興平縣 북동쪽)이라 불렀다.
- 황로학의 추종자였던 두태후가 유가들의 간섭에 분노해 어사대부 조관과 낭중령 왕장을 하옥시킨 다음 자살케 했다. 승상 두영과 태위 전분 등 실세들도 파면되었다. 무제의 존유尊儒는 실패로 돌아갔고 사상 정책도 심각한 타격을 입었다. 이로써 조정 내부의 정치·사상 투쟁이 더욱 격화되었다.

8세(기원전 138년) | 무제 건원 3년(무제 19세)

- 아버지 사마담이 태사령으로 승진해 무릉에서 장안으로 왔다. 정부 기록과 천문, 역법을 주관했다.
- 천하에 대기근이 들어 사람들끼리 잡아먹는 비참한 상황이 벌어졌다.
- 중산왕 유승의 호화롭고 사치스러운 생활이 거론되었다(이러한 사실은 1968년 하북성 만성의 유승 무덤에서 수천 개의 옥을 금실로 엮은 '금루옥의'라는 수의壽衣가 발견됨으로써 생생하게 입증되었다).
- 무제는 문학에 재능 있는 인사들을 선발해 우대했다. 이로써 종조, 주매신, 사마상여, 동방삭, 매고 등 쟁쟁한 인사들이 정계에 진출했다.
- 장건이 서역으로 출사함으로써 서역 개척사가 시작되었다.
- 민월이 동구를 포위하자 중대부 엄조가 회계의 군사를 발동해 구원했다.
- 미행에 나선 무제가 도적으로 오인받아 혼이 났다.
- 동방삭이 상림원 건설에 반대하는 글을 올려 상을 받았으나 무제는 공사를 강행했다.
- 사마상여가 글을 올려 무제의 사냥에 대해 충고했다.

9세(기원전 137년) | 무제 건원 4년(무제 20세)

• 남월왕 조타가 죽고 그의 손자인 문왕 조호가 뒤를 이었다.

10세(기원전 136년) | 무제 건원 5년(무제 21세)

• 사마천은 고향에서 농사를 지으며 공부했다.

(권130 〈태사공자서〉에 따르면 '열 살 때 고문을 배웠다'고 한다. 왕국유는 사마천이 이 무렵 아버지를 따라 수도인 장안에 가서 고문을 배웠다고 했으나 전후 사정과 기록을 보면 고향에 있으면서 짬짬이 수도를 오갔던 것으로 보인다.)

• 무제는 《시》, 《상서》, 《예》, 《역》, 《춘추》를 연구하는 5경박사를 설치했다.

11세(기원전 135년) | 무제 건원 6년(무제 22세)

(사마천이 이해에 태어났다는 설이 145년 탄생설과 오랫동안 대립해왔고, 지금도 이 설을 주장하는 학자가 적지 않다.)

• 황로학을 신봉하던 두태후가 세상을 떠나자 무제는 어용 유가사상에 기반을 둔 정책을 펼치며 절대 권력을 마음껏 휘두르기 시작했다.

• 무제가 흉노의 화친 제의를 받아들였다.

12세(기원전 134년) | 무제 원광元光 원년(무제 23세)

• 동중서의 건의에 따라 처음으로 군국에서 효렴孝廉으로 명성을 얻은 인재를 한 사람씩 추천하도록 했다. 이를 찰거察擧라 하는데 무제 이후 제도로 정착되었다.

• 서한의 양대 명장으로 꼽히는 이광과 정불식이 각각 효기장군과 거기장군으로 운중과 안문에 주둔했다.

• 6월에 신성新星이 나타났다(신성에 관한 가장 오래된 기록이다).

13세(기원전 133년) | 무제 원광 2년(무제 24세)

- 사마천은 아버지를 따라 황하와 위수 일대를 다니며 자료를 수집했다. (사마천의 인생에서 현장 답사의 역사가 시작됐다. 이 사실은 《태평어람》에 인용된 한나라 위굉의 《한구의》와 갈홍의 《서경잡기》에 보인다.)
- 아버지 사마담이 옛 제후들의 기록을 수집하고 잠시 고향으로 돌아왔다.
- 왕회가 마읍馬邑 사람을 간첩으로 이용해 흉노를 유인한 뒤 공격하려다 실패했다. 이후 왕회는 자살했다(마읍 사건). 이로써 흉노와의 화친이 깨지고 기원전 119년까지 15년 동안 전쟁이 계속됐다. 전쟁 중에도 경제·문화 교류는 끊이지 않았다.
- 이해부터 흉노에 대한 공격의 서막이 올랐다.

14세(기원전 132년) | 무제 원광 3년(무제 25세)

- 황하가 범람해 16군을 덮쳤다. 이에 황하의 물줄기를 바꾸어 돈구頓丘 동남에서 발해로 흘러들어 가게 하는 치수 사업을 벌였다. 무제는 급암과 정당시를 보내서 10만 명을 동원해 황하를 막게 했으나 별다른 성과를 거두지는 못했다.

15세(기원전 131년) | 무제 원광 4년(무제 26세, 재위 10년)

- 두영이 자살하고 관부 일가족이 멸족을 당했다. 전분도 죽었다.

16세(기원전 130년) | 무제 원광 5년(무제 27세)

- 당몽과 사마상여 등의 활약에 힘입어 서남이 지역이 개통되었다. 이로써 서남 민족과의 정치·경제·문화 교류가 더욱 활발해졌다.
- 공손홍이 박사가 되었다.
- 경학가였던 하간헌왕 유덕이 죽었다. 그는 자국 내에 고문경학박사를

두어 금·고문경학 분파의 계기를 마련했다.
- 진황후가 무고로 폐위되고 이 사건에 300여 명이 연루되어 죽었다.
- 관리로서 범법자를 알고도 보고하지 않으면 범법자와 같이 처벌한다는 '견지법'이 장탕 등에 의해 제정되어 법이 더욱 가혹하게 적용되었다.

17세(기원전 129년) | 무제 원광 6년(무제 28세)

- 기원전 129년 장안에서 위수를 끌어들여 황하로 직접 통하게 한 조거 漕渠가 개통되었다.
- 흉노가 상곡을 침입했으나 거기장군 위청이 이를 물리쳤다. 이광은 군대 를 잃고 목숨을 건져 탈출했으나 그 책임을 물어 서인으로 강등되었다.
- 처음으로 상인들의 수레 현황을 파악했다.

18세(기원전 128년) | 무제 원삭元朔 원년(무제 29세)

- 위자부가 황후에 책봉되었다.
- 흉노에 억류되었던 장건이 탈출에 성공해 대완 등을 거쳐 월지에 이르 렀다. 그곳에서 흉노 협공을 논의했으나 뜻을 이루지 못했다. 계속 서쪽 으로 향한 장건은 인도에 이르러 사천에서 들어온 대나무와 촉의 옷감 을 보았다. 이전부터 중국과 인도 간에 경제·문화 교류가 이루어지고 있었음을 알게 되었다.
- 흉노가 비장군 이광을 두려워했다.
- 동이 예맥의 군주 남려 등 28만 명이 한에 귀순하자 창해군을 설치했다.
- 공자의 옛집을 헐어 저택을 넓히려다가 벽에서 고문 경전을 발견한 노 공왕 유여가 죽었다.

19세(기원전 127년) | 무제 원삭 2년(무제 30세)

- 이 무렵 사마천은 중앙 정부의 조치에 따라 수도 장안의 외곽 무릉으로 거처를 옮긴 것으로 추정된다.

  (무제는 주보언主父偃의 건의에 따라 전국의 호걸과 재산 300만 전 이상의 부호를 무릉으로 이주시켰다. 이 무렵 이름난 유협 곽해도 무릉으로 이주했는데 유가파의 박해를 받아 일가족이 몰살당하는 사건이 발생했다. 사마천은 곽해에게 깊은 인상을 받았음은 물론 이 사건을 보고 크게 느낀 바가 있어 권124 〈유협열전〉을 구상했다.)

- 무제는 제후왕의 적장자 외에 다른 자손들에게도 봉지를 나눠줄 수 있도록 한 '추은령推恩令'을 반포해 제후왕들의 세력을 약화시켰다.

- 곽해의 죽음을 전후로 유협의 기풍이 점점 쇠퇴했다.

20세(기원전 126년) | 무제 원삭 3년(무제 31세)

- 사마천은 학업을 일시 중단하고 아버지의 권유에 따라 천하를 답사하기 시작했다.

  (사마천의 답사 기간은 햇수로 대략 2~3년에 걸친 대장정이었다. 이 여행은 훗날 《사기》 저술에 절대적인 영향을 미쳤다. 사마천의 천하 주유 기간에 대해서는 1년부터 8~9년에 이르기까지 다양한 주장이 제기되어왔다. 대체로 2~3년설이 우세하나 다량의 현장 기록이 《사기》에 등장한다는 점을 미루어 볼 때 8~9년에 걸친 치밀한 답사여야만 가능하다는 주장도 만만치 않게 제기되고 있다. 기록들을 종합해보면 사마천의 1차 천하 주유 경로는 다음과 같았으며, 사마천의 발길이 미치지 않은 곳으로는 조선과 하서 및 영남 지방에 처음 신설된 군 정도에 불과한 것으로 파악된다.

  장안 → 무관武關[섬서성 상현商縣 동쪽] → 남양南陽[하남성 남양현] → 남군南郡[호북성 강릉현江陵縣] → 장사 나현羅縣[멱라수를 찾아 굴원의 자취를 탐문함] → 상강 구의산[호남성 영원현寧遠縣 경계로 순 임금이 순시하다 묻힌 곳이라 함] → 상강에서 남쪽으로 내려와 원강을 따라 다시 내려감 → 대강大江 → 남쪽 여산에 오름 → 강을 따라 남하해 회계산[절강성 소흥 동남. 여기서 우 임금의 무덤을 찾음]에 이름 → 회계군 오현吳縣 → 고소산에 올라 오호를 내려다보고 초나라 귀족 춘신군의 옛 성을 답사 → 북상해 회음[강소성 회음현 동남]에서 명장 한신의 고향을 답사하고 한모韓母 묘지 참관 → 회수를 건너 사수를 따라 북상 → 노나라 도성[산동성 곡부현]에 도착해 공자묘 등 공자와 관련된 유적을 답사 → 제나라 도성[산동성 치박시 임치구] 답사 → 남향해 추현에 머무르며 진시황이 순수하면서 올랐다는 역산에 오름 → 남향해 맹상군의 봉지인 설성薛城[산동성 등현 동남]을 답사 → 다시 남하해 초 패왕 항우의 도성이었던 팽성[강소성 서주시徐州市]에서 치열했던 초·한 투쟁 현장을 답사 → 서한을 세운 고조 유방의 고향인 패군沛郡 패현[강소성 패현 동쪽]을 답사 → 서쪽으로, 유방과 같은 고향에서 같은 날 태어난 노관盧綰의 고향 풍현豊縣 답사 → 수양睢陽[하남성 상구현商丘縣 남쪽]을 거쳐 위나라 도성이었던 대량[하남성 개봉] 답사 → 귀경)

- 공손홍이 어사대부가 되어 삼공에 이르기까지 《춘추》를 읽는 풍조가 널리 퍼졌다.
- 정위가 된 장탕은 옛날 문장을 끌어다 송사 문제를 처리하기 위해 박사제자 중 《상서》와 《춘추》에 능한 자들을 정위사로 삼아 보조 역할을 맡겼다.
- 흉노에 대한 전면 공격이 시작돼 기원전 117년까지 이어졌다.
- 장건이 13년 만에 월지에서 돌아왔다.
- 창해군을 폐지했다.

21세(기원전 125년) | 무제 원삭 4년(무제 32세)

• 사마천은 계속 천하를 주유했다.

• 흉노가 대군, 정양, 상군에 침입해 수천 명을 죽이고 약탈했다.

22세(기원전 124년) | 무제 원삭 5년(무제 33세)

• 무제는 막 승상으로 승진한 공손홍의 건의를 받아들여 박사 밑에 50인의 제자를 두고 요역을 면제해주도록 했다(사마천도 박사가 된 공안국의 제자가 되어 공부한 것 같다). 기원전 134년 동중서의 건의가 있은 이후, 이때에 와서 태학의 기본 체제가 갖추어졌다.

• 대장군이 된 위청이 흉노를 정벌해 5,000명을 죽이거나 포로로 잡았다.

23세(기원전 123년) | 무제 원삭 6년(무제 34세)

• 천하 유력에서 돌아온 사마천은 이 무렵부터 동중서에게 《춘추》를, 공안국에게는 《상서》를 배움으로써 본격적인 학문 연구를 시작했다. 이때 받은 교육은 훗날 《사기》를 저술하는 데 큰 기초가 되었다.

• 위청이 흉노를 잇달아 격파했다.

• 흉노와의 전쟁이 계속됨에 따라 부족해진 경비를 충당하기 위해 관작을 팔았다.

• 이 무렵 동중서와 강공이 각자의 전공인 《춘추공양전》과 《춘추곡량전》을 가지고 서로 토론했다.

24세(기원전 122년) | 무제 원수元狩 원년(무제 35세)

• 사마천은 아버지와 함께 무제를 수행해 옹(지금의 섬서성 봉상현鳳翔縣)에 갔다. 그곳 오치에서 제사를 지냈던 것 같다.

  (오치란 전설 속의 제왕들에게 제사 지내는 다섯 장소를 말한다. 태산에서

봉선의식을 거행한 것과 같은 맥락으로 황제의 권위를 확인하기 위해 행사를 벌이던 장소로 이해할 수 있다.)

- 서남이 지방을 재개통했다.
- 회남왕 유안劉安, 형산왕衡山王 사賜가 모반에 실패해 자살했다.

25세(기원전 121년) | 무제 원수 2년(무제 36세, 재위 20년)

- 사마천은 학업에 전념했다.
- 표기장군 곽거병이 흉노를 격파했다.
- 이광과 장건이 우북평을 나서 흉노를 공격했다. 이광은 군사를 다 잃고 혼자 도망쳐왔다가 그 책임을 물어 서인으로 강등되었다.
- 흉노의 혼사왕이 항복했다.
- 승상 공손홍이 죽고, 장탕이 어사대부가 되었다.
- 제나라 사람인 방사 소옹이 무제의 신임을 얻어 문성장군에 올랐으나 방술 조작이 드러나 피살되었다.

26세(기원전 120년) | 무제 원수 3년(무제 37세)

- 처음으로 악부樂府를 설치했다.

27세(기원전 119년) | 무제 원수 4년(무제 38세)

- 흰 사슴 가죽으로 피폐皮幣를 만들고, 은·주석 합금으로 '백금' 3품을 만들었다. 지금까지 써오던 '반량전'을 취소하고 '삼수전'을 주조했다.
- 개인적으로 화폐를 주조하는 자들이 극성을 부리자 이를 엄격하게 금하고 어긴 자는 사형에 처했다.
- 낙양의 상인 상홍양을 기용해 소금과 철을 국가 전매사업으로 삼는 등 통제 위주의 국가 경제 정책을 주도하게 했다.

- 곽거병은 사막 북쪽에서 흉노와 싸워 큰 전과를 올렸다(집이 없는 그를 위해 무제가 집을 지어주려 하자 곽거병은 "흉노를 멸하기 전에 집은 없습니다!"라고 아부의 말을 했다).
- 부하를 자기 몸처럼 아꼈던 명장 이광이 위청의 고의적인 견제와 문책 때문에 수치심을 견디지 못하고 스스로 목숨을 끊었다.
- 장건이 다시 서역으로 출사했다.

28세(기원전 118년) | 무제 원수 5년(무제 39세)

- 이 무렵 사마천은 남다른 재능을 인정받아 녹봉 300석의 낭중이 되어 처음으로 벼슬살이를 시작한 것으로 추정된다.
- 이해에 낭관을 대거 선발했는데, 임안과 전인 등도 포함되어 있었다. 사마천도 이때 함께 발탁된 것으로 보인다.
- 〈자허부〉 등의 글을 남겨 한나라 산문의 전형적인 형식 부賦를 정착시킨 문장가 사마상여가 세상을 떠났다.
- 서한의 대표적인 화폐 '오수전'을 주조했다. '오수전'은 당나라 때까지 사용되며 중국 역사상 가장 오래 유통된 화폐가 되었다.
- 말이 귀해지자 백성에게 말 기르기를 장려하기 위해 수말의 값을 한 마리당 20만 전으로 조정했다.
- 섬서성 서안 패교 한나라 무덤에서 식물섬유 종이가 발견되었다. 이 식물섬유 종이는 역사상 가장 이른 시기에 사용된 것으로 밝혀졌는데, 이해 이전에 사용된 것으로 판명됐다.

29세(기원전 117년) | 무제 원수 6년(무제 40세)

- 사마천은 낭중 직무에 충실했다.
- 곽거병이 죽었다. 무릉 옆에 장사 지냈는데, 봉분이 기련산을 닮았다고

한다.

- 마음속으로 생각만 해도 처벌한다는 '복비법'으로 청렴하고 강직한 대사농 안이가 처형되었다. 이로써 언론·사상 탄압이 더욱 심해졌고, 황제의 비위를 맞추려고 아부하는 자가 더 많아졌다.
- 공안국이 임회 태수로 부임했다.

30세(기원전 116년) | 무제 원정元鼎 원년(무제 41세)

- 흉노에 대한 전면 공격을 멈추고 쌍방이 휴전기로 접어들었다.
- 분수에서 보정을 얻은 뒤 연호를 '원정'으로 고쳤다.
- 이 무렵 진령 남북을 왕래하는 중요한 잔도 중 하나인 '포사도'가 개통되었다. 이로써 관중에서 한중을 거쳐 파·촉에 이르는 거리가 단축되어 서남과 중원 지구의 경제·문화 교류가 더욱 활발해졌다.

31세(기원전 115년) | 무제 원정 2년(무제 42세)

- 물가 조절 정책인 균수법을 실행했다.
- 서역이 처음으로 개통되었다.
- 서역 지방에 주천군과 무위군을 설치했다.
- 대완의 명마 '한혈마'를 얻은 무제는 이를 '천마'라 부르며 대량으로 이 말을 얻길 희망했다.
- 혹리로 악명을 떨친 장탕이 무고로 죄를 얻자 자살했다.

32세(기원전 114년) | 무제 원정 3년(무제 43세)

- 재화를 축적하고 이익만을 좇는 상인과 거간에게 타격을 주기 위해 상업 억제책인 산민전과 고민령을 반포했다. 이 정책의 실행 과정에서 중간 규모 이상의 상인과 고리대금업자가 법령을 위반해 고발당함으로써

가산을 탕진하는 사례가 적지 않게 발생했다.

- 장건이 세상을 떠났다.

33세(기원전 113년) | 무제 원정 4년(무제 44세)

- 사마천은 아버지와 함께 본격적인 지방 순시에 나선 무제를 수행해 각
  지의 민정과 풍속을 살폈다.
- 사마천 부자는 무제가 자신들의 고향인 하양을 지난 것을 기념하기 위
  해 그곳에 '부려궁'을 세웠다(지금의 사마천 사당 동남 200미터 지점).
- 무제는 본격적으로 지방 군현 순시에 나섰다.
- 무제의 1차 군현 순시 경로는 다음과 같았다.

  장안 → 옹 → 하양 → 하동군(산서성 하현夏縣 북쪽) 분음(산서성 형하
  현榮河縣 북쪽) → 황하 → 형양榮陽(하남성 형양현 서남) → 귀경
- 이때를 전후로 삭방, 서하, 주천, 여남, 구강, 태산 등지에서 대대적으로
  수리 사업을 벌였다. 황하를 끌어들여 농지에 물을 댔으며, 관중 지역
  에서도 대대적인 수리 사업을 벌였다.
- '금루옥의'의 발굴로 호화롭고 사치스러운 생활의 단면을 보여준 중산
  왕 유승이 죽었다.

34세(기원전 112년) | 무제 원정 5년(무제 45세)

- 사마천은 무제를 수행하며 공동산崆峒山(감숙성 평량현平凉縣 서쪽) 등
  서쪽 지방에 대한 정보를 얻었다.
- 무제는 예에 따라 옹에서 오제五帝에게 제사를 지내고, 서쪽 지방을 순
  시했다.
- 무제의 순시 경로는 다음과 같았다.

  장안 → 옹 → 롱판隴坂(섬서성 롱현과 감숙성 청수현淸水縣 경계에 있는

산) 공동산 → 소관蕭關(감숙성 고원현固原縣 동남) → 신진중新秦中(내몽
골 자치구 오르도스)에서 대규모 사냥 → 감천(섬서성 순화현淳化縣 감천
산) → 귀경
- 이 무렵부터 중원은 해남도 소수민족과 교류하기 시작했다.

35세(기원전 111년) | 무제 원정 6년(무제 46세, 재위 30년)
- 사마천은 무제의 명을 받아 파·촉 이남, 즉 서남이 지역으로 시찰을 떠
  났고, 이로써 서남 지방의 문물을 관찰할 수 있는 기회를 가졌다.
  (이때의 경험은 훗날 권116 〈서남이열전〉을 저술하는 데 절대적인 역할을 했
  다. 사마천의 민정 시찰 경로는 아래와 같았다. 이로써 사마천의 족적은 곤명,
  대리에까지 미쳤다. 명나라 때 편찬된 《운남통지》 권2 〈대리부 왕안산조〉에
  보면 사마천이 이곳에 와서 서이하를 보았다고 했으며, 《전운역년전》에서도
  사마천이 지금의 대리인 엽유에 강당을 세워 대리에서 처음 교육이 시작되었
  다고 했다.
  장안 → 한중[섬서성 한중시 남쪽] → 파군[사천성 중경시 북쪽] → 건위군
  [사천성 의빈현] → 장가군[귀주성 황평현 서쪽] → 촉군[사천성 성도시] →
  영관도[사천성 노산현 동남] → 손수[안녕하] → 월수군[사천성 서창현 동남]
  → 심려군[사천성 한원현 동남] → 귀경)
- 이렇게 서남이를 평정하고 5군을 설치했다.
- 서역 쪽에 장액과 돈황군을 설치했다.
- 서강을 정벌했다.
- 남월을 평정하고 9군을 설치했다.
- 음악가 이연년이 '교사郊祀'를 위한 악무樂舞를 지음으로써 교사에서
  악무가 연주되기 시작했다.
- 서역 악기를 개조한, 눕혀서 연주하는 공후라는 악기가 이 무렵부터 유

행하기 시작했다.

36세(기원전 110년) | 무제 원봉元封 원년(무제 47세)

- 서남이에서 임무를 마치고 귀경하던 중 삭방을 순시 중이던 무제와 합류해 복명했다. 교산 황제릉에서 함께 제사 드리고 돌아오는 길에 아버지 사마담이 위독하다는 전갈을 받았다. 사마천은 낙양으로 가서 아버지의 임종을 지켰는데, 사마담은 자신의 뒤를 이어 반드시 태사령이 되어달라는 유언을 남기고 세상을 떠났다.
- 사마천은 아버지의 장례를 치르고 산동 태산으로 달려가 무제와 합류해 봉선에 참여했다.
- 대내외적으로 안정 기반을 구축한 무제가 마침내 봉선대제를 거행했다.
- 무제의 봉선 경로도와 순시도는 다음과 같았다.

  낙양 → 산동 → 봉래산 → 태산(봉선대제) → (해로로 북상) → 갈석산碣石山(하북성 창려현昌黎縣 경계) → 요서군遼西郡(하북성 노룡현盧龍縣 동쪽) 순시 → 구원군九原郡(내몽골 오원현五原縣) → 감천
- 무제는 교산에서 황제黃帝에게 몸소 제사를 드렸다. 이는 최초의 황제릉 기록이다.
- 무제는 12부 장군을 몸소 거느리고 장성을 넘어 흉노에게 무력 시위를 했다.
- 상홍양을 좌서장으로 발탁해 염철 전매, 균수·평준 등 정부 주도의 통제적 재정·물가 정책을 주도하게 했다.

37세(기원전 109년) | 무제 원봉 2년(무제 48세)

- 사마천은 무제의 '호자가瓠子歌'에 감명받아 훗날 《사기》에다 중국의 역대 치수 사업을 개괄한 권29 〈하거서〉를 넣었다.

- 무제는 태산에 제사하고 복양(하남성 복양현 남쪽) 호자의 강물을 막는 공사 현장을 방문했다. 흰말과 옥을 강에 가라앉히는 하례河禮를 지내고, 문무 관리들을 백성과 함께 직접 공사에 참여토록 함으로써 난공사를 완성했다. 이를 기념해 노래를 짓고 제방에 선방궁宣房宮을 세웠다.
- 조선 정벌에 나섰다.
- 조선 정벌을 기점으로 무제의 정치적 판단력에 심각한 문제가 발생했다.
- 이 무렵 황제가 처리하는 사건인 조옥이 갈수록 늘어 1년에 1,000여 건, 연루자가 6~7만 명, 사건을 처리하는 관련 관리는 10여 만 명으로 증가했다.

38세(기원전 108년) | 무제 원봉 3년(무제 49세)

- 사마천은 아버지 사마담의 뒤를 이어 태사령이 되었다. 이로써 필생의 저작 《사기》를 편찬할 기점과 중요한 조건이 마련되었다. 아버지 사마담이 세상을 뜬 지 3년 만이었다.
- 사마천은 태사령이 관장하던 '한 이전' 시대의 기록을 물려받았다.
- 사마천은 은자 지준과 교류를 갖고 편지를 주고받았다.
- 조선이 항복해 4군을 설치했다.
- 조파노가 누란을 공격해 주천에서 옥문관에 이르는 지역에 방어선이 구축되었다.
- 장안에서 각저(씨름) 놀이가 벌어지자 주위 300리 백성이 모두 몰려와 구경했다. 무제 때 씨름은 이미 오락잡기로 변했다.

39세(기원전 107년) | 무제 원봉 4년(무제 50세)

- 사마천은 무제의 순시가 있을 때마다 빠지지 않고 수행했다. 또 무제를 수행해 고향 하양에서 황하를 건너 하동에 이르렀고, 토지신인 후토에

제사를 지냈다.
- 무제는 북쪽 지방인 탁록·옹·소관·명택·대 등지를 순시했다.

40세(기원전 106년) | 무제 원봉 5년(무제 51세)

- 무제는 남으로 성당·구의·심양·종양 등지를 순시하고, 북으로는 낭야·
  동해·태산·감천에 이르렀다.
- 처음으로 자사刺史를 만들어 유주 등 13주부에 모두 파견했다.

41세(기원전 105년) | 무제 원봉 6년(무제 52세)

- 사마천은 "나는 황제의 순시를 수행하면서 하늘과 땅, 귀신, 이름난 산
  과 물에 제사하고, 봉선에도 참가했다"고 했으며, 이 경험은 《사기》를
  저술하는 데 큰 보탬이 되었다. 돌아오는 길에 고향 하양에서 황하를
  건너 후토에 제사를 드렸다.
- 무제는 북방을 순시했다.
- 무제의 신선숭배가 점점 심해져 귀신에 제사하는 각종 법술로 명리를
  얻은 방사가 1만 명에 이를 정도였다.
- 강도왕 유건의 딸 세군을 공주로 삼아 오손 곤막왕에게 시집보냄으로
  써 오손과 화친을 맺었다.
- 안식국의 사신이 장안에 왔으며, 처음으로 통교가 시작되었다.
- 곤명을 공격했다.
- 이해 이전에 공안국이 세상을 떠난 것으로 보인다.

42세(기원전 104년) | 무제 태초太初 원년(무제 53세)

- 사마천의 주도하에 공손경, 호수와 함께 종래 사용하던 달력인 전욱력
  顓頊曆을 개정해 하력夏曆을 기초로 한 태초력을 완성했다. 이와 아울

러 각종 제도 개혁도 이루어졌다.

- 사마천은 역법 개정을 계기로 본격적인 《사기》 저술에 착수했다. 이는 기원전 99년 '이릉의 화'로 감옥에 갇힐 때까지 7년간 계속되었다.
- 동중서가 76세로 세상을 떠났다.

43세(기원전 103년) | 무제 태초 2년(무제 54세)

- 《사기》 집필이 본격화되었다.
- 사마천은 무제를 수행해 고향 하양에서 황하를 건너 후토에 제사를 드렸다.
- 동중서의 제자 아관이 세상을 떠났다.

44세(기원전 102년) | 무제 태초 3년(무제 55세)

- 사마천은 무제를 수행해 동으로 바다에 이르렀고, 돌아오는 길에 태산에 봉선했다.
- 대완을 대대적으로 공격했다.
- 서역 사막 지대에서 오늘날까지도 농사를 위한 우물로 사용하는 감아정이 이 무렵 대완까지 보급되었다.
- 거연택(지금의 감숙성 제납기 동남)에 처음으로 성을 쌓았다(여기에서 한나라 시대의 기록인 거연한간居延漢簡이 출토되고 있다).
- 오원새(지금의 내몽골 포두 서북)에서 북으로 노구에 이르는 길에 성과 초소를 쌓아 흉노를 방어했으나 실제로는 흉노와 경제·문화 교류를 하는 중요한 통로 구실을 했다.
- 음악가 이연년이 동생의 죄에 연루되어 피살되었다.

45세(기원전 101년) | 무제 태초 4년(무제 56세, 재위 40년)

- 권130 〈태사공자서〉와 권17 〈한흥이래제후왕연표〉에 따르면 《사기》의
  사건 기술은 태초 연간, 즉 기원전 104년에서 기원전 101년 사이에 끝
  난 것으로 보인다.
- 사마천은 무제를 수행해 겨울에 회중에 이르렀다.
- 돈황에서 염택(지금의 신강성 나포박)에 이르는 길에 역참을 쌓았고, 윤
  대(지금의 신강성 윤대) 등지에 둔전을 개척해 서역에 나간 인원들의 식
  량을 조달했다.
- 이 무렵 오손왕에게 시집간 세군이 세상을 떠난 것으로 보인다. 한은
  초왕 유무의 손녀 해우를 공주로 삼아 오손왕에게 다시 시집보냈다.
- 이광리가 한혈마를 얻어 돌아왔고, 무제는 '서극천마지가西極天馬之歌
  (서쪽 끝 천마의 노래)'를 지어 이를 기념했다.

46세(기원전 100년) | 무제 천한天漢 원년(무제 57세)

- 흉노와의 전투가 다시 시작되었으나 한은 잇달아 패배했다.
- 정도를 벗어난 사치를 금지하는 법이 만들어졌다.
- 소무가 흉노에 사신으로 갔다가 억류당했다. 그는 이후 무려 19년 동안
  억류되었다가 돌아왔다.

47세(기원전 99년) | 무제 천한 2년(무제 58세)

- 사마천은 무제를 수행해 동해에 이르렀고, 돌아오는 길에 회중에 들렀다.
- 사마천은 흉노와의 전투에서 중과부적으로 패해 항복한 이릉을 변호
  하다가 황제의 심기를 건드려 옥에 갇혔다. 역사에서는 이를 '이릉의 화
  禍'라고 부른다. 이 사건으로 사마천의 일생과 《사기》는 중대한 전환기
  를 맞이했다.

- 잇단 민중봉기로 교통과 경제가 마비되자 이들을 숨겨주는 자는 사형에 처하고, 봉기 등에 제대로 대처하지 못한 관리 또한 사형에 처한다는 침명법이 반포되었으나, 관리들은 서로 보고서를 교묘하게 조작해 법을 피했다.
- 서역에서 들어온 포도 등이 장안 주위에서 재배되기 시작했다(참외·석류·호도·마늘 등).

48세(기원전 98년) | 무제 천한 3년(무제 59세)

- 사마천은 이릉 사건에 연루되어 태사령 직에서 파면당하고 대리 감옥에 갇혔다. '황제를 무고했다'는 죄명으로 사형이 확정되었다.
- 무제는 이해에도 동쪽을 순시해 신선을 구하고, 태산에 제사를 지냈다.

49세(기원전 97년) | 무제 천한 4년(무제 60세)

- 사마천은 치욕을 감수하고 궁형을 자청해 죽음을 면했다.
- 공교롭게도 이해에 사형수가 50만 전을 내면 사형을 면해준다는 조치가 내려졌지만, 사마천은 돈이 없어 궁형을 자청했다.
- 이릉이 흉노에서 벼슬을 받았다는 소식이 전해지자 무제는 이릉의 가족을 몰살했다.

50세(기원전 96년) | 무제 태시太始 원년(무제 61세)

- 사마천은 사면을 받아 출옥하고 중서령 직을 받았다.
- 사마천은 오로지 《사기》의 완성을 위해 혼신의 힘을 쏟았다.
- 군국의 관리와 호걸들을 무릉으로 이주시켰다.

51세(기원전 95년) | 무제 태시 2년(무제 62세)

- 사마천은 무제를 수행해 회중에 이르렀다.
- 수리 전문가 백공白公의 건의로 경수를 끌어들여 곡구-역양-위수로 들어가는 200킬로미터 길이의 백거白渠라는 수로를 건설했다.

52세(기원전 94년) | 무제 태시 3년(무제 63세)

- 무제는 동쪽을 순시해 감천궁에서 외빈을 접견하고, 동해·낭야·대해를 거쳐 돌아왔다.
- 무제는 강충이란 간신을 총애했다.

53세(기원전 93년) | 무제 태시 4년(무제 64세)

- 사마천은 무제를 수행해 태산·불기不其·옹·안정安定·북지北地를 순시했다.
- 왕국유는 〈보임안서〉가 이해에 쓰였다고 주장했다.
- 동방삭이 62세를 일기로 세상을 떠났다.

54세(기원전 92년) | 무제 정화征和 원년(무제 65세)

- 사마천은 무제를 수행해 건장궁建章宮으로 돌아왔다.
- 이 무렵부터 궁정에서 무당을 이용해 사술로 정적을 해치는 '무고의 화'가 일기 시작했다.
- 승상 공손하가 양릉(지금의 서안 북쪽) 대협 주안세를 체포했다. 무제 때 곽해·주가·극맹 등 유명한 유협들이 제거당함으로써 유협의 기풍이 소멸되었다.
- 주안세가 옥중에서 공손하의 아들 경성이 양석공주(위황후의 딸)와 함께 무당을 시켜 인형을 도로에 묻고 무제를 저주했다고 고발했다.

55세(기원전 91년) | 무제 정화 2년(무제 66세, 재위 50년)

- 사마천은 익주자사 임안이 태자와 관련된 무고 사건으로 옥에 갇혔다는 소식을 듣고 착잡한 심정으로 '〈보임소경서〉(또는 〈보임안서〉)'라는 편지를 써서 지난날 자신이 옥에 갇히고 궁형을 당한 경위와 그에 더욱 발분해 《사기》를 저술하는 데 혼신의 힘을 쏟은 심경을 고백했다.
- 이 편지로 보아 이 무렵 《사기》가 완성된 것으로 보인다.
  (태초 원년 42세부터 본격적으로 저술하기 시작해 약 14년에 걸쳐 완성했다. 저술은 대체로 두 단계를 겪었는데, 태초 원년 42세부터 궁형을 받은 49세까지 약 7년, 궁형을 받고 풀려난 뒤부터 친구 임안에게 편지를 쓴 정화 2년, 사마천의 나이 55세까지 약 7년간이다.)
- 사마천의 친구, 임안은 결국 사형당했다.
- 승상 공손하 부자는 하옥되어 멸족되었고, 양석공주 등도 무고에 연루되어 죽었다.
- 무제가 병에 걸리자 여태자가 궁에 인형을 묻어놓고 저주했기 때문이라고 강충이 무고했다. 태자는 두려워 군대를 동원해 저항했다. 장안에서 전투가 벌어지고 태자는 패해 위황후와 함께 자살했다. 이 사건으로 수만 명이 연루되어 죽었다. 무제 만년의 최악의 사건으로 무제의 심신은 극도로 쇠약해졌다.

56세(기원전 90년) | 무제 정화 3년(무제 67세)

- 사마천은 무제의 심기를 건드려 하옥되었다가 처형당한 것으로 추측된다(임안에게 보낸 편지 〈보임안서〉에서).
- 사마천은 슬하에 아들 둘에 딸 하나를 두었다. 딸이 대사농 양창楊敞에게 시집가 아들, 즉 사마천의 외손자 양운楊惲을 낳았다.

기원전 87년 | 무제 후원 2년(70세, 재위 54년)

• 한 무제 유철이 70세로 세상을 떠났다. 사마천이 살아 있었다면 59세였을 것이다.

이 연보는 사마천의 〈태사공자서〉를 중심으로 다음과 같은 책을 참고했다.

1. 《中國歷史大事編年》, 北京出版社, 1989.

2. 《中國文化史年表》, 上海古籍出版社, 1990.

3. 柏楊, 《中國歷史年表》, 遠流, 2003.

4. 吉春, 《司馬遷年譜新編》, 三秦出版社, 1989.

5. 鄭鶴聲, 〈司馬遷生年問題的商榷〉, 商務印書館, 1956.

6. 寧志學外, 《韓城市地名志》, 韓城市地名辦公室, 1990.

• 2006년 출간된 필자의 《역사의 등불 사마천, 피로 쓴 사기》의 부록으로 수록된 연보를 일부 수정해 실었다.

참고문헌

• 《中國史稿地圖集》(上), 地圖出版出版社, 1979.

• 譚其驤主編, 《中國歷史地圖集》(1, 2冊), 地圖出版出版社, 1982.

• 楊燕起外, 《歷代名家評史記》, 北京師範大學出版社, 1986.

• 《中國文化史三百題》, 上海古籍出版社, 1987.

• 《中華文明史》(第3卷), 河北教育出版社, 1989.

• 《中國歷史三百題》, 上海古籍出版社, 1989.

• 吉春, 《司馬遷年譜新編》, 三秦出版社, 1989.

• 周一平, 《司馬遷史學批評及其理論》, 華東師範大學出版社, 1989.

• 張新科/兪樟華, 《史記硏究史略》, 三秦出版社, 1990.

• 張天恩/馮光波選注, 《歷代詠司馬遷詩選》, 三秦出版社, 1990.

• 王永寬, 《中國古代酷刑》, 中州古籍出版社, 1991.

• 《韓城市志》, 三秦出版社, 1991.

• 《中國大百科全書》(中國歷史 I · II · III), 中國大百科全書出版社, 1992.

• 《中國大百科全書》(中國文學 I · II), 中國大百科全書出版社, 1992.

• 張高評主編, 《史記硏究粹編》, 復文圖書出版社, 1992.

• 張勝發外, 《司馬遷自述集》, 陝西師範大學出版社, 1993.

• 可永雪, 《史記文學成就論稿》, 內蒙古教育出版社, 1993.

• 黨丕經,《司馬遷與韓城民俗》, 三秦出版社, 1993.

• 徐謙夫編著,《韓城古今名人軼事》, 三秦出版社, 1993.

• 倉修良主編,《史記辭典》, 山東教育出版社, 1994.

•《司馬遷研究》(2), 韓城市政協文史委員會/韓城市司馬遷學會編, 1995.

• 韓兆琦,《史記通論》, 廣西師範大學出版社, 1996.

• 楊燕起,《史記的學術成就》, 北京師範大學出版社, 1996.

•《韓城》, 中國陝西旅游出版社, 1996.

• 駱承烈編著,《孔子故里史蹟》, 黃河出版社, 1997.

• 曲阜市文物管理委員會,《曲阜觀覽》, 山東友誼出版社, 1997.

• 張家英,《史記十二本紀疑詁》, 黑龍江教育出版社, 1997.

•《中國文物地圖集》(陝西分册 上·下), 西安地圖出版社, 1998.

• 韓兆琦,《中國傳記藝術》, 內蒙古教育出版社, 1998.

•《韓城民俗》, 韓城市政協文史資料委員會/韓城市文化體育局編, 1998.

• 張大可,《史記文獻研究》, 民族出版社, 1999.

• 程寶山/任喜來編,《韓城》, 陝西旅游出版社, 1999.

• 徐謙夫搜集整理,《司馬遷的傳說》, 文化藝術出版社, 1999.

•《漢太史司馬祠》, 韓城市政協文史資料委員會/司馬遷祠廟文物管理所編, 1999.

• 周若祁/張光主編,《韓城村寨與黨家村民居》, 陝西科學技術出版社, 1999.

• 徐日輝,《史記八書與中國文化研究》, 陝西人民教育出版社, 2000.

• 張自成/錢冶,《復活的文明》, 團結出版社, 2000.

• 韓兆琦編著,《史記題評》, 陝西人民教育出版社, 2000.

• 聶石樵,《司馬遷論稿》, 人民教育出版社, 2001.

• 錢穆,《史記地名考》, 商務印書館, 2001.

• 儀平策,《中國審美文化史》, 山東畫報出版社, 2001.

• 程寶山/任喜來編,《韓城》, 陝西旅游出版社, 2001.

· 《韓城古對聯薈集》, 韓城市政協文史資料委員會, 2001.

· 張大可,《史記研究》, 華文出版社, 2002.

· 孔繁銀,《曲阜的歷史名人與文物》, 齊魯書社, 2002.

· 汪高鑫,《中國史學思想通史》, 黃山書社, 2002.

· 葛兆光,《中國思想史》(第1卷), 復旦大學出版社, 2002.

· 傅劍仁,《史記趣讀》, 花山文藝出版社, 2002.

· 徐謙夫編著,《韓城旅游景點故事》, 北京師範大學出版社, 2002.

· 張玉春主編,《史記人物新傳》, 華文出版社, 2003.

· 林劍鳴,《秦漢史》, 上海人民出版社, 2003.

· 葛劍雄外,《歷史學是甚麼》, 天地圖書, 2003.

· 《韓城市文物志》, 三秦出版社, 2003.

· 高增岳編著,《古老的韓城》, 韓城市文物旅游局出版, 2003.

· 張大可主編,《史記研究集成》(全14卷), 華文出版社, 2005.

· 傅斯年,《春秋策》, 中國華僑出版社, 2013.

· 藤田勝久,《司馬遷とその時代》, 東京大學出版會, 2001.

· 민두기 엮음,《중국의 역사인식》(상·하), 창작과 비평사, 1985.

· 박혜숙 편역,《사마천의 역사인식》, 한길사, 1988.

· M. I. 핀리 엮음/이용찬 외 옮김,《그리스의 역사가들》, 대원사, 1991.

· 버튼 윗슨 지음/박혜숙 옮김,《위대한 역사가 사마천》, 한길사, 1995.

· 하야시다 신노스케 지음/심경호 옮김,《인간 사마천》, 강, 1997.

· 헤로도토스 지음/박성식 옮김,《헤로도토스의 이집트 기행》, 출판시대, 1998.

· 김영수 지음,《지혜로 읽는 사기》, 푸른숲, 1999.

· 무전태순 지음/이동혁 옮김,《사마천》(사기의 세계), 일각서림, 2000.

- 플루타르크 지음/이성규 옮김, 《플루타르크 영웅전 전집》(전2권), 현대지성사, 2000.
- 헤로도토스 지음/박광순 옮김, 《헤로도토스 역사》(상·하), 범우사, 2002.
- 권중달 지음, 《욱일승천하는 중국의 힘, '자치통감'에 있다》, 푸른역사, 2002.
- 천퉁성 지음/김은희·이주노 옮김, 《역사의 혼 사마천》, 이끌리오, 2002.
- 이인호 편역, 《사기 본기》, 사회평론, 2004.
- 이인호 지음, 《사기》(중국을 읽는 첫 번째 코드), 살림, 2005.
- 김영수 지음, 《역사의 등불 사마천, 피로 쓴 사기》, 창해, 2006.
- 이성규 편역, 《사마천 사기》(중국 고대사회의 형성), 서울대학교출판부, 2007년(수정판).
- 이인호 지음, 《이인호 교수의 사기 이야기》, 천지인, 2007.
- 김영수 지음, 《사기의 인간경영법》, 김영사, 2007.
- 안길환 편역, 《사기의 인간관계론》, 책만드는집, 2007.
- 이중톈 지음/강주형 옮김, 《초한지 강의》, 에버리치홀딩스, 2007.
- 커원후이 지음/김윤진 옮김, 《소설 사마천》, 서해문집, 2007.
- 위신엔 지음/유수경 옮김, 《사마천의 경영지모》, 새론북스, 2007.
- 신웅 그림/ 기획집단 MOIM 구성, 《사기열전》(전2권), 서해문집, 2007.
- 유소림·이주훈 옮김, 《사기》(전3권), 사사연, 2007.
- 제해성 옮김, 《사기정선》, 계명대학교출판부, 2007.
- 박성연 옮김, 《한 권으로 읽는 사기열전》, 아이템북스, 2007.
- 송철규 옮김, 《사기》, 위너스초이스, 2007.
- 김영수 지음, 《난세에 답하다》, 알마, 2008.
- 소준섭 엮음, 《사기》(상·하), 서해문집, 2008.

- 드림아이 지음, 《만화로 읽는 동양철학 8》(사기 본기), 태동출판사, 2008.
- 유중하 지음/이상권 그림, 《사마천의 사기 이야기》(전5권), 웅진주니어, 2008.
- 정연 지음/진선규 그림, 《만화 사마천 사기열전》, 주니어김영사, 2008.
- 정하영 편역, 《사기》, 다락원, 2008.
- 김민수 엮음, 《소설보다 재미있는 사기열전》, 평단문화사, 2008.
- 김원중·강성민 지음, 《2천년의 강의》(사미천 생각경영법), 글항아리, 2008.
- 김영수 지음, 《사기의 경영학》, 원앤원북스, 2009.
- 이인호 옮김, 《사기열전》(상), 천지인, 2009.
- 임동석 옮김, 《사기열전》(전4권), 동서문화사, 2009.
- 이언호 옮김, 《사기 본기》, 큰방, 2009.
- 장개충 옮김, 《사기》, 학영사, 2009.
- 김학선 편역, 《청소년을 위한 사마천의 사기》, 평단문화사, 2009.
- 이상옥 옮김, 《사기열전》(상·하), 명문당, 2009.
- 신동준 옮김, 《한 권으로 읽는 실록 초한지》, 살림, 2009.
- 김원중 지음, 《통찰력 사전》, 글항아리, 2009.
- 김영수 지음/하이툰닷컴 그림, 《만화 사기》(전6권), 애니북스, 2009.
- 밍더 지음/홍순도 옮김, 《왼손에는 사기, 오른손에는 삼국지를 들어라》, 더숲, 2009.
- 한자오치 지음/이인호 옮김, 《사기 교양강의》, 돌베개, 2009.
- 이치카와 히로시 외 지음/기획집단 MOIM 옮김, 《불멸의 인간학, 사기》(전5권), 서해문집, 2009.
- 스진 엮음/ 노만수 옮김, 《사마천 사기》, 일빛, 2009.

- 가오광 지음/허유영 옮김,《사마천》(상·하), 21세기북스, 2009.
- 동양고전연구회 엮음,《사기열전》, 나무의꿈, 2010.
- 고산·고명 편저,《사기》(사마천의 인물열전), 팩컴북스, 2010.
- 무라야마 마코토 엮음/기획집단 MOIM 옮김,《상상할 수 있는 모든 인간의 백과사전, 사기》, 서해문집, 2010.
- 한종수 지음,《세상을 만든 여행자들》, 아이필드, 2010.
- 우승택 지음,《사마천의 화식열전》, 참글세상, 2010.
- 김원중 편역,《김원중 교수의 청소년을 위한 사기》, 민음인, 2010.
- 이수광 편저,《꿈꾸는 20대, 사기에 길을 묻다》, 추수밭, 2010.
- 김영수 지음,《사마천, 인간의 길을 묻다》, 왕의 서재, 2010.
- 김영수 옮김,《완역 사기》(본기1), 알마, 2010.
- 신장용 지음,《사마천, 인간경영의 숲을 거닐다》, 일송북, 2011.
- 소준섭 지음,《사마천 경제학》, 서해문집, 2011.
- 홍문숙·박은교 엮음,《사기열전》, 청아출판사, 2011.
- 오은주·김선화·성낙수 엮음/김영수·최인욱 옮김,《중학생이 보는 사기열전》(전3권), 신원문화사, 2012.
- 박일봉 편역,《사기 본기》, 육문사, 2012.
- 정조 엮음/노만수 옮김,《사기영선》, 일빛, 2012.
- 신동준 지음,《사마천의 부자경제학》, 위즈덤하우스, 2012.
- 리우치 지음/김인지 옮김,《그림으로 읽는 사기》, 봄풀출판, 2012.
- 김원중 지음,《사기 성공학》, 민음사, 2012.
- 김영수 옮김,《완역 사기》(본기2), 알마, 2012.
- 지전화이 지음/박정숙·김이식 옮김,《사마천 평전》, 글항아리, 2012.
- 김기정 외 지음/유대수 그림,《어린이를 위한 사기열전》(전5권), 고릴라박스, 2013.

- 김동환 옮김,《사기》, 책과향기, 2013.
- 김영수 지음,《사마천과의 대화》, 새녘, 2013.
- 김영수 지음,《나를 세우는 옛 문장들》, 생각연구소, 2013.
- 김영수 지음,《사기를 읽다》, 유유, 2014.
- 황효순 지음,《사마천이 찾아낸 사람들》, 글마당, 2014.
- 김영수 옮김,《완역 사기》(세가1), 알마, 2014.
- 김원중 편역,《사기선집》, 민음사, 2014.
- 김흥식 지음/김옥재 그림,《사기열전》, 파란자전거, 2014.
- 김도훈 편역,《한 권으로 읽는 사기》, 아이템북스, 2014.
- 최익순 옮김,《사기열전》(전3권), 백산서당, 2014.
- 이언호 평역,《사기열전》, 학술편수관, 2014.
- 김영진 평역,《유협전》, 학술편수관, 2014.
- 장개충 엮음,《사마천 사기》, 너도밤나무, 2014.
- 정석호 지음/김주원 엮음,《Why? 사마천 사기》, 예림당, 2014.
- 소준섭 엮음,《청소년을 위한 사기》, 서해문집, 2014.
- 이석연 지음,《사마천 한국 견문록》, 까만양, 2015.
- 이문영 지음,《사마천, 아웃사이더가 되다》, 탐, 2015.
- 중국고전연구회 엮음,《사마천의 사기》(전3권), 북에디션, 2015.
- 양치엔쿤 지음/ 장세후 옮김,《사마천과 사기》, 연암서가, 2015.
- 장개충 지음,《사마천의 사기열전》, 한림학사, 2015.

ㄱ

가도사벽家徒四壁　216

갈홍葛洪　88, 89, 135, 381

강충江充　60~62, 84, 316, 397, 398

《경법經法》　198, 201

경제景帝　60, 88, 104, 107, 193, 194,
196, 204, 209, 257, 319, 351, 356,
376~378

고문高門　113, 116, 118~123, 151,
376

《고사전高士傳》　277, 280

고염무顧炎武　183

고조선　59, 268~270

곡부曲阜　164, 165, 192, 384

공손오公孫敖　324, 327, 369

공손저구公孫杵臼　120

공손홍公孫弘　150, 151, 191, 232,
248, 381, 384~386

공안국孔安國　187, 190~195, 200,
209~211, 258, 378, 385, 388, 393

공왕恭王 유여劉餘　192, 209, 312,
382

공자孔子　30, 68, 76, 134, 157, 160,
161, 164, 165, 192, 193, 205, 206,
209, 254, 259, 267, 274, 343, 354,
362, 382, 384

곽거병霍去病　59, 140, 141, 333, 334,
386, 387

곽말약郭沫若　88, 89, 106, 108, 109,
111

곽해郭解　112, 113, 127, 137, 139,
142~152, 170, 383, 397

관중管仲　24, 25, 80, 225

관포지교管鮑之交　23, 26

구와바라 오사무(桑原藏)　109

구우일모九牛一毛　73

《국어國語》　76, 133, 177, 178

굴원屈原　76, 92~94, 160, 161, 163,
164, 343, 383

금도문군琴挑文君 216

길춘吉春 6, 110, 111, 113, 119, 249, 284

Ⓛ

낭중郎中 157, 188, 189, 191, 211, 212, 218~220, 223, 238, 270, 387

노박덕路博德 324

《노자老子》 198, 201

〈논육가요지論六家要旨〉 248~250, 256, 258~260, 266, 267, 294, 296, 378

《논형論衡》 130

Ⓒ

단수벽斷袖癖 332

당가촌黨家村 47

당도唐都 256, 288, 290

당몽唐蒙 232, 381

대완大宛 297, 301, 303, 305, 308,

321, 323, 324, 382, 388, 394

대우大禹 114, 159, 162, 384

대월지大月氏 302, 303, 305

《동방견문록》 306

동중서董仲舒 187, 191, 193~195, 198~200, 203, 206~208, 211, 257, 258, 297, 378, 380, 385, 394

동현董賢 332

동호직필董狐直筆 245

두영竇嬰 311, 378, 379, 381

두유명杜維明 16

두태후竇太后 200, 203, 204, 247~250, 287, 311, 314, 320, 378~380

Ⓜ

맹상군孟嘗君 160, 161, 165, 166, 384

멱라수 93, 94, 163, 164, 383

모인상여慕藺相如 129, 213

무고巫蠱 59~62, 83, 84, 90, 91, 314,

316, 382, 397, 398

무릉茂陵　96, 105, 106, 139,
141~143, 145, 146, 152, 156, 249, 378,
379, 383, 387, 396

《무릉중서茂陵中書》　246, 248

무부武負　145, 181

문경지교刎頸之交　214

미자하彌子瑕　332

ⓗ

《박물지博物志》　105, 106, 109, 110,
276, 376

반고班固　38, 89, 112, 210, 246, 266,
278, 303, 341

반백班伯　112

반표班彪　246

백기白起　115, 116

백두여신白頭如新　341

〈보임안서報任安書〉　55, 64, 65, 77,
88, 91, 111, 147, 151, 168, 173, 212,

251, 274, 278, 279, 337~339, 343,
349, 359, 397, 398

봉구황鳳求凰　129, 216

부려궁扶荔宮　284, 285, 389

부평富平　35, 36

부형腐刑　74, 89, 356

〈비사불우부悲士不遇賦〉　279

ⓢ

《사기색은史記索隱》　105, 109, 133,
276, 376

《사기정의史記正義》　104, 105, 109,
376

《사기집해史記集解》　88, 118

사마근司馬靳　115, 116, 259

사마상여司馬相如　128, 129, 212~216,
218, 232~234, 379, 381, 387

사마정司馬貞　88, 105, 106, 109, 110

사마조司馬錯　115, 116, 259

《사마천 연보》　111, 131

〈사마천자청궁형설司馬遷自請宮刑說〉 351

〈사마천 출생 연도에 관한 새로운 설〉 109

〈사마천 출생년 문제의 검토〉 111

삼의묘三義墓 120

《상서尙書》 133, 192, 193, 206, 209, 210, 380, 384, 385

상앙商 68, 354

《서경잡기西京雜記》 88, 135, 170, 312, 381

서촌徐村 13, 28, 29, 47, 120

섭석초 371

《세본世本》 133

소량少梁 115, 116, 118, 123

소림蘇林 118

소무蘇武 234, 321~323, 341, 395

《소왕묘론素王妙論》 278

소철蘇轍 172

손빈孫臏 76, 343, 354, 364

《수경주水經注》 283

숭양서원嵩陽書院 132

《시경詩經》 76, 164, 192

시정施丁 176

시중쉰(習仲勛) 36, 37

시진핑(習近平) 26, 27, 33~38, 40~42, 44

식여도食餘桃 332, 333

심도甚都 217

《십칠사상각十七史商榷》 107, 173

◎

애제哀帝 332, 333

양계주楊季主 145, 146

양계초梁啓超 15, 111, 265

양운수楊雲岫 120

《양자법언揚子法言》 130

양하楊何 256, 257

《여람呂覽》 76

여불위呂不韋 76, 343

《여씨춘추呂氏春秋》 244, 260

〈여지준서與墊峻書〉 278

여戾태자 60~63, 83~85, 90, 316, 398

역도원酈道元 283

역산嶧山 164, 165, 384

《염철론鹽鐵論》 89

염파廉頗 214

위衛나라 영공靈公 68, 332

진晉나라 영공靈公 245

오손烏孫 236, 297, 305, 393, 395

오수전 315, 317, 387

옹용한아雍容閑雅 217

완벽귀조完璧歸趙 214

왕국유王國維 88, 105, 106, 108, 111, 130, 133, 135, 168, 173, 290, 380, 397

왕길王吉 215~217

왕대연汪大淵 307

왕명성王鳴盛 107, 173

왕온王媼 182

왕장王臧 204, 247, 314, 379

용문龍門 114~117, 130, 159, 160

《운남통지雲南通志》 236, 390

《원광원년역보元光元年曆譜》 282, 288

원백성袁伯誠 175

위굉衛宏 88, 89, 135, 381

위율衛律 341

위청衛靑 59, 141, 142, 315, 316, 330, 333, 334, 382, 385, 387

유굴리劉屈氂 61, 316

유방劉邦 144, 166, 181, 182, 196, 287, 319, 333~335, 376, 384

유백장劉伯莊 133

유불릉劉弗陵 85

유사劉賜 311

유팽리劉彭離 311

유협遊俠 112, 127, 136~139, 142, 143, 145~148, 150~152, 170, 383, 397

유흠劉歆 209, 266

이감李敢   331, 333, 334

이광李廣   315, 318, 319, 323,
328~331, 333~336, 339, 340, 377,
380, 382, 386, 387

이광리李廣利   295, 316, 321, 323,
324, 326, 338, 341, 349, 395

이당호李當戶   331, 333, 334

이릉李陵   54, 63, 69~72, 79, 88, 273,
284, 294, 316, 318, 319, 321~329,
331, 334~341, 343, 344, 349, 350,
369, 394, 395, 396

이릉지화李陵之禍   79, 310, 317, 318,
322, 343, 394, 395

이사李斯   74, 198, 354

이서李緖   327, 341

《이소離騷》   76, 163

이우李禹   334

이장지李長之   17, 168, 173

이초李椒   331, 333

인상여藺相如   129, 213, 214

일대일로一帶一路   298, 299

일좌진경一坐盡傾   216

임안任安   53, 55, 58, 60, 62~64, 83,
84, 86, 90, 102, 147, 212, 238, 273,
277, 316, 352, 360, 387, 398

ⓧ

자장子長   128~130, 173, 376

〈자허부子虛賦〉   215, 387

장건張騫   233, 236, 298, 303, 304,
379, 382, 384, 386, 387, 389

장대가張大可   123, 344

장사패張士佩   115, 117, 119

장수절張守節   104, 110, 111

장유양張惟   112

장의張儀   115

저빈걸褚斌杰   174

저소손褚少孫   90

적세기翟世琪   107

《전국책戰國策》   133, 134, 177, 178

《전운역년전滇雲歷年傳》 236, 390

전인田仁 63, 83, 84, 316, 387

정영程嬰 120, 121

정학성鄭鶴聲 111, 112, 131, 168, 183

정화鄭和 307, 308

조관趙綰 204, 247, 314, 379

조문자趙文子 120, 121

〈조선열전〉 268~270

조씨고아趙氏孤兒 120, 121

좌구명左丘明 76, 343, 364

주매신朱買臣 232, 379

주수창周壽昌 107

《주역周易》 76, 206~209, 256, 257, 260, 380

중국몽中國夢 41~43

중서령中書令 63, 77, 368, 369, 396

〈중수태사묘기重修太史廟記〉 107

지준摯峻 277~281, 392

지천芝川 117~120, 130, 285, 376

진보락陳步樂 325, 326

진시황秦始皇 116, 140, 141, 159, 164, 165, 167, 168, 179, 196, 198, 206, 209, 220, 225~227, 229, 283, 384

ㅊ

《춘추곡량전春秋穀梁傳》 208, 385

《춘추공양전春秋公羊傳》 208, 211, 385

《춘추春秋》 76, 133, 177, 178, 193, 205~208, 211, 254, 380, 384, 385

《춘추좌전春秋左傳》 133, 209

《칠략七略》 266

ㅌ

탁문군卓文君 129, 213, 215, 216, 218

《태사공서太史公書》 56, 373

〈태사공세계고〉 115

〈태사공자서〉 56, 57, 104~106, 114, 115, 131, 134, 135, 137, 157, 159, 168, 169, 173, 188, 231, 243, 248,~250,

253, 256, 260, 276, 285, 292, 343,
373, 376, 380, 395, 399

〈태사공행년고太史公行年考〉 105,
106, 130, 133, 173

〈태사공행년고에 문제 있다〉 106

태산泰山 73, 103, 158~160, 221,
223~229, 242, 243, 253, 254, 275,
283, 286, 347, 362, 366, 385, 389,
391~394, 396, 397

태초력太初曆 104, 256, 257, 273,
281~283, 285~287, 289, 290, 294,
296, 297, 393

《태평어람太平御覽》 135, 136, 170,
381

ㅍ

포숙鮑叔 23~26

ㅎ

하세화何世華 174

하양夏陽 113, 116~119, 123, 143,
146, 148, 158, 221, 283~285, 376,
389, 392~394

《한구의漢舊儀》 88, 135, 170, 381

한비자韓非子 76, 333, 343

《한서漢書》 38, 60, 64, 89, 90, 106,
112, 130, 200, 210, 246, 249, 257,
266, 278, 286, 303, 313, 323, 334,
341, 342, 351

《한서주교보漢書注校補》 107

《한성문예》 112

한신韓信 74, 384

한언韓嫣 312, 332, 333

한조기韓兆琦 351

한혈마汗血馬 305, 308, 388, 395

항우項羽 166, 179, 334, 384

허부許負 144

호패위胡佩葦 119

화지華池 116~120, 133

환공桓公 24

환관桓寬　89

황보밀皇甫謐　277, 280

황자黃子　256, 257

황전악黃展岳　174

황제黃帝　30, 76, 174, 200, 201, 203,
230, 251, 252, 391

《황제내경黃帝內經》　201

《황제서黃帝書》　198

회계산會稽山　157, 158, 162, 163,
221, 384

후토后土　227, 283~286, 392~394

《후한서後漢書》　130

새우와 고래가 함께 숨쉬는 바다

사마천과 사기에 대한 모든 것 1

지은이 김영수

펴낸곳 도서출판 창해
펴낸이 전형배
출판등록 제9-281호(1993년 11월 17일)

1판 1쇄 인쇄 2016년 3월 21일
1판 1쇄 발행 2016년 3월 28일

주소 서울시 마포구 토정로 222(신수동 448-6) 한국출판콘텐츠센터 316호
전화 02-333-5678
팩스 02-707-0903
E-mail chpco@chol.com

ISBN 978-89-7919-595-8 03910

* 값은 뒤표지에 있습니다.
* 잘못된 책은 구입하신 곳에서 바꿔드립니다.

국립중앙도서관 출판시도서목록(CIP)

사마천과 사기에 대한 모든 것 1, 사마천, 삶이 역사가 되다 /
지은이: 김영수 ― 서울 : 창해, 2016
p. ;   cm

참고문헌, "사마천 연보"와 색인수록
ISBN 978-89-7919-595-8 03910 : ₩18000

사마천(인명)[司馬遷]
사기(역사)[史記]

912.03―KDC6
951.01―DDC23   CIP2016006985